U0037895

——第二輯

平實導師 著

ISBN 957-97840-2-7

自序

《楞伽阿䟦多羅寶經》簡稱《楞伽經》，是大乘佛教中極重要之經典；既是法相唯識宗之根本經典，亦是中國禪宗開悟聖者自我印證及悟後起修之依據經典；故初祖菩提達摩大師以此經典連同佛鉢祖衣一併交付二祖慧可大師，以爲傳法印證。禪者可依此經建立正知正見，避免錯悟大師誤導參禪方向，未來證悟可期。

二者禪宗證悟之人，欲求上進而入初地，必讀此經。佛於此經詳述破參者應進修之知見，指示佛子依此升進初地，成眞佛子，是名實義菩薩，是故悟者必讀此經。

然此經典文辭古樸，艱深難會，證悟之人亦多不解，何況未悟錯悟之人？是故古今大師雖然多有註釋，皆類未悟錯悟諸師依文解義，難得佛旨。現代佛子古文造詣粗淺，又兼未曾證悟，不解佛意，以致發心印經之時，斷句錯誤之處極多，讀者轉更難解；有鑑於此，末學乃予重新斷句，依所悟證如來藏之體驗觸證而作白話闡釋。雖遵佛語，不得明說密意，然已巧用方便，隱於字裡行間，佛子若有緣者，或可依此契證。

此《楞伽經詳解》原於民國八十四年（一九九五）八月十一日起，對我正覺同修會之會眾演示，迄八十六年九月廿六日圓滿。講時手持經文直敘，不預繕講稿，亦不參酌他人註釋。後經譚錦生等同修多人，依錄音帶整理成文，歷時年餘方告竣工。然欲付梓時，發覺太過口語，有時兼有語病，不宜付印；乃由末學依諸同修之謄稿，親自重繕；雖稍有文章氣，而較具可讀性。

復次，此經講畢迄今，已歷二年；二年後之今時，因貫通三乘經論，及慧學增長迅速故，亦不能滿意二年前所說之內容，故作許多增刪，期望能對佛子有更大之利益。然亦因此，必須逐冊親自重繕，分期出版，無法一次出齊；又因增述故，雖於每冊增加篇幅，可能仍須增爲八至九冊，方能圓滿，合並敘明。

此《楞伽經詳解》，不作學術上之科判研究，亦不飾文，唯欲引導佛子大衆直入楞伽寶城，故依經文直解爲主，避免學術研究之繁文考據；亦盡量不引他經以釋此經，令諸佛子直接獲得此經之意趣。

又考慮讀此詳解者，多係年屆不惑之學佛者，視力較弱；爲免傷眼，乃捨棄花俏討喜之仿宋字體，改以平實易讀之明體字，並加大一級；編排上儘量避免擁擠，紙色亦避免太白太暗，以方便年長者長時間連續重複閱讀；此諸貼心之安排，期望對您有所助益。

此套詳解即將陸續出版，於此簡敘出版因緣，普願有緣佛子早見大乘道；見道已，復依此詳解，速入楞伽寶城，貫通三乘佛法；因之造序，述余私心，普願鑑燭。

娑婆菩薩戒子　蕭平實

時惟西元一九九九年早春序於頑嚚居

張序

民國八十四年夏，余師　平實先生承多位明心見性弟子之再三懇託，請師開示悟後起修之法及成就佛道之次第；余師爲利益廣大衆生及增益彼等見地計，乃假石牌某精舍及正覺講堂開講《楞伽經》，每週宣講二小時，合計八十七講，前後時間長達一年半。

師宣此經雖有錄音，僅供無暇聽課之同學自修使用。然講述未迄，忽聞師云：「譚錦生師兄已經整理好了十講。」每講約有一萬五千字，此是何等廣大之自動發心！整理講稿，必須逐字逐句反覆聽聞撰寫，工程十分艱鉅，有諸同修甚至必須整月時間方能謄寫一卷帶子。爾後，由於譚師兄之發心感動諸多同修，紛紛響應支援，投入整理行列者約有四、五十位；如此之善緣促成往後《楞伽經詳解》之誕生；亦印證了「菩薩發心，如影隨形；一念慈悲，成就廣大佛事。」

後因余師抬愛，令余先行過目已整理文稿，將講演時之口語去蕪存菁，順成文字稿，並分段落標點，以俟來日整理成冊。

八十七年秋，所有稿件彙總，前後貫串，義理了然，深感佩余師因長年之弘法利生及無盡悲願，修證不斷向上提升，智慧深利，乃能廣演如此深妙之經典。若能成書發行流通於世，必將利益此時後世無量佛子。余師觀察因緣既熟，囑余將已順好之稿子付呈再作潤飾。不意時經二月，余師閱後竟謂余曰：「以前講得太淺了，我打算重寫！」余大驚詫，私心自謂：「阿彌陀佛！如此洋洋灑灑一百三十萬字，如何重寫呢？」內心驚疑：「如此浩大的工程，一人獨自重繕，何年何月方能竣工？」爾後數月，余於弘法之餘，常聞余師講述其重繕之進度。累牘長篇竟然改頭換面，一改口語講述之冗長繁複，轉化成精湛洗鍊之文字；不僅文詞更爲流暢明確，法義之陳述更是深入井然，令人歎爲觀止。不禁感歎：「需要何等的悲心與智慧？方能成就如此大事！」

《楞伽經》之主要宗旨，乃爲佛子詳述八識、五法、三自性、七種第一義、七種性自性、二種無我。細述阿賴耶識與七轉識間之關係及體性、明心後修道之原理與次第、以及如何以所證之如來藏爲根本，漸漸斷除現業流識，地地增上之道理。

佛法知見淺薄如余，詳閱余師重寫後之《楞伽經詳解》，對於一切有情生命之本體—如來藏阿賴耶識、異熟識、無垢識之體性有更深入之瞭解；對於七轉識之流注生滅也有更細膩之體驗，乃至對於可經由修行淨化染污之種子……以及如何邁向初地乃至佛地，在在具足信心與願力。際此末法，亂象叢生、眞僞莫辨之際，《楞伽經詳解》問世，必有力挽狂瀾之效，得以護持宗門正法日益光大，免於斷絕。

於整理文稿過程中，印象最深刻者，乃是其中二十八講全部都在講「妄想自性」，闡述凡愚衆生不明眞如體性，無法證得眞如，每每認空明靈知之意識心爲眞如，不知不見眞如之非一非異於空靈明覺之意識心，墮於一異斷常邊見；故爾反覆演述，鉅細靡遺，可謂老婆至極。

眞實之理，必須可以觸證、可以檢查論辯驗證；若非眞有修證，誰能如此詳實深入演述如來藏圓滿深妙之法義？若非眞有修證，誰能於定慧二門作如此條理分明、義理了然之剖析？佛法修證，決不可能單憑個人一生之意識思惟而得，必須多生累劫永無休止之聽聞熏習、努力修持方可得致。

於《楞伽經詳解》即將陸續出版之際，爲護持余師弘揚正法故，乃不揣淺陋，提筆爲文介紹緣起概略，供養諸方大德；尚祈十方善信大德皆具慧眼，普能揀擇解行並具之眞正善知識，同修第一義諦妙法，同證菩提，共成佛道。

菩薩戒子張正圜　敬序

公元一九九九年初夏於正覺講堂

學佛之目標有二：一為親證解脫果，此應修學二乘菩提之解脫道；二為親證佛菩提，此應修學大乘法之佛菩提道。然大乘之佛菩提道中，已函蓋二乘所修之解脫道，是故直接修證大乘佛菩提道，便可同時證得二乘菩提之解脫道功德；由是緣故，大乘學人只需直接修學大乘佛菩提道，便能達成學佛之真正目標。

佛菩提道之修學，應求大乘般若之見道；見道已，便得次第進修而正式進入初地通達位，然後可入修道位中，次第邁向佛地。大乘般若之見道，即是禪宗之破初參明心——親證本來離念、本性清淨之自心如來藏。欲求親證如來藏者，應依真正之善知識修學。真善知識之助人見道，所言所授之法，必須有明確之次第與確實可行之法，學人方有得悟之可能。若親近假名善知識，雖有大道場、大名聲、廣大徒眾，然所說所授者皆屬似是而非之法，縱使學人以畢生之身口意供養之，所得唯是常見與斷見本質之相似佛法而已，必將浪擲一世於相似佛法上，殊堪扼腕！

生及與不生，涅槃空剎那，趣至無自性。

疏：生謂生滅法；三界一切萬法，若有生者必定有滅，唯有生滅期之長短差別，無有不滅者。

不生者方永無滅，非謂滅已不生也。生滅爲有漏法，不生不滅爲無漏法。因於不生不滅之無漏法，和合生滅之有漏法，方能成就世出世間一切萬法。此謂：不生不滅之無漏無爲法顯現空性涅槃；不生不滅之無漏有爲法和合生滅之有漏有爲法，顯現萬法剎那變易、無有自性。有智佛子於生滅與不生滅和合運作之有爲法中，會取空性涅槃妙眞如心—第一義般若實相。

古今多有錯悟禪師教人將滅止生，不知本來不生之理；便令徒衆將空明覺知心安住於不起妄想之中，自謂妄想不生，即名証得無生；謂其徒衆云：「此心不起妄想，死時便以此心不生妄想而入涅槃。」此名外道涅槃，悖於佛說。何以故？以此心死後斷滅，此心不能入涅槃故；此心若住涅槃即非「涅槃寂滅」故，以有知故。

應知不生者本來不生，非滅已不生。若有滅者必定復生，若有生者後必定滅。生已能滅者，此謂煩惱障—見道斷及修道斷之三界煩惱—見惑及思惑也。涅者不生，槃者不滅；涅槃乃謂眞如阿賴耶識本來不生，故永無滅，非謂滅此第八識後令不重生謂爲涅槃不生也。

宜蘭○在居士說第八識爲生滅法、爲妄識，北投某大法師說應棄捨本識，皆是不曉第八識本來涅槃不生不滅之人；每令人捨棄本心，另覓眞如，卻成心外求法之徒。

非滅此心令不存在而成斷滅空者可名涅槃。涅槃有四：本來自性清淨涅槃，有餘依涅槃，無餘依涅槃，無住處涅槃。

一切有情不論凡聖，同有本來自性清淨涅槃。謂一切無學聖人、有學聖人、異生凡夫等，其如來藏皆本自在，非因他生，不從緣生，其體永不壞滅，能窮三際—從過去無量劫來至今生，復將去至未來無量劫，永不壞滅，故名涅槃。有情輪迴生死及修學佛法，悉依如來藏本來不生之體性方能成辦。又因此心遠離見聞覺知，不會六入，不貪不厭，從不與諸煩惱相應，故名清淨。因於一切有情身中之如來藏自性本具涅槃性及清淨性，非因修得，故名本來自性清淨涅槃。拙著《公案拈提》一至三輯中多有敘述，此不贅文。

無餘依涅槃者，唯佛弟子中二乘無學證得；謂慧解脫及俱解脫之二乘無學，以鈍根之盡智或利根之兼有無生智者，因盡智及無生智之智証而斷盡思惑，捨壽後，其如來藏中已無煩惱障現行，故不現起三界煩惱，六七識皆斷滅不起，故死後不生中陰身，不現起覺知；唯餘如來藏空性無見聞覺知，不再於三界內受生現行，名爲無學聖人出離三界生死，是名無餘涅槃。

大乘佛法中之智証修斷，乃是証得如來藏而生起智慧，復依此不共二乘之智慧而修斷三界生死煩惱—見思惑，成菩薩阿羅漢。証如來藏而發起智慧者，乃是大乘有學菩薩實証本來自性清淨涅槃，依於親証本來自性清淨涅槃之智慧而修斷三界生死之煩惱。二乘有學無學及一切異生凡夫，同有本來自性清淨涅槃，而不能知不能証；二乘聖人唯知依佛所說修斷見惑思惑之理而斷三界煩惱、得出三界生死，然不知不曉本來自性清淨涅槃，是故不知無餘涅槃之本際；唯得聲聞緣覺菩提，不得佛菩提。

菩薩以証實如來藏故、証實如來藏之本來自性清淨涅槃故，分証佛菩提；

依佛菩提而作思惟，則能現觀二乘菩提，其慧深廣，非二乘無學所知也。戒慧直往之初地菩薩未離隔陰之迷，亦無神通；斷我見而未斷我執，未具足得解脫果，而竟能為二乘無學之師者，其故在此。此非本島崇尚原始佛教而高唱「回歸佛陀本懷」等師之所知也，何以故？謂佛陀本懷乃是真如佛性，真如佛性則以如來藏為根本，如來藏之涅槃性及清淨性本有，非從修得。修道乃是修除本性清淨的如來藏中含藏之見聞覺知心煩惱種，非謂修除一切煩惱後令如來藏斷滅，否則無餘涅槃即同斷滅。

二乘無學及菩薩阿羅漢斷盡見惑思惑後，已成阿羅漢，成就解脫果。此諸三乘無學於捨壽前，仍有無漏有為法—於人間受五欲觸而不起煩惱—故仍有微苦所依，然已能於捨壽時取証無餘涅槃，故名三乘無學捨壽之前為有餘依涅槃，仍有餘苦所依故。

大乘七住至五地菩薩皆已知証本來自性清淨涅槃，並分証有餘涅槃而未具足；二乘無學具足無餘有餘涅槃及本來自性清淨涅槃，而於本來自性清淨涅槃不知不証，不知自身從本以來常住本來自性清淨涅槃中，因此不與大乘般若空慧相應；如此二乘菩提欲知初地無生法忍道種智者，更無論矣！

十方諸佛不唯具足知証此三涅槃，復証無住處涅槃。此謂佛地眞如中之所知障隨眠已全斷盡，究竟斷盡變易生死，無漏究竟；而依初地所發十無盡願而起無相大悲般若，不住生死不住涅槃，利樂有情於未來際永無窮盡。生死涅槃俱皆不住，名無住處；用而常寂名爲涅槃；故名無住處涅槃。此唯佛得，二乘無學之所不知；《勝鬘經》所云阿羅漢辟支佛無漏不盡者，謂彼等不破不斷所知障隨眠，不得無住處涅槃，故名無漏不盡也。

空之意涵有二，謂蘊處界萬法空相及般若空性。蘊處界萬法空相者謂：五蘊十二處十八界及其所生萬法皆是緣起幻有、緣散幻滅，刹那變異，終歸於空無，無有眞實不滅之自性，故名緣起諸法其性空幻－緣起性空；是即《心經》所說「諸法空相」也。

空性者謂般若空－如來藏空性－《般若心經》所說之心也。蘊處界萬法依父母及四大爲緣而幻生幻滅，然須依因方能有此蘊處界萬法之緣起緣滅；若離空性如來藏因，尚不能現起蘊處界，何況能有蘊處界所生萬法？此如來藏因即是四阿含所說「識緣名色、名色緣識」之識也，即是小乘諸部派所說之阿賴耶識也。

云何「識緣名色」之識非是空明覺知之意識？謂佛於《阿含經》中說：《「若識不入母胎者，有名色否？」答曰：「無也！」》此謂因有阿賴耶識入胎，故有名色。色謂色身，名謂能受想行之空明覺知六識及作主之末那。受精卵位之「名」唯有末那，尚無空明覺知之前六識故，尚無五根可觸六塵故。既然受精卵位之「名」唯有末那而無前六識，則能入母胎執持名色者當知必是阿賴耶識也。此識即是般若經所說之空性也；若離此識，名色（意根及受精卵）尚不能分裂細胞而生長五根，何況能具足而出胎？若不能具足出胎，則無蘊處界法，何況能生萬法？故說空性阿賴耶識乃是一切生命及萬法之本體，故說緣起性空之理不得離於空性阿賴耶識而獨存，否則緣起性空之理即成無因有緣之生滅法，同於無常斷滅論；則佛不必出世說法，謂緣起性空之斷滅論已由斷見外道說訖，不必佛陀爲此降生人間再作補充；何以故？以同是斷滅空故，不論佛陀補說至如何詳細，終歸是斷滅無常故。讀者欲知其詳，請閱拙著《眞實如來藏》即知正理，此不贅述。

空性如來藏－阿賴耶識－實有不生不滅之眞實體性，於人生時死時皆不壞滅，故能輪轉三界現有生死。若空性阿賴耶識有生滅者，應於吾人過去世死時一同斷滅，則不能來至今生；則今生之有吾人出生，皆是父母之緣自然而生，不須有過去世之煩惱業種；若執此類無因有緣之緣起性空邪見，則成無因有緣之自然外道，雖披袈裟、剃除髮鬚、受具足戒，亦名自然外道，非眞佛子。

四阿含中皆說有阿賴耶識，非無此識；未悟之人讀之不解，便誣佛於四阿含中不曾說有此識；茲恭錄《中阿含經》卷二十四《大因經》部份經文以爲明証：

《佛云：「阿難！若有問者：『名色有緣耶？』當如是答：『名色有緣。』若有問者：『名色有何緣？』當如是答：『緣識也。』當知所謂緣識有名色。阿難！若識不入母胎者，有名色成此身耶？」答曰：「無也。」「阿難！若識入胎即出者，名色會精耶？」答曰：「不會。」「阿難！若幼童男童女識，初斷壞不有者，名色轉增長耶？」答曰：「不也。」「阿難！是故當

知：是名色因、名色習、名色本、名色緣者，謂此識也。所以者何？緣識故則有名色。」》

此段經文中，佛已說明須有阿賴耶識入胎，方有名色生長五蘊及具足五根而出胎；若出胎後之阿賴耶識非是不生滅性而可斷壞者，則男女幼童之五蘊皆不能增長爲成人。又開示五蘊之因、五蘊習氣、五蘊根本、五蘊之所緣者即是此阿賴耶識。復作結論云：「緣於阿賴耶識故則有名色五蘊。」佛於四阿含中處處說十八界，謂有六識界；復說意根是末那故；復說六識及意根末那即是識蘊故。識蘊既是名色之名所攝，當知佛於此段經文所說之識非是末那及前六識也。而今台灣高唱「回歸佛陀本懷、回歸原始佛教」諸師，以未証得二乘菩提故，不知佛於十二因緣中所說意旨，乃竟否定佛說有阿賴耶識—如來藏。

此段經文中，佛亦說明：「五蘊之因、五蘊之習氣、五蘊之根本、五蘊之所緣皆是此阿賴耶識」，顯見彼等否定如來藏諸師於否定如來藏而滔滔雄辯之時，其五蘊之因、之習、之本、及其所緣者皆是此識如來藏也，佛語眞實故。彼等否定如來藏諸師既已剃髮出家，應信佛語，云何不信此段佛語眞實？彼等諸師若非由此識持過去世業種及習氣種而入母胎，云何能有今生之名色？難道彼等師徒皆如自然外道所云：只憑父母四大爲緣而生？不須有識持諸無明習氣種子入胎而生？若云有入胎出胎，是誰入胎出胎？寧非如來藏識耶？若如來藏體性非是恒不生滅者，過去世之如來藏滅已，是誰入胎來至今生？若言有無明故便有入胎者，則無明是否憑空無因忽生？若無明是無因而憑空忽生是故入胎者，亦應成佛後必當無因忽生無明，重又輪迴，寧有斯理？若無明非無因忽生，非依往世藏識熏習名色諸法而生者，無明依何而生？彼等高唱「人間佛教、回歸佛陀本懷」諸師，頗能答余此諸問難否？是故佛云：「…是名色因、名色習、名色本、名色緣者，謂此識也；所以者何？緣識故則有名色。」此識謂阿賴耶識也。

世尊又云：《「阿難！若有問者：『識有緣耶？』當如是答：『識亦有緣。』若有問者：『識有何緣？』當如是答：『緣名色也。』當知所謂緣名色有識。阿難！若識不得名色，若識不立不倚名色者，識寧有生？有老？有病？有死？有苦耶？」答曰：「無也。」「阿難！是故當知：是識因、識習、識本、識緣者，謂此名色也。所以者何？緣名色故則有識；阿難！是爲緣名色有識，緣識亦有名色。由是增語，增語說傳，傳說可施設有—謂識名色共俱也。」》

此段經文中，世尊說藏識阿賴耶之所以不斷於三界中輪迴而受生老病死者，皆因過去世之名色熏習爲因、爲本、爲緣，故有此阿賴耶識之輪迴生死。若阿賴耶識是斷滅法，非爲不滅而恒常之法，則過去世五蘊名色滅已，是誰持過去世之名色熏習業種入胎而至今生受報？豈眞名色熏習等無明不須由阿賴耶執持，而憑空現行入胎持受精卵？無斯理也。

佛既說有阿賴耶識以名色之熏習爲因、爲本、爲緣，而感生此世生老病死，顯見此識乃是恒常不滅之法，云何高唱「人間佛教」諸師徒等人不信佛語，堅執無有如來藏阿賴耶識爲一切染淨因果之所依？云何彼等導師徒弟不信禪宗諸祖能證能修如來藏法？而反批評禪宗証道公案爲「無頭公案」？若彼等導師徒衆之否定阿賴耶識說法正確，則佛於四阿含中說有阿賴耶識則非正確，則彼等師徒即不應以佛弟子自居；不信佛語故。

佛復示云：「緣名色故則有識」，謂如來藏識若不緣名色者，則不能現行而為衆生所緣所識。一切有情—包括否定如來藏之師徒等人—從無始劫來乃至今世，恒不斷絕地執著攀緣其名色中之如來藏識；只因不知不解不証阿賴耶識故，竟忘恩負義而否定祂；一切禪宗証悟祖師乃至現代一切已悟阿賴耶藏識之証道者，悉皆能見彼諸否定阿賴耶識之導師及其徒衆等人之阿賴耶識現行，以彼等諸人之阿賴耶識由往世名色熏習因，必緣今世名色，不斷於三界中現行故。此識若入無餘涅槃而不緣名色者，乃至十方諸佛亦不能見之，是故佛云：「緣名色故則有識。」

「由於這些增語—於如來藏識外添加語言，添加語言之說明方能弘傳；依於說明弘傳而可假名施設為有—其實祂性空寂滅—也就是說阿賴耶識與名色是同在一起的。」佛既如此告示吾人，云何彼等欲「回歸佛陀本懷」諸師竟然不信佛語，究竟欲回歸佛陀之什麼本懷呢？

以上略述空性已，當說空相之剎那生滅及念念變異，無有眞實不滅之自性而趣向壞滅。

吾人之色蘊，始自受精卵時，迄至死亡，其間刹那刹那不斷變異，無有一時一刻暫住。吾人之名—受想行識蘊—亦是念念變異，無一刹那中斷。

有情衆生—譬如人類—八識心王之種子流注現行，使得吾人能於六塵境中活動；而八識心王之每一心，於念念間皆有八萬一千次生滅流注；此謂一念之間有九十刹那，一刹那間有九百生滅，故四蘊乃刹那生滅之法；然因有情未斷變易生死，故不能覺知，錯認爲無生滅者，不知不解刹那變異之理，遂執空明覺知之前六識心及作主之末那心爲不生滅我，墮於常見外道法中。

如來藏—第八識—本體永不斷滅，離三界見聞覺知，故不會不貪不厭苦樂六塵，本性清淨；而藉其所藏無明業種及父母四大之緣能生五根六識及與末那，輪迴前後無量劫生死；然於本體永無生滅之中，卻含藏八識心種及諸有漏無漏法種而不斷流注生滅，依前七識之六塵分別及欣厭，於三界中造業及受報。以此緣故，有諸萬法之法相生滅。

三界萬法若有生者，必定有滅。何以故？以生已即不斷變異故；若有變異，只能維持一段時間之存在，終歸壞滅，此謂法相之生異住滅也。

一切法相—有漏有爲法乃至無漏有爲法—悉皆空寂而無自性。譬如有漏有爲法—因貪起瞋而殺人—因見己之貧窮，復見他人富有，遂起貪念，思欲不義得人錢財；以受阻故而起瞋恨怨惱，遂至殺人。此法生已暫住，住時念念變異無有暫停之時，終至殺已法滅，歸於壞空。此法法相雖然生異住滅，而法本際不生不滅，恒住世間。

亦如無漏有爲法—無學聖人做豆漿—若有菩薩阿羅漢服侍衆僧，爲衆僧磨煮豆漿；泡豆、磨漿、過濾、燒煮、和糖等過程中，有諸法相生異住滅，而此無漏有爲法之法性實無生滅變異；是故次晨菩薩阿羅漢能重複磨煮豆漿之法相。若法性如同法相有其生住異滅之實法，而非空寂及不生滅者，則磨煮豆漿之法今日用已，明日即無可用者，已用訖故；以法性空寂常住而無生滅，故能重複使用此法，使其法相重複現行而無窮盡。是故諸法法相皆是生住異滅，無自體性，唯有法性自性空寂常住世間；法性即是三乘涅槃—無餘涅槃之本際—如來藏阿賴耶識，法相則是生死有爲諸法。

譬如無漏無爲法—無餘涅槃本際之如來藏—本無言說，亦無可說者，亦不可謂其有；非三界法故，不可顯示故。然依佛智增語，增語說傳，可施設有—以諸色蘊行蘊為弟子說有無餘涅槃，令諸弟子明解無餘涅槃而修証之，轉能為人解說，起於解脫知見。而實涅槃之中無有一法可得，悉皆寂滅故，法性空寂故，無有一法生故。以涅槃之法性空寂，本來不生而永不滅，故無漏有為法—無餘涅槃知見之宣說—可以重複不斷實現，重複為人宣說；無餘涅槃法—解脫知見—之法相固有生滅，法性—無餘涅槃—則無生滅。是故涅槃法之法相甫從說者聞者靈知心中生已，即是念念變異、剎那生滅，無有自性，終歸於空。

涅槃非空非有：無餘涅槃中，無色聲香味觸法六塵，無眼耳鼻舌身意六根，亦無六識，無見聞覺知，無受想行蘊，無四諦八正，無十二因緣，無三界六道，無佛無眾生，是故非有。無餘涅槃中，非是斷滅空，唯是如來藏識離見聞覺知而不現起上述諸法，如是安住而無所住，是故非無。

涅槃不來不去：二乘無學入無餘涅槃，依眾生眼觀之，似有來去；然諸無學取涅槃者，實非來此涅槃中安住，涅槃無境可令異熟識入來，故名不來；取涅槃者，於三界中觀之似有離去，而實無去，何以故？唯是前七識自我滅除，不復現行，不引異熟識重新受生，令異熟識空性不再現行於三界中爾，非有何處可去，故名無去。

涅槃非一非異：二乘無學入無餘涅槃中，與如來藏非一非異。何以故？以無餘涅槃是解脫境故，一切衆生若斷盡煩惱障者悉可証此無餘涅槃而出輪迴故，有學聖人及諸異生凡夫所不得故，故名非一。一切無學聖人入無餘涅槃已，六根六識滅除，非如斷見論者所說一無所有，唯是異熟識不起煩惱障種子，不令異熟識重生意根輪轉三界爾；異熟識於無餘涅槃中，如是無所住而住；若離異熟識，即無無餘涅槃，故說涅槃與異熟識非異。

本來自性清淨涅槃亦與阿賴耶識非一非異：未斷煩惱障之一切有情，六根六識貪取六塵時，其五蘊中之如來藏阿賴耶識仍舊一本無始以來清淨自性—離見聞覺知、不會不取不厭六塵，迥異六根六識之貪著六塵；然阿賴耶所生見分七識卻不斷貪著六塵，故名非一。於見分不斷貪取六塵時，第八識自身卻同時仍依清淨本性而住，仍依永不生滅而住，一切大乘証悟者皆能親眼現觀此識之本來自性清淨涅槃，皆能現觀離於此識即無本來自性清淨涅槃，故名非異。

有餘涅槃及佛地無住處涅槃亦復如是，大乘証道佛子自思可知，此不贅述。

涅槃不增不減：二乘無學証涅槃前、取涅槃前，其如來藏體性未有所減，本自具足無漏法種，是故不減。証涅槃後、取涅槃後，其如來藏體性亦無所增，唯是消除煩惱無明，是故不增。証、取涅槃前後，一切見分種及相分種悉無增減，故名不增不減。

涅槃不垢不淨：如來藏於異生凡夫位及無學入涅槃中，體性並無改易；於異生凡夫位中，已具本來自性清淨涅槃，修除煩惱障種子隨眠而入無餘涅槃位中，此諸煩惱種已經斷盡而不現行，故名不垢；在無餘涅槃位中無有任何境界，一切諸法皆不現行，乃至佛法亦不現行，何況有諸淨法可言？故名不淨。

涅槃不斷不常：無餘涅槃中，非如斷見論者所說一無所有之斷滅空，唯是如來藏空性不現起見分相分種，不復受生於三界爾，故名非斷。未成佛前，一切無學之如來藏住於無餘涅槃位中，其如來藏中尚有上煩惱—無始無明所生塵沙煩惱—於自心中流注不斷；體雖常住不斷，而內有變易生死之塵沙煩惱種子流注不斷，故名非常；是故無餘涅槃非斷非常。

以諸正理略述無餘涅槃及本來自性清淨涅槃之非空非有，不來不去，非一非異，不增不減，不垢不淨，不斷不常，故名涅槃即是中道；若無如來藏，無餘涅槃即成斷滅空，不名中道；云何否定如來藏諸導師徒衆、於否定如來藏後復能信受佛說涅槃非同斷滅？豈非迷信？謂於四阿含中，佛恒恒時、常常時、不斷開示：無餘涅槃位中無有五蘊、無有六根六識六塵、無見聞覺知。既說蘊處界悉皆滅除不存，則無餘涅槃位中豈非斷滅？故彼諸師不應否定涅槃之中有不空之空性如來藏也，以三乘涅槃非是斷滅故。

然此中道猶非究竟，仍有自心種子流注，故仍未斷變易生死，不成究竟佛果。若欲究竟大菩提果，非唯無餘涅槃之証斷即得滿足，應依初地所發十無盡願而起無相大悲願，次第轉進八地，一則念念任運恒度有情，二則念念任運向大乘法海，恒隨報身佛學法，直至金剛道成就、異熟流注滅盡而成佛，四智圓明，福慧雙圓，永斷異熟識中自心種子流注，令異熟識與別境五心所及善十一心所相應，方名眞如，方名眞常眞樂眞我眞淨，此唯佛得，一切佛子皆所不得；親住於無住處涅槃，利樂有情而無所住，盡未來際。

然而四種涅槃悉不應離第八識而獨存，否則皆名戲論。此謂涅槃之境本不可說，上來略述涅槃法相亦非眞實，無不滅之體性，以是名言故。然若不藉此諸名言開示表義，有情即無可能解知涅槃正理，無從修証；是故要假表義名言以宣眞旨，令諸有情依言而証。証已離言，方知涅槃之中無人無我無境無知無想無受，唯如來藏如是安住不現，方便說名涅槃。是故所說涅槃法相亦是刹那變異、念念生滅，趣向壞空，終無自性；故云涅槃本際不可說、不可示，說者即非涅槃本際，說者即成涅槃法相；是故經云：「諸法不可說。」又云：「設若有法過於涅槃，我說亦復如夢如幻。」—生與不生諸種法相亦復如是，刹那變異，趣無自性，非如不生與生之本際—如來藏—具眞實不滅不生之體性，清淨空寂離諸名言而能顯涅槃、能生萬法。

佛請波羅蜜，佛子與聲聞、緣覺諸外道、及與無色行，如是種種事。

疏：佛波羅蜜廣有八萬四千，略說有六有十。波羅蜜者華言到彼岸—到解脫彼岸；能令生死中人度到解脫之彼岸，故稱爲度。六度波羅蜜者謂菩薩初住至六住位，依序修學布施、持戒、忍辱、精進、禪定、智慧，以未觸証空性阿賴耶識故，依外門修六度波羅蜜。七住菩薩觸証空性阿賴耶識後，則依內門修六度波羅蜜，次第漸進至十迴向位。

十度波羅蜜者謂初地菩薩已顯聖性、已現道種智、已發十無盡願後，依十度波羅蜜漸修而至十地；悉依無生法忍修學十度波羅蜜：布施、持戒、忍辱、精進、禪定、般若、善巧、願、力、大智波羅蜜，依此次第入法雲地，能於十方度諸有情，如大法雲含智德水，說法如雲而無窮盡。

佛弟子有三：菩薩、聲聞、緣覺。菩薩以大悲大願故，能荷擔如來家業；不斷煩惱而証菩提，自身未出三界而能度二乘人出離三界輪迴，故名不可思議，名爲佛子；此非二乘無學之所能也，故二乘人非眞佛子。

聲聞菩提依三界中之蘊處界空相而實証無我—色蘊非我、非我所，受想行乃至識蘊非我、非我所，不以空明靈知心爲眞實不滅之我；我見斷盡成須陀洹果。乃至阿羅漢斷盡我執而成無學，亦依現象界之蘊處界空相而修斷我執，身証無學。若加修四禪八定而証滅盡定，成俱解脫，然亦不知不解不証中道實相，不能導引人天眞向佛道，無力維持佛種不斷，故不得名爲佛子。

緣覺菩提依蘊處界空相而現觀無我。依於蘊處界之十二有支，現觀十二有支悉皆因於如來藏之現有五蘊老病死苦；逐次推溯，而知依於如來藏之無明業種能生三界有漏萬法。無明者謂不曉欲色界五蘊虛幻、不曉無色界四蘊虛幻，乃至不曉非想非非想定中之微細了知心之虛幻，執爲實我不滅，故令阿賴耶起行支，依於末那之執我而執名色，遂至輪轉生死。

緣覺以現觀十二有支之因及緣，故滅三界貪愛之無明而成辟支佛；然亦未能証解法界空性—如來藏阿賴耶識；不知不解不証中道實相，不能度諸人天証入空性中道第一義諦，無能維繫人天佛種不斷，故亦非眞佛子。

唯有菩薩依其所証空性阿賴耶識，能令人天証入中道第一義諦，乃至漸漸發起道種智；令諸人天永不趣寂取滅，永不背離佛道，乃至成佛；利益人天永無止盡，故名菩薩是佛眞子。復次，菩薩雖非主修蘊處界空相而証無我，然菩薩於般若正觀現前—証得如來藏後，亦証得蘊處界空相而現觀無我，隨後亦能通達二乘無我法，兼通三乘；菩薩初地雖未斷盡我執而出三界，然其智慧絕非二乘無學所能臆測，故名菩薩爲眞佛子。

諸外道法皆屬有漏法，唯佛法中三乘菩提是無漏法；然諸外道不知不解，各各自言是無漏法，亦各自言已証涅槃。古印度如是，今之印度亦如是；如印度，今之中國亦如是；如中國，今之全球宗教家亦如是；如諸外教修行者，今之佛門內衆多修行者亦如是；錯將蘊處界法認作眞實不滅之我，而自謂已証無我；或將無餘涅槃之本際—如來藏空性—加以否定，淪於「涅槃之中無有空性，唯有斷滅空」之窘境，而執一切皆是緣起緣滅之性空，同諸斷見論者，卻引佛語而証涅槃非是斷滅空。凡此皆名外道，於空性心外尋覓不生不滅之佛法故，名之爲「心外求法」之佛門外道。此謂彼諸崇尚原始佛教、主張人間佛教諸師，不知不解原始佛教四阿含中佛語密意，於佛所說「苦空無我無常、十二因緣等緣起性空諸法皆依空性心起」之理，懵無所知，便執一切緣起性空，謂緣起性空方是佛法正理。然則五蘊十二處十八界悉皆無常苦空無我、悉皆緣起緣滅，無有「無我空性心」離見聞覺知而獨存，則無學聖人入涅槃已，蘊處界悉滅，則成斷滅空，云何復引佛語謂涅槃非斷滅？故謂此諸師等乃是佛門中之斷滅論外道。

此諸佛門外道以及外教人士，皆因不明實相而生不如理作意，不離六根本煩惱之惡見。豈唯不入大乘見道？亦乃不入二乘見道；此謂二乘聖人尚且承認有涅槃本際之阿賴耶識，今之南傳佛法亦承認之，乃竟大乘佛法中之比丘比丘尼否定阿賴耶識，不承認有如來藏，隨於應成派中觀師否定如來藏之語而變本加厲，攝取佛教界之資財而否定三乘佛法之根本—空性阿賴耶識。而今末法佛子於此嚴重破法行爲竟然不知不覺，反而抱著「護持原始佛教、回歸佛陀本懷」之志，鼎力資助彼等破壞三乘佛法根本之惡業，背離原始佛教佛陀本懷之涅槃本際，否定四阿含中佛說一切法根本之空性心—如來藏阿賴耶識。此諸人等募取佛法資源，藉原始佛法之名，行破壞三乘正法之實；佛子資助彼等或身往護持，皆名破壞正法，非唯無諸功德，亦且成就破佛正法重罪；有智佛子應當深思，廣爲人說，救護無智佛子遠離破法重罪；斯名大慈大悲，能免他人地獄罪故；若已知此見此而不勸人遠離者，不名慈悲，名爲無悲。

何故作如是說？謂諸佛子寧可錯悟而墮常見，寧可錯悟而成大妄語罪入於地獄，不可否定三乘涅槃本際之空性心—如來藏阿賴耶識。何以故？以大妄語業之罪雖重，比之於破壞三乘根本佛法之罪則爲甚輕；若人犯大妄語業者，猶有出期，若犯破壞佛法根本之重罪者，百劫輪轉諸方世界地獄之中，難可出離；久久方出，復生餓鬼畜生道中，多劫受苦已，初生爲人時，以破法邪見久熏未除故，甫聞如來藏妙法已，又復不信更加誹謗，又致淪墮；如此反覆，直至多百千劫後邪見消除，方得入於三乘見道位，遠離三途；有智佛子皆當深入思惟辨正，以免未來百千萬劫，枉受三途大苦，出離無期。我諸佛子宜乎三思，再三思，三三思！

無色行者：乃謂有諸修行人異知異見，與無想定行者知見顚倒而求涅槃。無想定外道不捨色界四禪天身之執著而滅四禪定中之微細靈知，以此爲涅槃—欲以四禪天身而証涅槃。無色定修行者反之，棄捨四禪天身而不捨定中之微細靈知心，欲以靈知心而証涅槃；故捨色界身而入空無邊處、識無邊處、無所有處、非想非非想處，以四空定境界爲涅槃，故有無色界有情輪轉生死。以不曉四禪四空定境界之內涵，錯認定中離諸妄想五塵境界之微細靈知心爲不生滅心，故以四空定及四空天境界爲涅槃，以有此邪見故，遂有無色行者出現人間，自謂已証涅槃。

一般佛子及諸外道不知佛道波羅蜜，不知菩薩與聲聞緣覺之法道異同，不知四空定及無色界境界非涅槃境界，故世尊以此四句偈答覆大慧菩薩，兼示佛子。

佛門中，一向有諸善知識讀經時不求眞解，摘取佛語一句二句，抄前略後，不能貫串佛眞語意，誣指佛說一切人修得初禪即是二住菩薩，以之爲人印証二住果位。然而佛子修得初禪可是二住，亦可非是二住。若佛子同諸外道，不依四念處觀、十二因緣、眞如般若等知見而修得初禪者，不入賢位，同於外道；須依佛法知見而証初禪，方得入賢，名爲二住菩薩。

外道修得四禪八定具足者，仍不能解脫分段生死，尚在輪迴之凡夫衆生數中；須証佛法中三乘共道之盡智，方得出離生死。解脫乃依無所有、無所得、無境界之盡智而出生死，非依靈知心所依之四禪八定境界而出生死；禪定唯能助人提前捨報而不能使人証得涅槃；故慧解脫之三乘聖者無有禪定及神通証量，同諸凡夫，而能於捨報後出離生死；四禪行者有諸定境及神通証量而不能出離生死，咎在有定無慧。若有四禪行者得聞余語，斷盡四禪中之靈知心自我執著，當時便得盡智，立刻可入無餘涅槃。

菩薩若以如是知見，如實証得盡智，眞實除疑而行六度萬行，雖不入涅槃，亦名解脫。若如外道不知聲聞苦、空、無常、無我法，不知緣覺十二因緣之緣起緣滅諸法性空，不知菩薩眞如佛性無生無滅、無生法忍，雖然修得各種禪定境界，神通廣大，依舊不能解脫，無力取證涅槃。故知禪定及神通境界之修持，若不能與三乘菩提相應者，皆與外道神通禪之觀行無異，唯名凡夫証量，不名智慧，不能出離三界生死輪迴。

須彌巨海山，洲渚剎土地，星宿及日月，外道天修羅。

疏：此四句偈乃佛開示器世間及其中之有情衆生法界。每見善知識主張：須彌山即是喜馬拉雅山。然經中說，須彌山外有四大海，四大海外有七金山，七金山外有香水海、鐵圍山；今觀見喜馬拉雅山外非如經中所說，故非須彌山。此偈所說須彌山及巨海、巨海中之巨山等，皆非地球上之山與海。若喜馬拉雅山即是須彌山，則其半山腰即是四天王天，山頂即是忉利天；果眞如此，聖母峰下之藏民住處應高於四王天；攀登聖母峰頂之人類，則是未離人間已到忉利天。亦應飛機飛越聖母峰時，乃是在夜摩天橫衝直撞；更應人造衛星及太空梭繞行地球軌道時，相當於化樂天或他化自在天。故知須彌山絕非喜馬拉雅山。

目前較合理之解釋，應依吾人所屬之銀河系而說明之。銀河系之形狀，若由正上方及正下方觀之，形如漩渦，有四漩臂，即是四大洲。每一漩臂皆由無量數之星球聚集而成，此謂極遠而觀，名爲聚集；實則每一星球間之距離皆極遙遠。譬如由此地球發射火箭人造衛星前往冥王星，需十餘年方能到達，然由天文學觀之，此乃極近之距離。

銀河系四大漩臂中，有無量數星球聚集，緊密成團者即稱爲渚。四大漩臂交會之處即是星雲漩系之中央，聚集極多星團，中有極多恒星，由側面觀之，較四大漩臂高聳，突出如山，此方可名爲須彌山。日月光明能及山頂，不能遠照至另一星雲漩系。由此須彌山頂再往上，則過忉利天境界。

剎者或名佛剎，一個星雲漩系即是一佛剎。吾人所居之銀河系即是一佛剎，亦名一大三千大千世界。此一銀河系內有二千億個太陽系，盧舍那佛化現千百億釋迦牟尼佛，於此銀河系中各太陽系內示現成佛轉法輪而度有情。

聚集無量數之星雲漩系，互以引力牽制不散而成一世界海。吾人所屬之世界海名爲蓮華藏世界海，此世界海呈倒三角形，共有二十層；上層極寬廣，漸漸往下觀之，越往下層則範圍越小；此銀河系在蓮華藏世界海之第十三層內，阿彌陀佛之極樂世界亦在此第十三層內，中間相隔十萬億佛剎——十萬億星雲漩系。蓮華藏世界海無邊廣大，難可思議；然於宇宙中復有無量數世界海聚集而名巨海，此諸巨海即是香水海。香水海有七個，七香水海之外有七金山及鐵圍山，皆非吾人意識所知也。

經云：「十方虛空無有窮盡，世界國土不可限量。」七香水海、七金山及鐵圍山之外，必定復有無量無數香水海，內有無量無數世界海，每一世界海內亦必有無量數之星雲漩系，每一星雲漩系內亦必有無量數之世界。此諸世界有純一清淨如極樂世界者，亦有淨穢土混雜如此娑婆世界者。此等無量無數之世界中，各有許多外道、天人、阿修羅等有情生於其中。

由「生及與不生……」，到「……緣覺諸外道，及與無色行，如是種種事」，乃是世尊開示佛法三乘菩提—第一義悉檀；此段四句偈則是世尊開示世界悉檀—一切有情所住之器世間，三乘聖人於器世間修行証聖，十方菩薩於器世間修行成佛，十方諸佛於器世間轉法輪、度有情，終不能於無色界成佛及度有情。

解脫自在通，力禪三摩提，滅及如意足，覺支及道品，諸禪定無量。

疏：解脫自在通者漏盡通也。謂三界有漏永盡—後有永盡而得盡智；亦即三乘無學親証五陰十二處十八界之苦、空、無常、無我，斷除我見；再斷我執—斷除修所斷之貪瞋痴慢疑，自知後有永盡，已得解脫生死輪迴，名得盡智。若於捨壽前深思解脫，能具足了知解脫之知見，即能爲人具足宣說，即得無生智，成利根無學。盡智及無生智之証得者，皆是得解脫自在通。

大乘佛子入初地後，雖未斷盡我執，而能永伏不現如阿羅漢，能斷我執証慧解脫，而不斷之，深修無生法忍，於器世間自度度他，不畏生死及隔陰之迷，非二乘無學所及，亦名解脫自在通之佛子。

解脫自在通之証者，不能示現與人知之，乃是無所得、無境界、無所有，唯是聖人內身自証智慧境界，不可說，不可示；一切樂著境界之凡夫佛子外道所不能知，設爲說之，亦不樂受，輕賤鄙視；非如有爲法—如四禪五通—之可炫異惑衆故。

而此大乘解脫自在通，非以身証，非以見聞覺知心証，非因修得，非不修而得，乃是如來藏自住境界，唯有眞悟之人知之証之，唯有已証之善巧菩薩能爲人說之；而未証之人聞之不知不曉，故說未証之二乘無學爲愚，未証之佛子及外道名爲凡夫，已証之人即非愚凡。

大乘解脫自在通者謂菩薩得大乘無生智，未入涅槃之前，已知已証涅槃本際，非二乘無學所知；何以故？謂二乘無學入涅槃時，須捨見聞覺知心、捨欲色界身，捨已不起中陰身，於顯境名言（欲了知五塵境）無有貪戀，於「覺知自己及諸定境」亦無貪戀，一切寂滅，唯餘如來藏獨存，不起見聞覺知，不於三界現身意。然二乘無學入此涅槃無所有境界已，既無覺知心，如何能知解脫境？故說二乘無學不知不曉解脫境界，唯以信佛語故，斷除煩惱而能証之。

菩薩不然，以証知如來藏故，未入涅槃之前，已知涅槃境界；初地菩薩力能斷盡思惑而不斷之，唯永降伏不起而生起聖性，常住世間自度度他，雖無禪定神通，猶如凡夫，而住自心解脫自在通慧以自受用，智慧通利，一切人天及二乘無學所不能知，唯除上地菩薩。菩薩以此解脫自在通故，不畏生死苦，不懼隔陰迷，常住三界而度有情，故云菩薩不可思議。而此自証聖智，須依大乘見道明心方可漸次轉進、次第而至，非未悟錯悟之人所云「一悟即入初地」也。

依《華嚴經十地品》修行之佛子乃是戒慧直往菩薩；此菩薩於七住明心後，漸次學慧，降伏性障令永不起，發十無盡願，從善知識習學五法三自性……等而入初地；於初地中專修布施波羅蜜以集福德，專修百法明門以增智慧，初地之福慧滿足便入二地。於二地中專修戒法而非學戒（二地前皆名學戒，不名持戒），嚴持戒法令心清淨，乃至微細戒亦不毀犯，亦不起心，心清淨已，戒波羅蜜圓滿；持戒同時亦修千法明門增益無生法忍；千法明門及持戒清淨二俱圓滿，則滿足二地福慧而入三地。入三地已修學萬法明門，以增益無生法忍；修學四禪八定、四無量心、五神通，以增益其福德。

三地滿心菩薩已具三地定慧故，成人天至尊，一切人天所共恭敬供養，圍繞受法。此謂見道菩薩依大乘法修學福慧而不偏廢，是故五根能生五力，於自於他皆得受用。五根者謂信根、精進根、念根、定根、慧根，五力者謂信力、精進力、念力、定力、慧力。

一切人皆同有五根，而不知不解，不能用以修行，是故輪轉生死。大乘佛子以聞熏佛法故修學十信，十信滿足則生信力，而其信根非因修得，本自有之。以信力生故，仰信諸佛菩薩之解脫及智慧境界，信任自己亦應能修能証，心嚮往之，精進修學，即與精進根相應；精進根相應故，起四正勤—未生惡令不生、已生惡令斷除、未生善令生起、已生善令增長—能時時修，恒時修；以時修恒修而不捨故，依精進根起精進力，眞實能知諸法空相，現觀蘊處界空；以現觀蘊處界空故，知二乘法乃依現象界有爲法而說空，非爲究竟，轉轉而入大乘，聞熏諸法實相—般若空性；久修不捨，遂証空性如來藏。

菩薩以証空性如來藏故，其精進力遂與念根相應。念者謂於所曾經歷之境，能憶念不忘。菩薩以証空性而生般若慧，從此依於諸經諸論及善知識所受學眞正佛法，能一一証驗；証驗後即於念根起於念力，於此諸種法相之証驗境界，能於自心念持不忘，是謂菩薩已得念力。此菩薩以念力所持故，能於捨壽時斷盡有愛住地惑而不斷之，不入涅槃，轉入二地修戒波羅蜜。

佛子以得念力故，依大乘般若能知三界九地境界—欲界地乃至非想非非想地—思欲修証九地境界，遂以念力而與定根相應，依信進念力而修禪定。以修禪定故，漸次修証四禪八定而起定力，能証四無量心境界而得廣大福德，能得大神通力而得廣大威德，滿足三地境界。

佛子以具足定力故，而與慧根相應，起於慧力，能知他心—知三界九地一切有情衆生、其心所住境界，是名知他心智，一切外道、凡夫、二乘無學，皆所不知，是名慧力。是名佛子具足五力、四禪八定、知他心智等三摩提。

佛子以具足「力、禪、三摩提」故，能証滅盡定而不取証，入於四地，依安立諦現觀苦集滅道四諦十六心，復觀三界四諦忍及智等，增益無生法忍，心心寂滅，亦斷見所斷之一百十二分別隨眠，於禪定及四無量心、五神通等，皆無所執，因此成就四神足—依四正勤得四神足—欲三摩地斷行成就神足、勤三摩地斷行成就神足、心三摩地斷行成就神足、觀三摩地斷行成就神足。以四神足成就故，說八正道圓滿，所作已辦。

復轉入五地，依所証空性如來藏之般若而現觀十二緣起支，滿足七覺支—念、擇法、精進、喜、猗、定、捨。以七覺支圓滿、十二緣起支現觀圓滿，佛子滿足五地，進入六地而証滅盡定。証滅盡定已，不取涅槃，復依無生法忍般若深觀滅盡定，而得七地念念入滅盡定；此七地菩薩解脫果之智慧，非二乘俱解脫聖人所能知其一二。菩薩依此修學，滿足大乘三十七道品、諸種禪定三昧及四無量三昧。

以上依大乘見道菩薩略說三十七道品等，然以篇幅所限，及此經主旨非欲專說三十七道品，故於五根五力略說之，於七覺支則不敘述。又此乃依大乘見道次第說於五根五力，非無見道前之佛子所修五根五力，亦非無二乘佛子所修五根五力。又四地、五六七地佛子與四聖諦、五根、五力、七覺支、八正道之關係及行門，限於篇幅，亦不能於此詳述，謹作提綱挈領，要在見道佛子親自詳審思惟，自行深入証驗之。

諸陰身往來，正受滅盡定，三昧起心說。

疏：諸陰身謂三界六道有情之五蘊身或四蘊身。色界天及以下天人修羅畜生餓鬼地獄一切有情，皆有五蘊，故受諸受。無色界天有情雖無色蘊，仍有受想行識四蘊；蘊者聚也，依如來藏因及業愛緣、父母緣，而有色蘊；因有色蘊及末那，便有六識，識蘊具足；因於色蘊及識蘊，便有受想行覺；五蘊具足，便使眾生依於五蘊而貪五塵，輪轉於欲界。色界天人則依五蘊而貪定境法塵，無色界天有情則依四蘊而貪四空定中之顯境名言—不知靈覺心之虛幻而執定境中之靈覺心為不生滅心。三界有情因五蘊四蘊、緣五蘊四蘊，而為蘊所遮，起於無明，障礙解脫，故亦名爲五陰。陰者遮覆明性（明性非是藏密所說覺知心之了別性），令住於暗昧之中；色受想行識即是有情，此五遮蔽一切有情之心，令起無明，猶如陰蓋，故名五陰。

既有五陰則有往來，生時於人間四方往來，勤苦一世而無止息，至死方休。死後於三界六道往來，無量劫來或生天道、或生人間，或生餓鬼、或生地獄，或受苦楚或受天樂，往來反復永無止息。若滅五陰則無往來，無往來者名爲解脫涅槃，以無陰身故名無往來。

三乘慧脫無學捨壽之前皆應修學滅盡定，滅盡定則依四禪八定之正受爲基礎，是則應先正受四禪八定。

禪定正受者先受欲界定；欲界定善根發時，心得粗住，色身似有薄膜裹住，令身安住不動，此是欲界定法持身不動。若再深入修習則入未到地定：淺定中一心不亂，猶知五塵；深定中唯住一心，不觸五塵，類似無覺無觀三昧，然因不具二禪功德故，不名無覺無觀三昧。

四禪八定歸類爲三種三昧：有覺有觀三昧，無覺有觀三昧，無覺無觀三味。有覺有觀三昧之前即是未到地定，以未到初禪地故名。若人修得未到地定後，能修伏性障五蓋，則必忽然發起初禪。

初禪善根發之正受有二種：一者剎那間遍身發，二者運運而動。剎那間遍身發者，於修伏性障（未見道者修伏五蓋）或修除性障（已見道者修除五蓋）後，保持一心不亂之際，色界天身忽然現於欲界身中，心眼見身唯餘透明薄膜，遍身毛孔內外相通，一一毛孔受於樂觸；彼時初禪天之心眼唯見身中如雲如霧，不見五臟六腑，空盪輕安，無諸粗重；彼時雖與他人言語，而不妨礙初禪天之境界安住；以此初禪境界之定心能與五塵境界相應，覺觀無礙，故名有覺有觀三昧，不離欲界覺觀故。

運運而動者，於修伏性障後，打坐之中一心不亂時，或於頭部，或於會陰發起。於發起處運運而動，似蠕動狀；動時伴隨樂觸，受初禪身樂。若由下而發，往往漸漸遍身受樂；若不遍身運運而動，則不遍身受樂，名為初禪善根發不具足。若由上而發者，十之八九不能遍身，退失初禪定境；此人應全力修除（伏）性障，否則終其一生不得具足初禪。

運運而動者，乃因性障之伏除不徹底，故不能一剎那間遍身發；亦須於打坐之中方能發起初禪善根。發起善根後若不精勤修進，多不能滿足初禪修証，往往退失。於剎那間遍身發者，以初禪定力具足及初禪應除性障已徹底修除故，非必打坐之定中方能發起初禪善根，行住坐臥中皆可能忽然而現；此人欲進修二禪較爲容易，運運而動者往往退失，不易修進。以上名爲有覺有觀三昧正受。

初禪修學具足後，繼續修定，令心向內安住，不緣外五塵；漸漸安住自心內境，唯有意識觀照五塵外之定境法塵；五識雖尚未滅，而於五塵已不攀緣，亦不起覺察粗心，不迎不逆，如是安住；意識雖觀定境時亦知五塵，然已不爲五塵所動，唯是一心安住定境，是名無覺有觀三昧—二禪前之未到地定。

行者得於無覺有觀三昧後，每日精勤修定，及於四威儀中伏除二禪所應伏除之五蓋；於坐中經由初禪而入無覺有觀三昧，每日重複此一過程，漸漸向意識自心內境安住，不緣五塵；隨於定力之增進及性障之伏除，而漸漸能入無覺無觀三昧之中安住，離外五塵，而亦不須起心觀照定境，不覺五塵、不觀五塵，是名無覺無觀三昧，以離欲界覺觀故名無覺無觀，非謂無意識能覺知自心內境也。

行者得於無覺有觀三昧後，若久久不能進二禪者，當知彼人爲性障所障，當於四威儀中修行，伏除欲界五塵之貪愛，並須伏除瞋恚蓋及掉散蓋，二蓋若不伏除，永遠不入二禪。

已得二禪，能久安住；日日修之不輟，自能漸次轉進四空定，無所障礙。行者修學增上心學之最難者，過在不知有覺有觀、無覺有觀、無覺無觀之差異，故不知方便轉進之道。今既已入二禪，三種三昧之異同已經知悉，二禪後之三昧悉皆同屬無覺無觀三昧，行者依本書第一輯中之說明，自能漸次轉進，勿煩再敘。

行者具足四禪八定正受之前，當須先求見道；以得見道故，不被四禪八定境界所惑，知四禪八定皆是增上心學；增上心學能使佛子起諸威德力用，乃至降伏諸天，然不能令吾人出離三界；此增上心學雖不能令佛子出三界，而能助佛子出三界，以能降伏三界惑故，是故菩薩三地修學四禪八定等。凡夫以具足四禪八定增上心學故，但得三乘見道之一種，即能立時取証滅盡定；以得滅盡定故，成俱解脫無學，能促壽延壽，能自行決定捨報之時間及地點，是故菩薩滿足二地後，應修增上心學－四禪八定等。

佛子住滅盡定中，前六識俱不現前，離於自心內境之覺知，三界境界之覺受悉滅，唯餘末那識之觸、作意、思等三心所法，受想二心所法已滅，故不住於三界境界中。俱解脫無學入於滅盡定中，不受三界法塵；然因入定前之預設，故能於次日午前，或三日三十日後出於滅盡定。此因滅盡定中末那識未滅，尚有五遍行之作意、觸、思心所法作用，唯除受想心所；故於如來藏所現內相分顯現其入定前預設出定之狀態時，便於觸此境時起於作意，由作意而起思心所，思心所則決定喚起受想心所；然因受想心所須依意識同為運作，遂喚起意識；意識起已，便漸漸出定，回復三界覺觀。

此諸過程皆須出於三昧後方能敘述，非於三昧中能敘說之－唯除有覺有觀三昧－故云「三昧起心說」。若人自言已証四禪八定、滅盡定，而不能敘述其中內容及異同者，悉名未証言証，名為籠罩人者，名為大妄語者；非俱解脫無學而方便令人誤信自己爲俱解脫無學故。

心意及與識，無我法有五；自性想所想，及與現二見。

疏：此四句偈乃是世尊開示唯識人無我及法無我，並開示能取與所取皆是自心所現等無生法忍之道理，皆屬於增上慧學範疇。

「心、意、及與識」，乃是菩薩修學解脫果與大菩提果之根本。修學解脫果者，其目的乃令人了知自己之虛妄而除我執，因此不再有後世之我；以無後世我故，不受輪迴苦。三世我者即是意及識；意是末那，名爲意根，意識依之而起，爲意識之俱有依，故名意根。識是前六識，欲界中人悉有前六識，唯除五根不全者。前六識之眼耳鼻舌身等五識，須依五色根不壞，復依意識末那之作意等爲依，方能由如來藏之作意等心所而流注五識種子於根塵接觸之處而現行，故知眼等五識虛妄，依他起故。

意識者即是「密宗諸佛」所說之眞如—空明覺知之心，即是禪宗錯悟者所說之眞如—一念不生之靈知心，即是觀想本尊、空行母、種字之靈知心，即是四禪八定境界中之靈知心，即是蜀郡故袁煥仙所說有念中之無念靈知心。意識名爲了境識，能了別欲界法色界法，能了別四空定中之無色界法，不因消除語言、影像、妄想而除其了別性，本質即是了別識故。

又意識雖須依於法塵意根及阿賴耶識之現行方能現起而名依他起之妄心，然一切佛子皆不應棄捨意識而修佛道。此謂意識若棄捨自身已，別無能知諸法、能分別諸法之心。既無能簡擇之心，則不能明辨諸法，不起順抉擇分；則不能証悟法智總相，不得法智忍；不住法智忍，則不能生起法智之別相智；不得法智則不能安住類智忍；不能安住類智忍，則不能生於類智，於空性般若之二忍二智不知不覺，則名資糧位或加行位佛子，不入見道七住。故知菩薩不應離於意識覺知心而修佛道。

意即是意根，又名末那，意識之俱有依也。意者謂此心處處作主，恒內執阿賴耶心爲自內我，亦執意識覺觀心爲我，復執餘五根五識爲我，恒欲了別三界諸法，普遍計度，執爲眞實，故名遍計所執性識。

此識不了自身虛僞，計度一切三界諸法爲我、我所，無始來覆障眞如清淨體性，隱蔽眞如，令衆生不覺，使聖性不起，是一切無明之根源。然以此識恒常，不斷審度，處處作主，時時作主，而意識不能作主，故成凡成聖悉憑此識之人法我執斷與不斷而有差別。意識於出世法見道後，漸起擇法覺分，漸漸深入了知出世間法，然不作主，故須依意根之作主－確實認定自己無眞實不滅之自性，乃決定放捨自我，依此而使解脫果現前，不復受生。然意根之作主須依意識之分別簡擇方能爲之，是故佛子修道，不可棄捨意根與意識而修；若未至無學便欲棄捨意根意識，每日打坐，住於淨裸裸處欲求解脫三界輪迴者，無有是處。

意根末那非能自在，恒依阿賴耶而現行故；一切有情住睡眠位及昏迷等位中，意根亦恒現行而不斷，然須依阿賴耶識方得現起，此非未學種智之人所能証驗之，唯除久已大悟之人乘願再來者。故意根雖非如意識之日日間斷、依於六塵外緣而緣起緣滅，而亦必須同如意識依因而起；因者謂即阿賴耶識也。

「無我法有五」阿賴耶識又名根本識，是一切法之根本故。以依阿賴耶識故，說有世間一切萬法；以依阿賴耶識故，說有二種無我法。二種無我法，函蓋五時三教一切出世間法。二種無我法者，謂二乘一切法—蘊界處我空無自性，非有眞實不壞之自性—人我空；以及菩薩不共二乘之世出世間法—唯識眞如—依本性清淨不自知我、不生不滅、不自作主而能生八萬四千法之阿賴耶識，說一切法中無有恒不生滅之蘊處界我；無有覺自執自之阿賴耶識，阿賴耶識離見聞覺知，不自知我故，名爲法無我。菩薩法無我通二乘人無我，二乘人無我不通菩薩法無我。

然二種無我，悉依五法方能建立，五法者謂：相、名、覺想、正智、如如。五法後自當說，不煩先舉。

「自性想所想」：自性者謂七種性自性，所謂集性自性、性自性、相性自性、大種性自性、因性自性、緣性自性、成性自性。七種性自性義，於後經文當說，無須先敘。此七種性自性可歸納爲三種自性，即是依他起性、遍計執性、圓成實性；後亦當說，此不別敘。

想者識之功用也，識謂了別，謂識能知也。阿賴耶識能知七識之心行而起自心行，此知非謂相對於六塵之知也，此知唯眞實證悟阿賴耶空性者方能知之；阿賴耶識以具此知故，故名爲識。意根有知，有別於阿賴耶之知，以意根於五塵能覺而不能觀，於法塵亦覺而不觀，恒常現行不斷，無量劫來貫通三世，與欲、勝解、憶念、禪定等法皆不相應，故慧微劣。不別六塵境—以唯能粗覺，不能細分別故，故慧微劣，然而恒審思量六識心行，執以爲我，普遍計度一切法而不能捨，恒觸六塵，恒起作意，恒受境界受；恒知五塵法（非如意識之充份覺知）而不斷，恒思量五塵行相而不暫捨，故於眠熟及昏迷中亦皆不斷；雖慧微劣，而覺六塵及六識心行，故名爲識。

意識能細觀察六塵，其慧超勝餘七，故名爲識。前五識能了五塵粗法，不了細法；然既能了，即名爲識。識雖八種，能了各別；了知之法或爲世間六塵，或爲非世間法（如阿賴耶之了別七識心行），然皆名之爲了知，了知者即名爲識，即名爲想。謂想即是識之功能，有情若能証驗此理、非唯聞熏，即名眞佛子，入菩薩數中。此八識心王之所了知，即名爲所想，所想者謂八識心王法、五遍行、五別境、善十一、煩惱十、色十一、隨煩惱二十、心不相應行法二十四、無爲法六等；依此百法衍生千法、萬法、億法、無量法等，此名菩薩之所想也。二乘無學之所想者，乃此百法之少分爾。外道凡夫之所想者，不離五塵諸法所起法塵，皆屬身覺境界。

如上所述，八識心王各有體性，和合似一，故能於欲界、器世間配合運作，圓融無礙；若其一識變態性異，則生牴觸，不能和合如一，則非正常有情衆生。

然我佛子修學佛法，非唯依於善知識聞熏百法明門、千法明門乃至萬億法明門爲足，須先親証不離蘊處界之末那及阿賴耶識，否則不名實義菩薩，名爲假名菩薩；此謂尚未親証七八二識之佛子修菩薩行，不通佛法宗旨，唯依外門而修，不入內明故，不能依如來藏中道正法觀修故。

若欲証取如來藏阿賴耶識，有二門徑：一者藉教通宗，二者教外別傳。藉教悟宗較難，觀我中土各派諸祖之修証紀實，可知之矣。教外別傳雖亦匪易，然與藉教悟宗相較則易也，故中土禪宗諸祖証悟如來藏者甚多，不勝枚舉。近代則有福州承天禪寺―後來浮海度台之土城和尚廣欽老人示現。

余多年來不斷倡導教外別傳之法；若有佛子依教外別傳之法悟得宗旨後，

即令隨入經典熏習增上慧學，悟後起修。此謂藉教悟宗較難，亦易退失，以缺乏體驗故；教外別傳則易悟入，不致輕易退失，以有証驗故。

余此說者非謂經教中未說未示如來藏空性，乃謂佛子因於無明所覆，讀之不解，隨諸名相，失佛本旨。然實佛於諸了義經—《般若心經、金剛經、維摩詰經、解深密經、無上依經、如來藏經……》等諸經中已經明說；末法有情，世智辯聰，無明所障，讀之不解；以不解故，誣為偽經，或誣為佛方便說法，誣佛本意非說有如來藏眞實不滅；如某導師及其徒衆，亦如月稱《入中論》及宗喀巴《入中論釋》等；藏密中觀應成派諸師為代表。

若人於教外別傳之法有緣，於中悟入，回首恭閱唯識諸經，必定啞然失笑—佛於諸經早曾明說，皆因佛子無明所障，故爾隨處錯解，執諸名言以為實義，自謂已知已解佛了義法，輕慢他人，乃至誹謗眞善知識微妙正法，以聞所未聞故。

然善知識雖然倡說佛子所未聞法，其實此諸所未聞法，佛皆早於諸經中說已，非未曾說；皆因悟有深淺，致古時祖師未曾說之。然歷代祖師悟後不取滅度，乘願再來，雖然未離胎昧，而以宿世善因淨因故，復能自參自悟，深入經教証驗增上慧學，世世增上，漸向佛道；故能因於般若之增上，而於此世敘說前世所未曾說之深妙法義。佛子不知不解此理，往往崇古賤今，不服當代眞善知識，取相生慢，失正法緣，令人感嘆！

教外別傳雖然超勝，然實不離經教；此謂証悟聖者所說無量名相差別所敘自性清淨心，實皆得名爲教，契符佛於諸經所說之聖言量故，佛已早於諸經詳述故，佛子先因善知識教語開示方能悟入故，故云教外別傳之法實不離教。

教外別傳者，唯依悟之當時定義：以禪師於彼時唯用機鋒，不說不示如來藏之體性，故名教外別傳。然實佛子於此一悟之前，已曾聞熏極多空性之知見，此諸聞熏皆名爲教。唯以禪師之語未予記錄，故不名教；若如佛語記錄成經，即名爲教，故不得言教外別傳自外於教。

譬如世尊拈花微笑，金色頭陀一念相應而悟，雖然名爲教外別傳，然於此前，迦葉尊者已曾聞熏世尊開示空性正理，方能於摩竭陀國世尊拈花時悟入，非完全無教而能悟入也。若不然者，則古今一切少女拈花微笑，古今少男或欲寫眞時、或欲攝影時，皆應當時相應悟入，云何各人盡皆不悟？是故教外別傳之悟，亦須先於善知識所，受學聞熏應有知見，方得悟入；此諸聞熏悉名爲教。

佛子於藉教悟宗，或教外別傳之法悟入後，應須深入經教，一則以諸佛語而自印証，二則依經深入驗証，伏除性障，修學種智，漸漸發起道種智而入初地，地地轉進，方得迅速成就佛道，不得排斥經教，因悟生慢。

然而眞悟之人摧邪顯正時，雖於諸方知識不留情面，據理辨義，而其心中絕無慢心，以証無我智故。於諸經教更不起慢，了知自身唯在見道位而未通達，或雖通達而未得階三四五地故；仰觀如來智慧，深不可測，更生尊重。

心性之學，不易徹知，非諸外道人天及錯悟佛子所能思之；淺悟佛子初入眞見道位，若未入相見道位深觀，則不能通達。通達之後唯名初歡喜地，尚非究竟佛，唯是分証即佛之初也。是故今爲我會証悟同修說此楞伽寶經，欲令悉得通達故。

佛子眞悟之後，若能於世尊所遺教典深入探討，方能了知心性之法微妙深廣，此《楞伽經》所說諸法，雖然函蓋八識心王，然須以証悟空性阿賴耶識爲基礎，方能眞實了知佛意。未悟佛子則應藉此詳解建立知見，以期緣熟之際悟入教外別傳之旨，証得自性清淨心—阿賴耶識。

佛法中說心意識者，以心爲宗旨，若能証得阿賴耶心，方能眞知空性與諸法空相之異同，方知阿賴耶空性與蘊處界諸法空相之非一非異，方能証知中道，遠離一異生滅來去俱不俱等。

三界之內，有心則必有意，猶如俗人應酬往來時云：「這是我的一點兒心意。」而不云：「這是我的一點兒心、這是我的一點兒意。」心意相連，密不可分；三界之中一向如是。此乃由因阿賴耶心不作分別想，從來不作主，無始劫來一向恒常不壞而不觀不會六塵萬法，是故不貪不瞋，不起無明—不迷三界萬法而生執著。

若示心意，則須由意—末那—作主。不論悟前或悟後，皆由末那作主；悟前由染汙末那作主，處處執取不捨；悟後由轉依淨法之末那作主，處處不取不捨；皆因末那之作主，故有情之心—阿賴耶識—方能於三界中現行，起諸功能差別，方能表示心意。然而末那—意—若離阿賴耶心，則無意根之種子不斷連續而現，則不能運作，是故心與意和合不離。

然而有心有意，尚不能於人間示現，須有意識之粗細分別，方能了知六塵諸法，生存於人間。此外尚須眼識之了別青黃赤白、耳識之了別噪音樂音……等，意識方能於其中作細分別。依於前七識及阿賴耶心—心意識俱足—方使五蘊之欲界我能於欲界中正常活動，造諸善染衆業，缺一不可。亦依心意識等八識心王，而顯示五法三自性、七種性自性、七種第一義、二種無我等究竟佛法；自性想所想，亦悉因此顯。

「及與現二見」：此句亦譯爲「能所二種現」。此句偈謂：因於心意識等八識心王，而有二種相現，一切有情皆可知見有二種相現：能取與所取。

能取謂見分，見分即是七轉識—眼耳鼻舌身意識及意根末那識；能取六塵諸法，於六塵諸法中能知能見，故名見分。所取謂相分—六塵諸法；見分之所取者，皆是六塵之相—色聲香味觸等相而伴隨生起其法相；乃至定境中之幽閑法塵相，亦名相分。相分復分內外，見分復分爲三：見分、自証分、証自証分；容後詳敘，此不先舉。

乘及諸種性，金銀摩尼等，一闡提大種，荒亂及一佛；智爾燄得向，衆生有無有。

疏：此六句乃是世尊總答大慧菩薩所問之三乘世間出世間之種性。乘者即是乘坐往來之交通工具：《法華經》中說有三車—羊車鹿車大白牛車。羊車唯能乘載一人，鹿車乘載二至三人，大白牛車能乘載一二十人。

羊車謂聲聞小法，能度之人少；意謂聲聞人畏懼生死，急於斷除四住地起煩惱；煩惱斷盡後，成爲慧解脫阿羅漢，捨報後能出三界；然因畏懼來世隔陰之迷故，不敢發願常住世間度衆，必於壽盡捨報時入無餘涅槃，唯於捨報前隨緣度衆而不殷勤，欲進求俱解脫故。俱解脫無學亦不發願常住世間，懼生死苦及胎昧故；是故聲聞法喻如羊車，依於此法，不能廣益人天故；相待於大乘，又名小乘。

鹿車謂緣覺乘法，能度之人較聲聞法多；意謂辟支佛大多有禪定及神通力，能示現神通，亦能延壽，以此易令有情生信學法；非如聲聞法慧解脫聖者之不易度人。又聲聞行者大多屬於趣寂取滅心態，往往欲求速入無餘涅槃，故有慧脫無學未至捨壽時節，便以刀自裁而取命終、或雇鹿杖害己而取命終，提前入無餘涅槃。相待於小乘，說緣覺乘名爲鹿車中乘。

大白牛車者謂大乘法，能廣度多人；意謂菩薩依於大乘見道，獲得大乘無生智以後，不急於斷盡一念無明而得盡智，不速求無餘涅槃，生大悲心，發大願心，願生生世世常住世間自度度他—上求一切種智，下度有情得入大乘見道；乃至成佛，而亦不捨此願。以時劫久長故，乃至成佛後亦永不入無餘涅槃故，所度有情極多，相待於小乘中乘而說菩薩乘名爲大乘；喻如大白牛車能載多人，能廣益人天，故名大乘。

諸種性者謂依於佛法之修証而分五類種性：聲聞種性、緣覺種性、菩薩（佛）種性、不定種性、無種性。此五類種性，後自當說，此不先敘。

「金銀摩尼等」：此謂世間諸寶出現之由來，及財富獲取之因果。金銀摩尼等寶之出現世間，有其緣由；須有善知寶性之人能知鑑別選取，打磨治鍊，此乃五明之一，菩薩於此亦應了知。又此諸寶之存在於世間，亦應有其原因，絕非無因而有；必因有福衆生之心所感，方有諸寶，能令有福者得而享用，此亦如來藏中不可知執受之種性所感而有，菩薩亦當知之，故佛說之。

「一闡提大種」：一闡提者名爲斷善根人。一闡提人不能成佛，此謂一闡提人謗佛毀法破僧，於凡夫僧作無根誹謗，於勝義僧作無根有根誹謗；於聞所未聞深妙正法、因自身未能修証故，遷怒誹謗，謂非佛說，誣爲外道所說；以此諸業而斷善根，名爲一闡提人，佛說此人不能成佛。

然於《大般涅槃經》中，佛說一闡提人亦可成佛，此《楞伽寶經》中亦如是說，理必如是故。何以故？以可見之未來必下地獄故，地獄多劫報盡後多劫輪轉餓鬼畜生道已，方生人間；初於人間五百世中猶有餘報：盲聾闇啞。五百世後始聞佛法時亦不信受，又復謗法，再墮地獄；如是輪轉，難可出離三塗，故云一闡提不能成佛。然因一切有情各皆同有未來之無量世，既未來世無量，終必於某一世以某偶發善根之緣熟，而遇大善知識爲彼善巧開示，令彼懺悔業障而入佛法正信之中，從此邁向成佛之道；故云一闡提人亦有成佛之可能，以未來無盡故。

道生法師可謂生不逢時，曲高和寡；彼時以其正理開示佛子，無奈當時《大般涅槃經、楞伽經》尚未來至中國，人未之信，反責道生法師不是，群起而攻，道生法師只得對諸頑石說法，無人肯受故；迨至《大般涅槃經》來至中土，佛子方悔前時愚昧，不受正法。故云一闡提人以不可見之未來無量世中或生善根、或因佛力加持令生善根，亦可成佛。

譬如天魔波旬目前雖然仍在破壞了義正法，但佛不因已經預見天魔之於像末之季破法，仍預先爲天魔波旬授記於未來某劫成佛，是故波旬雖下地獄，三塗報盡後即成眞實佛子，一心向佛，邁向佛道。

天魔波旬怨佛惱佛者，爲恐魔子魔民魔女聞佛正法後悉成大心菩薩，各度無數衆生，則將來魔宮空虛，無有魔衆眷屬，是故瞋恨怨惱於佛，誓必破佛正法；以佛在人間故，魔無能爲，遂立誓於佛滅之後，派遣魔衆投生人間，受具足戒，住如來家，穿如來衣，食如來食，以如來法破如來法。

以天魔波旬如此作爲之故，末法之時邪師說法極爲普遍，或以常見外道法置於佛法中，或以斷見外道法置佛法中，或以勝論、自然、數論、極微……等外道見置於佛法中，以誤導末法時代之佛子，是故此際了義正法之弘傳極為困難，邪師日增而正法衆日減。故我出道弘法以來極為孤獨，不唯世間無有同道，魔復遣人入我衆中破壞離析，令余橫逆不斷，再三挫折，迄猶未已。

雖然了義正法之弘傳極為困難，深不可測故，凡夫衆生乃至二乘無學悉不能知故；而我會中諸多同修仍不氣餒，再接再厲，前仆後繼，延續不絕，勢令正法久住人間，撒播了義法種，令諸破法魔衆（雖然彼等胎昧所障，不自知前世為魔民）啓動八識田中了義法種；使其十百千生、十百千劫、乃至無量數劫後，因此期間之了義法種自心流注而漸發芽滋長，終有發起善根之時，邁向成佛之道。

大種謂世間之一切物質，其所以能組成物質之元素。一般而言，大種有四：地水火風。地大種簡稱地大，謂器世間之物質中，有堅硬之微元素，名為地大種。水大種簡稱水大，謂器世間物質中之溼潤元素，名為水大種。火大種簡稱火大，謂器世間物質中之溫熱元素。風大種簡稱為風大，謂器世間物質中之空氣及地球表面之空氣等。器世間由此四大種組成，一切有情亦由此四大種組成。

聲聞法中別說六大界，謂地水火風空識。地水火風同於大乘所說；空大則謂色邊色，譬如因於土地四壁屋頂及戶牖，而說房室內空，是爲空大。亦如杯中水倒去，則杯中空，名爲空大；三如食物過處下處，說名口空、咽喉空、胃空、腸空，是名空大。此空大者依於色法立名，非有實體，空無空虛故，非有自體性。

識大謂有情五蘊身中各有根本識持身不壞，於身中有眞實不滅之體性，名爲識大；亦即南傳佛法所說之阿賴耶識，《增一阿含經》所說之如來藏，《長阿含、中阿含、雜阿含經》所說之識。故如來藏法非是唯大乘有，二乘亦知其有，然唯有名相，而無體性敘述及修証方法，大乘法中方才說之。

二乘有學無學從佛受法，亦知有情身中各皆有識，若無此根本識，則一切有情皆同死人，皆同市場肉案上陳列之衆生肉無二。是故一切有情身中皆必同有六大—地水火風空識。大乘法中非不說識大，而將識大外於四大加以細說，識大乃是一切有情之根源故，是一切法界之實相故，是微妙深奧之無上了義正法故。

二乘法中佛不說者，爲因二乘法行者唯求出離三界輪迴，只求解脫果，不求大菩提果—佛地之法界實相智慧；故唯依現象界說蘊處界空，說無色界中之微細了知心亦名識蘊，令彼等斷此三界貪執而出三界，不須了知無餘涅槃之本際—阿賴耶異熟識，故不說之。大乘法行者發菩薩願，不唯求解脫果，更志求大菩提果，此則必須了知一切法界之實相—阿賴耶、異熟、無垢識；是故佛於大乘法中詳細解說。

「荒亂及一佛」：荒亂謂一大劫中有四中劫，唯有住劫能令欲界有情居住，成劫、壞劫、空劫皆不能令吾等有情居住。亦謂住劫中有二十小劫，每一小劫中有諸小災劫，譬如大火災劫能燒初禪天，大水災劫能淹到二禪天，大風災劫能吹壞欲界諸物，乃至三禪天亦不能免之；三禪天以下，包括此物質世間一切宮殿房舍盡皆吹壞。

除此三災以外，尚有許多小災劫—許多刀兵劫、許多饑饉劫、許多疫劫。

刀兵劫時人心險惡，以業力故，於地拔取蘆葦一莖，即同刀劍，能殺害有情。饑饉劫來時，米價貴逾黃金。疫劫來時，遍地病死之人，唯除少數無共業者。以人間有此諸災諸劫，故名荒亂。

人間絕非凡事可樂，非皆盡如人意；不但人間如是，天界亦有荒亂，而以人間爲最。觀此人間有史以來，長治久安時少，兵荒馬亂時多，古今中外，率多如是。故世間智者每云：「豈能盡如人意，但求無欺自安。」洵非妄見，能免邪惡共業因緣故。

一佛者謂一三千大千世界中，只會有一尊佛出現。猶如天上唯有一日，一國之中唯有一王，否則亦成荒亂。

一太陽系爲一世界，合千個太陽系爲一小千世界；合一千小千世界爲一中千世界，合一千個中千世界爲一大千世界；一個大千世界名爲三千大千世界，以一大千世界有三個千故—小千、中千、大千；一個三千之大千世界爲一佛之化土。此銀河系名爲娑婆世界，是莊嚴報身盧舍那佛所化度之世界，盧舍那佛化現千百億化身釋迦牟尼佛，於諸太陽系中示現受生乃至轉法輪入涅槃等。每一世界只須一佛住世，不須多佛，以一佛威神之力已足以利益有緣之有情故，無須他佛再來示現故，故云一佛。

此外，一佛者亦云三世一切佛皆是釋迦牟尼佛，以三世一切佛皆是能仁寂靜故，皆是同一類眞如體性故，皆四等故。四等之理於後經中當說，不預舉示。

「智爾燄得向」：智者泛謂三乘菩提之智，然此經中偏說大菩提智。爾燄泛謂一切有情輪轉生死之煩惱，此經中偏說菩薩所破之所知障。智與爾燄乃相待而說，有智則無爾燄，聲聞行者得聲聞菩提之智，除三界中輪迴生死爾燄；緣覺行者得緣覺菩提之智，除三界生死輪迴爾燄；菩薩行者得佛菩提法界實相之智，分斷變易生死爾燄，修至佛地斷盡變易生死爾燄；故云智與爾燄乃相待而說。

一切凡夫從無始劫來輪迴生死，頭出頭沒，從來不知有眞如佛性；信佛學佛已，聞有眞如佛性，而從來不知不証，以於眞如佛性之眞實理有所障故而不能知，故名所知障。以所障者乃眞實理，故又名爲理障。理障能障有情成佛，不障有情出三界。煩惱障能障有情出三界，亦障有情成佛，成佛前必須斷盡煩惱障故。理障若破，能滿証或分証解脫果；理障斷盡，即成究竟佛。

凡夫衆生不知不見三乘菩提，不知眞如佛性從無始劫來不曾有得，未嘗有失；未曉色身虛妄假有，未曉受想行蘊虛妄，未曉見聞覺知心虛妄暫有、猶如幻化，執爲實有；恐靈知心滅已，墮斷滅空，故聞佛說無我便生驚懼，不信佛語，執取靈知心相對之六塵法，盲目追逐，永無止息，故爾世世生死輪轉，受諸苦惱，不得出離。猶如渴鹿追逐陽燄所現似水，終不得水；凡夫衆生亦復如是盲目追求，老死之後一無所得，而求心不息，故於中陰之際又取未來世色，遂復漸生來世之名—受想行識，又淪生死苦惱，此諸無明即是爾燄。

爾燄即是渴愛；衆生貪求三界境界，愛之不捨，如渴求水，故名渴愛。衆生心中之渴愛，自無始劫來不斷熏習，熏成習氣之後極難轉易，須以智慧之水方能除其渴愛，是故佛說三乘菩提，以度有情；是名智及爾燄。

「得向」者，謂三乘佛子欲斷煩惱障及所知障，依佛開示而修三乘佛法；若修聲聞法而斷我見，不斷我執者，名爲得初果；未入初果而起煖相乃至世第一法者，皆名初果向，或名向初果。若見道後依見地起修，貪瞋痴淡薄，名爲得二果；已離初果，未入二果者，名爲二果向或向二果。乃至斷盡五上分結者名爲得四果；已離三果，未入四果者名爲四果向或向四果。以上名爲四向四果。緣覺以慧之利鈍及神通有無等而分十品，然唯一果，不分向果。合聲聞四向四果及緣覺果，總名四向五果。然四向四果非唯聲聞，菩薩亦有四向四果，讀者欲知之者，可閱《不退轉法輪經》，此不贅述。

「衆生有無有」：一切凡夫—不論有無修行、不論在佛門中或佛門外—若未覓得如來藏空性者，皆不離有無二見。一切愚人—二乘四向五果聖人—若未覓得如來藏空性者，雖已迴心大乘，唯名二乘聖人，於別教中唯名六住滿足菩薩，不入七住賢位，不得稱聖，以不離有無故；雖聞佛說無餘涅槃中有阿賴耶識，非同斷滅，然未解阿賴耶性，未觸証阿賴耶體，未証實其存在及其運作，故不離「有及無有」二邊，不入中道。

凡夫以執靈知心不滅，故墮於有；執靈知心死已斷滅，故墮於無。數論外道以執有一不生滅之冥性，此冥性爲不可知性，純是幻想所得，故墮於無而自謂不墮於無。四大極微派外道執四大元素實有不滅，故墮於有；復執精神體於色身壞滅歸於四大時則消失為無，復墮於無。藏密中觀自續派執靈知心為不生滅之如來藏，以佛說如來藏體性附會於靈知心體而作解釋，故知見墮於有；然此靈知心虛幻假有，依因及緣而有，佛於四阿含中，為破外道常見時，已說其本質非真，虛假暫有，故中觀自續派以此復墮於無。

藏密中觀應成派，如月稱、寂天、阿底峽、宗喀巴、克主杰、羅桑卻季尼瑪等人皆屬此派；此派人不解般若，誤以為空卻一切法、不執著一切法，即是般若，以此為中觀，自謂遠離有無二邊。然實不離有無，以未親証空性、故障般若慧，雙具有無二邊；空性者謂如來藏也，唯如來藏不墮有無二邊。

月稱寂天等應成派中觀師認為遠離有無一異斷常來去增減等觀念，不執著一切法，乃至佛法亦不執著，即名中觀。若人主張有如來藏，說如來藏方是真正之中觀，彼等便誣他人之法義辨正為執著如來藏、為自性見；為恐他人譏彼等人為斷滅見，遂執取靈知心—意識—為不生滅心，說此靈知心為一切法所依；如月稱所著《入中論》之錯解龍樹菩薩《中論》意旨，亦如宗喀巴著《入中論善顯密意疏》之否定阿賴耶識，亦如現今台灣極力主張「回歸佛陀本懷、回歸原始佛教」諸師之主張無如來藏，誣指如來藏唯識種智之學乃是佛之方便說，呼應中觀應成派之邪謬思想。

彼等所述知見，初聞似覺有理，初學佛子往往信之；然若稍予檢查，便顯大錯。如今台灣主張「回歸原始佛教、人間佛教」諸師，若人詢彼：「有如來藏阿賴耶識否？」彼答言無。又詢：「靈知心是不生滅心耶？」答曰：「是生滅心，佛於四阿含中說為意識故。」三詢：「無餘涅槃中是一切皆無耶？是斷滅空耶？」答曰：「非斷滅空，佛說涅槃是中道故。」四詢：「若靈知心是斷滅心，死已便滅；無餘涅槃中又非斷滅空，則必有本際，請問無餘涅槃之本際是什麼？」彼等諸師至此則瞠目結舌，不能置答；便置此問，轉曰：「你不要執著涅槃本際，若有執著，即是自性見，與外道相同。」誣指他人之法義辨正為執著、為自性見，而不能就涅槃之本際作答。

彼等不知佛說般若中道乃依如來藏空性而說，《大般若經》之精華在《金剛般若波羅蜜多經》，《金剛經》之精華是《心經》，心者如來藏也，非謂靈知心意識也；云何認同般若之人而竟否定般若之根本心─如來藏？此理不通也。當知無餘涅槃中若無如來藏離見聞覺知而不起後有種子，則無餘涅槃即同斷滅，則緣起性空之修証究竟者亦同斷滅，四聖諦之修証究竟者亦同斷滅，大乘般若之修証究竟者亦同斷滅，必入無餘涅槃故，涅槃是斷滅故。若云：「菩薩修証般若故不入涅槃，去至後世盡未來際修菩薩行，故不斷滅。」則此世靈知心死已斷滅，試問何心往至後世？此等淺顯之理，月稱、宗喀巴等人尚不能知，現今末法台灣主張人間佛教諸中觀師等更不能知也；雖然著作等身，皆是佛學研究、意識思惟，非是親証空性之人。故雖數十年來主張中觀空性，而又否定眞正之中觀空性─如來藏；因此不離有無而自言能離有無；不解佛陀四阿含中說如來藏之本懷，而自言回歸佛陀本懷；將四阿含中佛說三界諸天佛法視而不見，壓抑侷限佛法於人間，美其名曰：「人間佛教」；否定中觀本體而說中觀法相，反誣他人弘傳眞正中觀如來藏空性者爲自性見，而實自身不離有無一異斷常來去增減等邊見；名爲弘揚及住持佛法，實則破壞佛之正法，以淺化佛法之手段，消滅甚深極甚深之了義法，而專弘二乘相空諸法，墮於現象界中而說蘊處界空及緣起性空；亦以二乘之理解釋大般若空，凡有所說，悉皆言不及義——一切言說皆未曾到第一義諦空性——如來藏。

當代全球聞名之中觀師尚且不離有及無有，何況初學無聞凡夫而能遠離有及無有？二乘無學尚不能離有及無有，何況未悟及否定如來藏空性之導師及其徒衆們，云何能離有及無有？是故佛說「衆生有無有」。

象馬諸禽獸，云何而捕取？

疏：此乃說人是人間之主宰也。人力非壯，云何能捕取大象、降伏勞役之？人之行動非速，云何能捕取迅捷之野馬而降伏乘騎之？人不能飛，云何能捕捉飛翔自在之禽類而豢養馴服？人非殘暴，云何能降伏野犬而成家犬、互相依存？乃至捕取牛羊鹿豕蛇兔猴虎等類？是諸事等，在在說明人是世間之主宰，以有世間慧迥異一切傍生有情故。若無此諸世間慧者，不能成爲人間之主宰；亦因世間之慧有別於傍生之慧，故能成爲佛法之道器。

人類之世間慧異於傍生者，謂表義名言深廣，能以之互相表達意思，互相學習增長。傍生多偏於顯境名言—能覺知五塵諸法之粗相，不能了知細相；以表義名言範圍狹窄，不能表示各自所知之微細法塵，故不能互相學習增長，故爲人類所主宰。

傍生之爲人類所繫者，亦有因果；謂有情皆依藏識所蘊業行種子而輪轉六道，其有負欠於人者，未來世中淪爲畜生而以體力或身肉抵償；若無負欠者，雖淪爲畜生，人無捕取者，自在生活。此中因果之具足了知，須至佛地，非分証即佛以下菩薩所能具知也。

譬因成悉檀，及與作所作。

疏：「譬因成悉檀」乃謂因明學也。菩薩若欲住持佛法，當學因明。因明者：「宗、因、喻」也；宗謂宗旨宗義，所欲表顯之法也。因者舉示其因由，以某因由証明宗旨，表顯所立宗旨之正確無訛。喻者巧設譬喻，以爲佐証，令人容易信解。以譬喻及因由，即能成就宗旨宗義，令人信受。例舉如左：

宗：涅槃即是如來藏空性。

因：涅槃本際即是空性如來藏故；空性如來藏離見聞覺知，不自知我故，不取我故。

喻：若涅槃非是空性如來藏者，應涅槃成斷滅，捨壽已，五陰斷壞，靈知心我亦斷滅故。若涅槃是以靈知心入，以靈知心爲涅槃本際者，則涅槃中應有我；是則涅槃應非寂滅無我，非則涅槃即成斷滅。又如——

宗：涅槃即是中道。

因：涅槃本際即是空性如來藏故。

喻：如來藏於無餘涅槃位中，離見聞覺知，亦不自知我，亦不取我，故名非有我；無餘涅槃位中，五蘊十二處十八界悉滅，然有如來藏獨存，故非無我，故名涅槃非有我非無我。無餘涅槃位中有如來藏恒存，故非斷滅；無餘涅槃位中，蘊處界悉滅，故不墮外道常見，故名涅槃非斷非常。無餘涅槃位中，如來藏不復受生，故名不生；如來藏恒住不壞，故不滅，是故涅槃不生不滅。如來藏入無餘涅槃中，非有處所可去，故名不去；不復受生，故名不來，故名涅槃不去不來。如來藏入涅槃中，較之入涅槃前，體無所增，亦無所減，故名涅槃不增不減。如來藏於涅槃中，無有攀緣分別，本性清淨，離見聞覺知而住無所住，不取五塵及諸法塵，亦不取世間染垢諸法，亦不取三乘淨法，於一切法皆無所住，故名涅槃不垢不淨。涅槃即是如來藏空性所顯，若離如來藏空性而說涅槃，即成靈知心之常見戲論，都無實義，故說涅槃與空性非異；涅槃無所有境界雖無所有，然非無涅槃可証，故云涅槃與空性如來藏非一。以涅槃是非有我、非無我，非斷非常，不生不滅，不去不來，不增不減，不垢不淨，不異不一，故云涅槃即是中道，若無餘涅槃中無有如來藏空性者，一切聖者捨壽，靈知心消滅已，謂此即是涅槃者，則涅槃即成斷滅，非佛法也；成就斷見故。

以上例舉，即謂譬喻及因由能成就宗義—悉檀，此即因明學之大略也。然宗因喻三者，有証量（現量）及比量。宗義必是証量，一切証量皆是現量；因即比量，以比量說明証量之現量；譬喻皆是比量，巧設諸種譬喻，以供聞者評比較量，從而得解；因解而信，因信而修，因修而悟，因悟而証，則成現量。若人未証而虛構言說，建立宗旨，則非証量，則非現量；既非証量現量，則其譬喻名爲非量；則彼所述宗因喻義，有日必定遭人破斥，不能自圓其說。是故菩薩因明須依內明之証量而說，若未親証如來藏空性，雖能嫻熟運用因明之學，仍將爲親証內明之人所破，唯能籠罩未証空性阿賴耶識之未見道佛子爾。

「及與作所作」：此謂業因與業相。作即是業因，所作即是業相。

有情於世間皆有所作與能作；能作即是五陰。謂有情於人間有色身能作業—作諸善惡及無記業。然而色身無知，猶如段肉，云何能有所作？必須有阿賴耶識配合前七識之分別覺觀，所以色身能作業，是故能作者即是八識心王，一至八識共作，故名業相識。然前七識皆由第八識所生，故以第八識爲主體。

一切有情作業之行爲，皆不能離於阿賴耶識而成就，若離阿賴耶即無作業之本體，故能作是因相—業之因故。意謂吾人於往世，因八識心王所作諸業，其業種積存於阿賴耶識中，受生後於今生受果。於今生受果報中，同時又作諸業，又復積存於阿賴耶識中，捨壽後復由賴耶持諸業種往至未來世受報；受報之行相即是業相。是故現在所造一切業行即是業相—未來世之業相；一切菩薩皆如是觀，是故菩薩畏因—不造惡因。

三界有情凡有所作莫不是業—善業、惡業、無記業；故皆不離業因與業相，故皆不離能作與所作二法。然能作與所作非一非異，謂有情一切業因業果皆與賴耶非一非異故。何以故？以一切業因之行爲，皆由五蘊七識所爲，賴耶於中不起厭憎，亦不起作意欲爲或不爲故，故名非一；然賴耶於此諸業因衆行中，有大作用（唯悟方知此用），若無賴耶於中作爲，五蘊七識亦無所能爲也，故云一切業因之行爲（能作）與賴耶非異。

又：五蘊七識於諸善染業起於厭愛，致令賴耶隨之作業，然作業之因乃是五蘊七識，故作業之因與賴耶非一；然五蘊七識乃是賴耶之部份功能，故作業之因乃與賴耶非異。

三者業相與賴耶非一非異；此謂業相現前時，受報者非是前世造業之五蘊六識，而由賴耶持諸業種與末那來至此世受報，若無賴耶持種來至此世，則無業相現前受報，故賴耶與業果業相非異；然賴耶持諸善染業種來至此世受報時，是由此世之五蘊六識與末那受諸苦樂，賴耶不受苦樂—以離見聞覺知、無覺無觀故，故名賴耶與業果業相非一。此外尚有許多原因可証賴耶與能作所作非一非異，暫不贅舉。

叢林迷惑通，心量不現有。諸地不相至，百變百無受。

疏：叢林謂修行之道場也。佛世諸比丘二衆皆於山中修行，或岩洞住；山中多樹木，故名叢林；中國禪宗等寺院亦多建於山中，以便清淨修行，少諸世俗攀緣，故禪宗寺院亦名叢林。

古來許多聞名於當代之講經座主，以未能眞解佛意故心生慚愧，罷講住入叢林參禪，直至老死，空過一生，而仍對於大乘見道之通達，心生迷惑，此例所在多有，故佛說云「叢林迷惑通」。

現今全球諸大善知識亦復如是，於大乘見道緣缺，故不能通達大乘見道，若聞証悟者說大乘法，悉皆迷惑不通。凡此皆因不能通達大乘所說八識心王之現量所致。若佛子得入大乘見道，能親觸証八識心王，一一証驗，則於道場無所迷惑，乃至漸漸能至通達位—初地。

當今全球諸方知識於大乘通達位之迷惑，咎在未能証驗八識心王；而八識心王分爲三種能變識－第一能變識爲如來藏阿賴耶識，無覆無記性；第二能變識爲意根末那識，有覆無記性；第三能變識爲前六識，有覆有記性。第三能變識，詳讀唯識者皆能証驗，衆所信受。第二能變識唯有唯識學專家學者或能証驗、或不能証驗。第一能變識唯有証悟破參之人方能証驗，一般佛子、諸大法師大法王、乃至錯悟之大禪師所不能証驗；譬如月稱、寂天、宗喀巴等人不能証驗之，便誣稱經中所說乃是方便說，不許自宗承認有第八識。彼等諸人以此緣故，未能得入大乘見道位，何況通達位？是故佛云「心量不現有」。若人修禪而得心量現前，便於通達位，可以漸漸無惑。

既云心量現前方可謂爲見道，則見道必須心量現前。既云心量現前，則知必須觸証八識心王之每一識，方能謂爲心量現前也；是故一切大乘佛子之見道，皆是現量親証，絕非比量。既是現量親証，則於八識心王－尤其是阿賴耶識－之現行運作及其功能體性，於任何時刻之運行狀況皆能如實體驗了知；唯有體驗之深細與粗淺差別，無有不能觸証體驗了知者。故知一切未悟錯語者皆是「心量不現有」。

然而大乘見道佛子入見道位已，猶於見道內容未能全部通達，何況錯悟之人？而言一悟即至佛地？若諸佛子眞入大乘見道位者，應依佛語速入楞伽寶城。楞伽山及七寶城者，謂八識心王之五法、三自性、七種性自性、七種第一義、二種無我法。通達此已，方得名爲已入楞伽寶城之初地菩薩也。然尚須有十無盡願及永伏思惑如阿羅漢之功德與俱，方得名爲戒慧直往之初地菩薩；若功德有缺，則不能自認爲初地，否則即成大妄語業。以上乃謂「叢林迷惑通」之因由，乃是「心量不現有」所致也。

「諸地不相至，百變百無受」：前句謂菩薩下地不知上地境，亦有上地菩薩不知下地境者。後句謂第一能變識阿賴耶識雖有許多能變功能，而離諸受，不受苦樂等受。

下地不知上地境者，佛子多能認同；上地亦有不知下地境者，佛子恐或不解其意，應須說之：譬如戒定直往三地菩薩亦非必定能知戒慧直往初地菩薩智慧，以戒慧直往初地菩薩中，亦有其慧已至八地十地者；如玄奘菩薩之增上慧學智慧，非戒定直往之五地菩薩所知也。然玄奘唯能自稱二地或三地入地心，不能自稱三地住地心或十地，以增上心學未至三地住地心故，亦如戒慧直往之二地滿足菩薩，未必能知戒定直往之初地菩薩境界，以戒定直往之初地菩薩已有三昧樂意生身，能乘輪寶至百佛世界面見百佛，能化現百菩薩，一化菩薩各有一百化眷屬；而戒慧直往之甫入三地菩薩不能知此。舉此二例，可知上地非必能知下地菩薩境界，是故佛云「諸地不相至」。

「百變百無受」：此說因地眞如於一切境變化無端，不唯能變見分我及諸相應心所法，亦能變五蘊十二處十八界。十二處之內相分亦唯如來藏能變，山河大地及諸外五塵相亦唯如來藏之共同不可知執受方能變，非有情之五蘊身心所能變也。亦如神通變化亦唯如來藏因於末那及意識而變，非意識自所能變也；有神通者若不能親証此理，往往執意識靈知心爲眞實心，便隨此心體性而起邪見，破壞正法；中陰之時方知追悔，已無力救之。

復如初地之戒定直往者，能變現一百化菩薩，每一化菩薩皆各有一百化眷屬；此諸化現，皆由如來藏秉承末那及意識之命而變，然如來藏於諸無量變現之同時，悉離苦樂憂喜受；故如來藏於業因及業相上，雖有能作與所作，然皆無所受，是故能符中道正義，故云「百變百無受」。

「諸地不相至，百變百無受」二句，別譯爲四句：「如是眞實理，唯心無境界；諸地無次第，無相轉所依。」此謂三界萬法非眞實有，皆唯自心變現，此方是眞實之理；唯是阿賴耶識之所變現見分相分，組成吾人每一期生死之無量無數法，無有心外六塵而爲吾人見分所觸；一切皆由自心所變，故云如夢如幻，猶如陽燄；菩薩以証得空性如來藏故，証知萬法如幻、如陽燄、如夢，以此得階三賢位中，滿足十迴向位之智慧。若依種智進修，親証「萬法現行猶如鏡像現影，唯是阿賴耶所現，無外境界」者，即成戒慧直往初地菩薩，故云「如是眞實理，唯心無境界」。

初地之後，依《華嚴經》及《解深密經》說：初地以布施波羅蜜及增上慧學爲主修，二地以持戒波羅蜜爲主修，三地以忍波羅蜜及增上心學爲主修，四地起悉以增上慧學爲主修。增上慧學即是一切種智，地上菩薩修學一切種智而未滿足，故得道種智，不名一切種智。

然一切種智之修學，無定次第，隨諸地上菩薩學法善緣差別，或聞此經、或聞彼經；或聞大善知識說法、或聞無上尊說法；或聞同一知識說法而依各自增上慧學修証之不同而得法証法有上下差別；然諸知識說法皆不因聞者層次差別而作不同說法，法唯一味，皆依空性般若無相實相而說，聞者依其修証上下而各轉所依，分証諸地；是故佛云「諸地無次第，無相轉所依」。

醫方工巧論，伎術諸明處。

疏：上來已說因明及內明，此二句偈則說其餘三明─醫方明、工巧明、聲明。

醫方明者亦爲菩薩所應當學，然須觀察時節因緣，非謂見道之後即應學之。醫方明者譬如西醫研究藥物藥性、病理診斷對治諸學，亦如中醫研究藥草礦物昆蟲等之藥性及脈理判斷之急緩洪細、下藥之君臣佐使丸散生剋等，皆屬醫方明之範疇。然而此等可名醫方，不得謂明；謂非究竟徹底故。俗諺有云：「藥醫不死病，佛度有緣人」，此之謂也。

有情輪轉三界之生死病，唯有佛法能治，而仍須待緣，無緣者不度。醫者亦然，唯醫不死之病；必死之病則不能醫。菩薩醫方明者，云何爲明？謂究竟徹底了知故謂之明。

從事醫藥行業之人，往往難與了義大法相應，謂此諸人易與身見我見相應，亦多干涉因果，故難與道相應。譬如神醫，善治疑難雜症，非一般醫者所能；然亦因此緣故，往往干預因果，學佛時每多障礙；亦因精通五臟六腑功能及其相互關係，易於物化，而有身見執著，故多難與無上了義之般若空性相應。

余於往昔曾經主張：菩薩欲學醫方明者，當俟修証俱解脫果完成，並得六通具足，而後修之；今則主張應至三地滿足而後修之。增加三地滿足一項者，謂菩薩依此能善方便安置衆生於大乘法中而無障礙故，亦於自身之解脫道無復障礙故，能觀衆生致病因由故。

衆生身病若非僅由外緣，而係另有因果者，此名因果病；則應觀察其因果，不唯針對身病下藥，亦須令其針對業因而作救濟，排解業果。菩薩於病理藥理悉皆了知之餘，亦能了知因果之病及其救濟之法，方得謂爲醫方明也。

工巧明者，《瑜伽師地論》中謂爲工業明處。泛謂菩薩於士農工商射御書數琴棋書畫音樂舞伎，乃至星相占卜一切世間資生事業善工巧思，皆名工巧明處。此一明處固云菩薩初地起應學，然實一切有情無量劫來已學，唯以未入見道，未入初地証道種智，故不謂明；初地以証道種智故，即應於諸資生事業中，一則鍛鍊善工巧思，二則於中明証八識心王之各各運作狀況，深細驗証，斯則工巧可謂明也。

此謂工巧明者有二分：一爲善工巧思，二爲此諸人工業行中之八識心王運作細節之了知。善工巧思即是伎術，此諸伎術或依口耳相承、代代遞傳，或依文字記錄廣傳久傳。此諸工巧，始自農耕、米食、麵食工巧，乃至原子中子核子質子丁粒子夸克……等質量物理，皆函蓋於工巧明中。

「論」謂聲明：聲明一處，瑜伽中說爲六，主旨要在有情中相應諸法之言義論議無所障礙，函蓋時數處等三種施設。菩薩以此聲明，能共一切外道論議；復以內明因明攝諸外道，令一切外道不知所趣，茫無所知，方便導入佛法之中。菩薩復以善工巧思伎術明處，配合布施業果，示現世出世間財法無量，攝受有情為其法眷，導向無上正等正覺，皆依五明成其功德，是故佛云：「菩薩當於五明中求。」

諸山須彌地，巨海日月量；下中上衆生，身各幾微塵？——剎幾塵？

疏：上來已說五明，次說世界悉檀。

「諸山須彌地，巨海日月量」：謂須彌山、鐵圍山、七金山等；巨海則謂世界海、香水海等。蓮華藏世界海僅是七大香水海中之一微塵而已，然今現代之天文學家尚不能少分了知，何況蓮華藏世界海之全貌而能了知？何況七大香水海及七金山等？此中日月世界究有多少？非人類短淺眼光及意識之所能知也，是故「巨海日月量」莫可測知。此二句偈所言者乃是世界相也。

「下中上衆生，身各幾微塵？」：此謂三界有情色身有下中上之差別。人身有三尺、四五六尺，至高不過八尺九尺。天身則有十八天之差別：欲界之四王天人，身長俱盧舍四分之一，其上三十三天（忉利天）身長半俱盧舍，……乃至色究竟天身長一萬六千踰繕那。無色界有情則無色身。

此地球世間由粗重四大微塵所成，吾人色身因之亦由粗重四大微塵所成，天界有情則由輕細微塵所成。此二句偈問：欲界色界有情不同色身，各由幾多微塵聚合而成？問大慧菩薩知否？

「一一剎幾塵？」乃問色究竟天及以下諸天與此粗重物質世間，函蓋一大三千大千世界究有幾多微塵聚集而成？問大慧菩薩知否？凡此皆屬佛智也。

佛子莫認此問無關佛法；蓋一切欲色界有情皆由四大微塵組合而成，然地水火風四大之極微微塵皆是圓相（古時佛子多有不信者，今之物理學已証實此說），既皆是圓相，云何能聚集成水滴？乃至聚集成石塊大地草木空氣？吾人色身復云何能藉父母爲緣長成胎身？云何能藉外四大緣成長爲大人身？凡此皆因如來藏之執受力方能爲之。若無有情如來藏之共業執持，四大元素之微塵盡皆散壞於宇宙虛空中，不能形成器世間，故諸微塵與法界空性息息相關，然此關聯唯佛究竟了知，非是甫入初地之菩薩所知，何況二乘愚人及諸凡夫、外道？

弓弓數有幾？肘步拘樓舍、半由延由延？

疏：此三句偈乃說長度。長度短者可以短至無限，長可長至無窮盡，以虛空無邊際故。

二十四指節爲一肘，四肘爲一弓。去村五百弓即不聞人聲，彼處即名阿蘭若處（邊遠處）。村與阿蘭若之距離（五百弓）成一拘樓舍（俱盧舍）；八拘樓舍成一由延（由旬、踰繕那）。初禪第一天（梵衆天）身長半由延，……乃至色究竟天菩薩身長一萬六千由延。

佉毫蟣塵蘱、羊毛蘱麥塵、蟣他幾蘱麥？阿羅蘱麥佉？佉籠那佉梨？

疏：此五句偈起說體積。兔毫塵、羊毛塵、窗塵、蟣，皆極微細；七兔毫塵成一羊毛塵，七羊毛塵成一牛毛塵，七牛毛塵成一窗塵，七窗塵成一蟣之大小，七蟣成一虱，七虱成一蘱（蘱麥是大麥）。一缽他（升）有幾多大麥？一阿羅（斗）有幾多大麥？一獨籠（斛）乃至一那佉梨（十斛）有幾多大麥？凡此佛皆能知。

勒叉及舉利，乃至頻婆羅，是各有幾數？爲有幾阿㝹，名舍梨沙婆？幾舍梨沙婆，名爲一賴提？幾賴提摩沙？幾摩沙陀那？復幾陀那羅，爲迦梨沙那？幾迦梨沙那，爲成一波羅？此等積聚相，幾波羅彌樓？是等所應請，何須問餘事？

疏：勒叉是一萬，舉利爲一億，頻婆羅乃一兆也。自阿㝹起，迄波羅止，說明積聚數量之累進計算方式：阿㝹意爲極微，舍梨沙婆華言芥子，賴提即是草種子，摩沙是豆子，陀那是一銖。迦梨沙那爲一兩，一波羅是一斤；數目衆多時，不便計算，乃改爲重量計算之。

「此等積聚相，幾波羅彌樓？」此問須有多少斤之塵土方能成一須彌山也；彌樓即是須彌山也。

「是等所應請，何須問餘事？」此謂器世間乃由微塵積聚而成，然此微塵之數，雖無量數，佛亦能以現量立知；阿難尊者雖有等智，而不能知此；然世尊以佛智無有邊際，故悉能知。佛以上述諸問，詢於大慧菩薩，使知尚有應問未問者。

聲聞辟支佛，佛及最勝子，身各有幾數？何故不問此？

疏：此四句偈說諸聖者應化身之有無多寡也。聲聞慧解脫阿羅漢無有應化身，其五蘊受報之身即是應身化身；俱解脫阿羅漢若未修得五神通，亦無應身化身，其五蘊即是其受報之身，兼爲應化身。辟支佛有十品，非品品皆有神通；其無神通者，五蘊即是其受報之身，亦是應化身；具足五通者，其五蘊爲受報之身，而有化身，化身唯一。

最勝子即是菩薩；地下菩薩若依戒定直修，五行位起已有化身—依神足通化現—亦唯有一；若依戒慧直修者，乃至十迴向位尚無化身。地上菩薩係依戒定直往者，初地能現莊嚴報身，同時具有七寶瓔珞百寶相輪，能至百佛世界面謁百報身佛；亦能同時化現一百化菩薩，每一化菩薩各有一百化眷屬。二地十倍，三地百倍……。若係戒慧直往菩薩，乃至進入三地時猶無莊嚴報身及輪寶；須於三地中加修四禪八定、四無量心、五神通後，方現莊嚴報身及其輪寶，方能往至萬佛世界，面謁萬報身佛；方能同時化現萬化菩薩，一一化菩薩各有一萬化眷屬。

若至第十法雲地：「……復隨心欲，於一剎那瞬息須臾，化不可說諸世界中微塵數身；於一一身示現若干微塵數手，以此諸手慇勤供養十方諸佛，……於三世中示無量身，或於自身示有無量諸佛世尊。……若樂發起如是精進，由是精進，於一剎那瞬息須臾得入百萬俱胝那庾多不可說佛剎微塵等諸三摩地，……示現百萬俱胝那庾多不可說佛剎微塵等身，身身皆能示現百萬俱胝那庾多不可說佛剎微塵等菩薩眷屬圍繞。」三地化現已然不可思議，何況地地增上而至佛地，其可思議乎？

佛藉三乘弟子及佛地之報身應身化身以詢大慧菩薩：以何緣由而不問此？藉此能令二乘種性佛子迴心大乘，求於佛地無上功德而不畏懼三界生死，入菩薩道，自度度他；以此能令未來佛種不斷，人天有眼。

火燄幾阿𡏖？風阿𡏖復幾？根根幾阿𡏖？毛孔眉毛幾？

疏：此四句偈皆問微塵之數也。

「火燄幾阿𡏖」—問火燄之中有多少微塵數；譬如燒燃木塊，火燄之中不論有煙無煙，皆有許多微塵飄揚；此火燄中究竟有幾多微塵？除佛之外，復有誰知？

「風阿㝹復幾？」不論強風或微風，風中皆有許多微塵；此風中之微塵數究有多少？

「根根幾阿㝹？」以四大之火大風大問已，復問六根中之五色根，每一根各有多少微塵量？

「毛孔眉毛幾？」復問所有毛孔中之微塵及眉毛上之微塵有多少？

護財自在王，轉輪聖帝王，云何王守護？

疏：護財自在王等，乃說四天王天境界，彼等四人因何得成天王？

轉輪聖王復因何緣得成？轉輪聖王四種，何因何緣而有差別？

四王天之四大天王，常按行人間；若有行十善持五戒之國，即得其護衛；四大天王云何為此護衛人間國土？

云何爲解脫？廣說及句說。

疏：究竟如何才是眞解脫？內明與外道所說解脫有何差別？三乘解脫有何異同？云何解脫本已存在衆生心中、而衆生不知不覺故輪迴生死？此中不唯應以短句說之，尚須以長文廣說，大慧云何而不問此？

如汝之所問：衆生種種欲，種種諸飲食；云何男女林？金剛堅固山？云何如幻夢？野鹿渴愛譬？云何山天仙？揵闥婆莊嚴？解脫至何所？誰縛誰解脫？云何禪境界、變化及外道？

疏：此段偈文從世間相說到出世間相；此乃就大慧前來所問之偈作一總敘。其中大意，前已解之，不須重舉。

云何無因作？云何有因作？有因無因作？及非有無因？

疏：此述外道及愚痴無聞凡夫，不明世間相形成之原由，妄作種種謬說，自誤誤他。

「無因作」者，謂有一類外道主張：世間及一切有情之蘊處界，皆非由誰創造，無有作者；本然而有，本然而滅，皆自然性，致令有諸生住異滅法相，非有能作之因—皆無因生。此不應理，謂「無」法不能生「有」法也。猶如虛空不能生一切法，以無物故名爲虛空；如來藏空性非是無故，能生一切法。若無如來藏空性爲因，則不生諸法。無因論者非是如理作意；何以故？「無」法尚不能生「無」，何況能生有法？如人宿習憶念，是念爲是有體？爲是無體？若念是無體者，無體之法未曾熏習、識別、經歷，云何能憶能念？又若「無」法自能忽然而現一法者，亦應忽然而現萬法—萬法同時無因而現—不須有因故。是故無因論者乃依非如理作意而有。

「有因作」者，謂一神教外道執有能造之主宰，爲不生滅性，具有全知全能，能造世間及毀滅世間。然而此說實有大過，謂《舊約》創世紀中所說五十章，處處皆生矛盾，不能自圓其說。且不說其六天創造世間之違背物理，單說造人一事，便有大過：「神說我們要照著我們的形像，按著我們的樣式造人，……神將那人安置在伊甸園，使他修理看守。……神使他沈睡，他就睡著了；於是取下他的一條肋骨，又把肉縫合起來。耶和華神就用那人身上所取的肋骨造成一個女人，領她到那人跟前。……」據此以觀，一神教之全能的神，乃是有形像之有情，復執無形無相而有受想行覺、有瞋有惱之聖靈爲不生滅、能生一切法之神，則彼神既有瞋惱心行，尚未能至聲聞三果解脫境界，聲聞菩提尚未能証，我見未斷，云何說之爲不生滅者？云何說之爲能生一切法者？是故「神造世間及人」之說，純是迷信盲從，有智之人不應信之。復次，全知全能之說，亦有許多矛盾，未可信之，此不贅言。

「有因無因作」：此句謂有一類佛子及外道，依於因中有果論，作如是計著：「一切萬法體性本自具足，非從緣生，然依衆緣而顯。」謂有一類佛子外道觀於外法一切法性，尋思觀察，見彼法性而謂性已先有，名爲有因；復思彼性藉緣而顯，非依緣生，名爲無因作。合名有因無因作。

此不應道理，謂若諸法之性先已有之，待緣而顯，非從如來藏因而現行者，亦應有情死已悉皆活轉，不應因如來藏之捨身而成死屍。亦應四大物質聚合一處—依人之合成—即成有情，非必須依於父母之緣也。三者諸法法性若自本有、因中有果者，則果性應不待緣即能顯現，方得成就有因無因作之道理；然今現見一切有情所顯諸法皆悉待於父母四大外緣方起，非單一如來藏而能顯現諸法，是故佛云諸法無我，是故有因無因作，非爲正理。

「及非有無因」：謂不死矯亂型之佛子，怖畏妄語故，怖畏錯說法之因果故，復因不願他人知其無智、不願他人知其無証或証而不能決定，爲欲假示已得中道故，遂以言語矯亂，隨人言說而示有所知所証、決定能知，故意說言「非有因作、非無因作」，欲合中道，矯亂他人，而不肯承認自身尚有未明，未得決定証知。

云何現已滅？云何淨諸覺？云何諸覺轉？及轉諸所作？

疏：三界萬法緣生緣滅，現已隨滅；然此萬法之能現起及與變異而滅，皆有其因；非無因有緣而現，亦非無因有緣而變異幻滅；謂有如來藏空性爲其因也，是故無始劫來不生滅之本體乃是生滅萬法之因。因於永不斷壞之空性如來藏，方有萬法之起已隨滅。此乃以偈表示：將答大慧菩薩前來所問「緣起何所生」之問句也。

「云何淨諸覺？云何諸覺轉？及轉諸所作？」此乃預示將於其後廣說中，答覆大慧菩薩所問「云何淨其念？……云何惑增長？」等四句。

大乘佛子學佛，為求知見清淨，親証涅槃而不取涅槃，是故非如二乘無學之滅斷前七識而取涅槃寂滅。佛子若欲淨諸知覺，當求証悟空性如來藏，方知空性之真知真覺。妄知妄覺之七轉識心，於依他起性中修除遍計執性，依於斷愚圓智之進修，漸轉清淨，是名淨諸知覺之法；然此須依大乘見道為其基礎，不可躐等。

「云何諸覺轉？」轉謂轉依：轉捨遍計所執染性，改依圓滿成就諸法之清淨自性。佛子學佛累積資糧，聞熏正法生起定信，加行圓滿後，必有一朝得入見道。見道後之七轉識仍是見道前之七轉識，而能依其見道所証知之空性體性，改變其知見及行為，於歷緣對境之中漸漸自我淨化，消融我執，令其知覺轉變清淨。

「及轉諸所作？」謂知覺轉變清淨後，身口意行隨以空性如來藏為所依，起諸智慧，依無我慧而現三行，凡有所作，不同悟前；禪宗祖師所云：「還是舊時人，不同舊行履。」即是此意也。

云何斷諸想？云何三昧起？

疏：此二句偈，預答大慧所問「云何無色定、及與滅正受？云何爲想滅？何因從定覺？」其後經文另當詳述。

「云何斷諸想？」欲知想斷之理，先當知「想」爲何物？一般佛子唯知妄想——有聲音語言文字爲想，不知無語言文字之思惟觀亦名爲想，更不知凡有覺觀、有知有覺皆名爲想；不離想陰境界故。

大乘佛子以見道故，親証本來自性清淨涅槃，從此轉依眞如涅槃體性，歷緣對境消除煩惱，從此依於見道之禪悅及智慧，心中不生妄想。短者悟後三日五日不起妄想雜念，長者悟後三月五月不起妄想雜念；禪悅期過已，妄想雜念又復漸漸出現，此乃已經習慣悟後境界，禪悅不復如初悟時之強烈，是故以往妄想雜念攀緣習性遂又多分或少分現行。

然則佛子應當探討妄想雜念從何而生？凡夫俗子每謂妄想雜念乃從腦筋而生？然而腦筋只是五勝義根之聚合體，四大所成，非心無情，云何能有喜怒哀樂貪著厭憎？猶如電腦不能具有此等情緒，亦不能自生妄想。

人腦亦然，必須有空性心如來藏住於身中，方有妄想。妄想即是七轉識心之煩惱種子所現行而有，若諸煩惱種子隨眠斷盡，則不復生妄想，心得安止。

佛子以入見道故，得斷見所應斷分別隨眠計一百一十二煩惱，以此之故心少攀緣，漸能得止。復於見道位中以修觀行、斷諸修所應斷思惑而漸出離三界，是名修觀。

然諸佛子以未見道及錯見道故，誤以為七轉識（一念不生處處作主之靈知心）是不生滅之無漏法，故欲保持此心之覺知不滅、永續存在，便墮我見，而與我所相應－隨時隨處保持覺醒觀照，欲於五塵境中保持覺醒不昧，或欲於定境法塵中保持覺醒不昧，則亦名之為想，是名五法中之覺想也；証得非想非非想定之外道及佛子，以不明此故，不証滅盡定，不能証無餘涅槃；雖有大威德、大神通，而不免生死輪迴，於後後際復失禪定及神通，不足憑恃。

慧解脫之三乘無學，以証知此理故，捨報後能取無餘涅槃。雖無禪定大威德及大神通，不爲世人所重，然爲學人之所歸依，已出三界生死。戒慧直往菩薩於二地滿足時，力能斷盡無色界愛而不斷之，不取涅槃，留惑潤生—不離隔陰之迷而重新入胎受生，現同凡夫貪著五欲、初學佛法，復於一生之中示現見道修道而入二地乃至三四五地，智慧不可思議；而此菩薩之不可思議所在，皆因如實見大乘道，了知想之實質，了知斷想之理所致，非諸錯悟未悟之凡夫所知也。

「云何三昧起？」此示大慧菩薩應爲衆生請問：「云何有情入於定中一念不生，而終究會從定中起心出定？」此句於《入楞伽經》中譯爲「何因出三昧？」

欲明有情入於定中，爲何終必出定之理，則應先明妄想、妄念、念頭之差異，而後敘述出定之理，則易知之。

妄想者謂諸凡夫隨於五塵諸境所生法塵，自於心中以諸語言（表義名言）而作思惟臆想，是名妄想。妄念者謂佛子凡夫修諸觀行，已有定力，能離語言文字而作思惟觀察，能以妄想語言之前頭（亦即話頭）令心安住；如此之人隨時隨處皆能觀照心中有諸妄念現行，其心中妄念無諸語言文字，一閃而過，然行者了了能知其爲何意何義？

念頭即是妄念之前頭，即是無明躁動，即是陽焰。行者住於觀行定中（等持及等引位中），往往觀見有諸妄念一閃而過，知其妄念之意義而不隨之，過已即滅。如此安住久之，此等妄念即不現行；亦有更細之念頭—妄念之前頭—隨於妄念滅後繼續現前。行者如是棄捨念頭不顧，亦無不顧之作意—不作觀，純住於止；久而久之，粗息轉爲細息微息，心跳轉爲輕緩而似有若無，則因於止而入未到定之等至—坐中眼雖不閉，而不見頭手床敷，亦不覺有身有我；如是安住即名等至，不起諸種功德受用。

然而佛子及諸外道凡夫入定之後因何復起覺觀心而出定？皆因陽焰之無明躁動所致。亦即不曉覺觀心之虛妄，不知不見靈知心自我之虛幻，不肯自我斷除，是故起於無明躁動，於等至之中，忽然起一念頭—不知究爲何意—而因此一念妄動，令心不能安住於等至之中，便轉入等持位。

行者若於等至嫺熟者，便知念頭起時，隨後氣動，氣動後隨即繼之以心跳之加粗加速，隨後方是呼吸之加大加速，行者隨即因此念起而於半秒內完成此一過程，轉入等持位；若行者煩惱粗重，便致因此再退入等引位而出定。

此即三昧起心之過程。四禪八定及滅盡定之等至位中起心，雖有小異，而大略相同，悉皆不離此理；謂有陽焰—無明躁動也。若有陽焰，即不能於捨壽後安住無餘涅槃，不証有餘依涅槃。此謂阿羅漢雖然斷盡三界生死惑，而尚有一念未斷—隨緣隨份於捨報之前度衆利生—故於進入滅盡定等至位之前，心有預設，欲於次日午前出定托缽，令諸有情植福聞法。是故不依滅盡定而提前入滅。

破三有者誰？何處為何身？

疏：三有謂欲界有、色界有、無色界有。欲界有者，謂欲界中之有情具有五蘊及男女欲—人間有情色身及受想行識以及男女二根所生細滑觸欲；並及欲界六天之男女欲及五塵。色界有者，謂色界十八天之天人，已捨除欲界中之男女欲及五塵中之味塵及香塵，故無男女根及鼻舌根，是名色界之五蘊有。無色界有者，謂無色界有情不唯已捨男女根，亦捨五塵及與色蘊，唯餘四蘊—受想行識—唯餘離於五塵之四空定中微細靈知心，是名無色界有。以上是名三界有，簡稱三有。

破除三有者，謂三乘中之見道以上聖者；破而未盡，即是有學位聖人；破盡名斷，即是無學位聖人。欲破三有、斷三有者，當先了知二乘法五蘊空相—亦即了知三有。若不能了知三有，尚不能破三有，何況能斷？三有不破不斷，云何能証涅槃？

不知不解三有者，比比皆是；不唯現今，自古已然。古者如余《宗門道眼》書中所舉古時錯悟禪師，今者如海內外諸方顯密大師活佛法王之錯認一念不生之空明覺知心爲眞如者；近代最有名者莫如香港故月溪法師及蜀郡鹽亭故袁煥仙老師；然而錯得最離譜者莫過於月溪法師。

月溪法師曾於多本書中開示：「小乘斷六根」，又開示：「小乘所修的法……修的方法將六根斷倒，澄心靜慮，清清淨淨的；淨到只有一點淨念，就是小乘所達到的境界。」（菩提印經會一九九五年九月出版《月溪法師註解勝鬘經》頁四三。菩提印經會一九九二年六月出版《月溪法師講禪宗修法》頁五五。天華出版公司一九八二年七月出版月溪法師著《禪宗源流與修持法》頁五三、五四）

然而此說名爲信口開河，不解五蘊，不解三界有也。謂小乘阿羅漢皆不認微細淨念之靈知心爲不生滅心，而皆能了知此淨念知覺之心乃是識蘊所攝，不離蘊，不離十八界，故斷此心對於自己之執著，名爲斷盡無色界有；捨報後永不現起此心，名爲無餘涅槃，非謂尚有微細淨念也。而此知見，小乘初果即已具足；大乘見道七住菩薩不唯如此知見，復更了知實相空性如來藏，非阿羅漢所知也。

袁煥仙老師所謂見明見暗之心，亦是三界有，名爲欲界及色界有，而責他人「只知無念之靈知，不知有念中之無念靈知」。然究其實，有念中之無念靈知，乃是與人言談或妄想中另起觀照之心，此心仍是欲界之有；袁老師竟將此妄心認作涅槃心，傳示其諸弟子，代代誤導衆生，凡此皆名未破三有之人也。

「何處為何身？」瞭解五蘊、十二處、十八界之後，方能知曉三界境界；若不以蘊處界為基礎，則不能眞知三界有，而空言般若與涅槃之修証者，皆名小兒學語，不解語義；如此佛子亦復如是，學人言說般若涅槃，而實不解般若及與涅槃，空言修証而起我慢，非如實修行者也。

若有佛子眞解五蘊、十二處、十八界者，則知自身修証境界是否已離蘊處界？隨於自身見道後之修道斷煩惱情況，及定學修証狀況，便知自身雖在欲界，而修証已屆三界何天境界？乃至能知身處菩薩何種階位；未入涅槃前已能具足了知無餘涅槃之本際。是名菩薩了知「何處為何身」之眞實理。此中境界微細複雜，須証道種智者方能深知；若詳述之，累牘盈篇即成巨著，暫且置之，留待異日因緣。

云何無眾生？而說有吾我？云何世俗說？唯願廣分別。所問相云何？及所問非我？

疏：佛於二乘法中悉依蘊處界之假有暫有幻有，而說無常、苦、空、無我；悉依因緣假合而說此有故彼有，此滅故彼滅，名爲緣起性空，無眞實我；此二乘法中說無眞實不滅之有情我，名爲人無我。於大乘法中復依八識心王五位百法，而說一切有情皆依諸法依及諸法緣，而現有衆生，是名法無我。是故三乘之法皆云無我，無我方能消除輪迴，有我則必導致輪迴。

既然佛說無我之法，修無我之法，証無我之法，云何復於處處經中說「我於往昔行菩薩道，我於往昔爲鹿王象王，我於往昔無量世中爲轉輪聖王」？豈非有我？

當知佛於諸經開示無我，而又處處說我者，此乃隨順世俗而說也。若不隨順世俗而說人說我說法，則出世間二乘法尚不能傳，何況能說世出世間之大乘種智妙法？故佛隨順世俗而說我及無我、說有衆生及無衆生，皆無過失，以眞實親証二無我故，以大悲而方便說我故。

大慧菩薩於前曾問：「何故大牟尼，唱說如是言：迦葉拘留孫、拘那含是我？何故說斷常？及與我無我？」佛欲於後答之，故於此偈中復述大慧菩薩之所問偈，並問大慧云：「所問相云何？及所問非我？」所問相者謂人我相及法我相；人我相者謂有色身及與識蘊，於六塵中便能現起受想行覺，受於色聲香味觸等五塵及其相應諸法，此即世俗人我相，三界有情悉皆不離蘊處界等人我相。

然而依於世間萬法來說，一切法皆不離八識心王，或現二識、或現三識……乃至或現八識具足；若離八識心王，便無三界一切有情之我。若離八識心王相應之心所有法，便無三界一切有情所執之我。不論定中定外，悉依八識心王，五十一心所有法，十一色處，二十四不相應行法，及諸無為法而有眾生所執之我，離此諸法，無「我」可得，此即名為法我之相。

二乘斷人我見、人我執，執一切有情我空，執此空法以為究竟，不起大悲而不願再受生死以度眾生，名為空執。然彼等執此空，而復執色聲香味觸等法實有，故不破法執；不知六塵亦係自心空性所生，執為外法實有，故法執不破不斷，皆因未破未斷所知障，故有此愚；是故佛於大乘法中說二乘無學名為愚人。六塵云何為自心空性所生？於後經文自當詳敘，勿煩先解。

世尊此二句偈，意在提示大慧所問諸法相及所問等法中，皆無有我—不論人我與法我皆非有其不滅之自性；人我乃是蘊處界之所成故，法我乃是八識心王、五十一心所有法、色法十一、心不相應行法二十四、六無爲法等之所相應顯示故；皆非實有故，唯有第一能變識—空性阿賴耶識—方具不滅不壞而能生諸法之圓滿體性；然此空性心遠離見聞覺知，不貪厭六塵，自性清淨，無有我與我所之想。

云何爲胎藏？及種種異身？

疏：此二句偈乃爲顯示有情自心之有漏有爲法種及無漏有爲法種之無量無邊也。

金剛界之異於胎藏界者，謂法性空性—如來藏—性如金剛，不可破壞；一切大梵天主悉亦具有而自不能壞之，乃至究竟成佛時亦不能破壞自己及有情之空性心，故名一切有情之實相法界爲金剛界。一切胎藏界有情悉皆由金剛界出生，卵生界、溼生界、化生界有情亦悉由此金剛界而生。

胎藏界有情者，謂有一類有情於中陰時起顚倒想，入執父精母血爲我，而住於母身成胎，於胎中具足五根身分後，方出離母胎，名爲胎藏界有情，如人象馬牛羊犬等是。其餘三種生，皆不住於母身中成長五根身分而後出生，故不名爲胎藏界有情。

胎藏界有情之所以超勝於其餘三種生者，謂胎藏界有情生於人間，苦樂參半，易生出離想，則易信受佛法。又胎藏界之五根超勝其餘三界，故意識隨之超勝；又因胎藏界中之人類具有極廣泛之表義名言，非其餘三界有情所勝，故能與佛法相應，名爲殊勝。化生之天人雖亦同具此表義名言，而多樂少苦，不易生出離想，多數不與佛法相應，故非殊勝。

胎藏界有情之金剛法界，皆同一種類之如來藏；而竟有千萬億種差別不同？傍生且置不論，唯一人類即有多種差別；於同一人種之中，欲覓色身五官完全相同者竟不可得；此即顯示實相法界如來藏心所含種子功能差別之無窮無盡，皆同一類有漏有爲之法，而差別萬端，相貌殊異。胎藏界如是，溼生卵生化生界等亦皆如是差別無量，故有種種異身，非有情衆所能具知。

以上乃說有漏有爲法，無漏有爲法亦復如是：下自初見道者，上至佛地，同具無漏法種而因大菩提願及受生願所持，於十方三界受生修道乃至示現成佛等，悉皆能依各別因緣而受種種異身，而此諸聖之無漏有爲法亦悉現行無有障礙；不因已具無漏功德而喪失三界有爲法功德。此謂四聖六凡之實相法界，悉具無量無邊功德，能持種種異身，令諸異身之有漏有爲法及無漏有爲法，自在現行；胎藏界有情之空性能於餘三界有情身中因於受生而現其受生界之空有性功德，化生界有情之空性能於胎藏界等三界有情身中因於受生而現其受生界之空有性功德，溼生卵生界亦復如是。而諸有情之實相法界，云何受於四生之種種異身？皆因本具無量功德，故能以其所造諸業差別而受種種異身也。

云何斷常見？云何心得定？言說及諸智，戒種性佛子？

疏：斷見與常見又名邊見，屬於見所斷惑，又名惡見。惡見者謂知見不正；分爲五使，令諸有情生諸不如理作意之謬見，是故輪轉生死，故名爲惡。此惡見有五使者，謂細分有五：我見、邊見、邪見、見取見、戒禁取見。此五使惡見，於見道通達時斷盡隨眠，以易斷故，名爲五利使。斷見常見皆墮一邊，非是中道，故名邊見。

大乘佛子凡未証得法界實相之空性心者，悉皆不能眞離邊見；心欲離之，口言已離，而實未離；以未觸証空性心故，不能眞知中道，唯能想像及理解爾；是故未入大乘見道位者，皆未眞正離於邊見。

譬如一類顯密法師居士，錯認見聞覺知之靈知觀照心爲不生滅心，或錯認一念不生乃至四禪定中之靈知心爲不生滅心，則墮常見一邊，名爲外道五現涅槃邪見，《楞嚴經》中佛已具破分明。又如一類高唱「人間佛教、回歸佛陀本懷」之聲聞種性法師居士，認同藏密之中觀應成派邪見，主張一切皆是緣起性空，無有眞實不壞之體性，否定有如來藏及其性用（眞如及佛性），則墮斷見；何以故？若一切皆緣起性空而無空性如來藏者，則一切無學聖人之五蘊壞已，捨壽而入涅槃，是何心安住涅槃寂滅之中？豈非如來藏耶？若無如來藏，則無餘涅槃即同虛空無法，成斷滅見。彼等師徒否定如來藏已，而復引佛世尊開示，謂涅槃非是斷滅，即成戲論，不離邊見；而奢言緣起性空即是中道，悉皆言不及義，不離邊見。

以斷見之實質而弘揚佛法者，實非佛法，乃是冠以二乘緣起性空法相之斷見外道法，尚不能証得二乘菩提，遑論大乘菩提？何以故？以二乘聖人亦承認有阿賴耶識具寂滅不壞體性，是爲涅槃之本際故。

否定阿賴耶識而弘佛法者，其本質爲斷見外道，雖著如來三衣一缽，以四諦八正及緣起性空之理度化有情，然其否定如來藏之毒素深植於其所度佛子心中，令彼佛子衆等，於後際無量世中不能與道相應，貽害甚巨。佛於經中曾說：世間之毒害人，唯有一生；空見之毒害人，能至無量世，其害最大。是故佛云：「譬如須彌量、我見未爲惡；憍慢而著空，此惡過於彼。空性隨應說，不應演非處；若演於非處，甘露即爲毒。」

否定如來藏而弘佛法者，名爲不淨說法，破壞三乘佛法之根本故（詳見拙著《眞實如來藏》具知分明）；不解如來藏第一義聖智大空，而誣如來藏第一義聖智大空爲自性見故，成就破壞三乘佛法根本之重罪故；佛云：「舍利弗！怨雖奪命，但失一身；如是痴人不淨說法，千萬億劫爲諸衆生作大衰惱。……不淨說法者得罪極多，亦爲衆生作惡知識。」是故《無上依經》佛云：「……

復有增上慢人，在正法中觀空，生於有無二見：『是眞空者，直向無上菩提一道淨解脫門，如來顯了開示正說』，於中生空見，我說不可治。阿難！若有人執我見如須彌山大，我不驚怪，亦不毀訾；增上慢人執著空見如一毛髮作十六分，我不許可。」

否定如來藏法之師徒輩等，即是佛說增上慢人；謂佛於諸大乘小乘經中皆說有如來藏，《無上依經》亦專說如來藏法，而彼師徒竟否定大乘諸經如來藏法，謂為方便說，非眞有如來藏；然小乘四阿含中亦說有如來藏、有阿賴耶識，豈眞四阿含亦是方便說耶？而彼師徒衆等若聞有人親証如來藏、主張有如來藏，便誣親証者為自性見、我見。然佛開示：若人執我見自性見者猶可宥恕，若執一切皆是緣起性空而無如來藏者，佛說彼人名為執著空見，是增上慢人，不可救治；是故若執空見如一髮析作十六分之一，亦非佛所許可；以此空見誤解三乘菩提，能壞佛說第一義諦，令其本質墮於斷滅見故。若有衆生不具智慧，受此惡毒，將遺害一生，並延續至未來千萬億劫，不入正道故；遺害之深，遠比我見自性見之害，鉅於千萬億倍，有智佛子應當審愼觀察，如理作意而思惟之！

「云何心得定？」心得定者，謂心安祥自在，能住於心一境性之中，與止相應也。謂佛子見道後漸入修道位，漸捨攀緣執著心，於正法決定不疑，於三寶決定不疑；心決定故安住正法，是謂心一境性，是名佛子心得定。

又佛子以見道修道故，漸捨世間有漏有爲法，決定安住無漏法中，心得寂止；心寂止故與定相應，此靈知意識心乃漸証得諸禪三昧及滅盡定，是名佛子心得定。

有情衆生心不得定者，皆因不解涅槃寂靜之樂，乃至如月溪法師之誤解寂滅境界，說之爲「空空洞洞，是可怕的境界」，皆因心好攀緣所致；上焉者經天緯地、琴棋書畫，中焉者奉公守法、謀生享受，下焉者爲奸犯科、侵欺有情，要皆不曉寂滅之樂有以致之；是故心欲得定者，當先明解寂滅正理，心樂趣之，而後方能得定也。

凡夫俗子最怕無聊、最怕寂寞；眞正學佛之人喜歡無聊，喜歡寂寞。無聊者，意爲擁有許多空閒時間，不知如何自處，是故覺得無聊。眞正佛子怕有聊―與世間俗人天南地北聊到沒完沒了；若欲終止有聊，最好之方法便是將話題轉入佛法；若是無緣學佛之人，但聞吾人三句不離佛法，不久便自動離去，不必吾人下逐客令，亦不傷感情。若是有緣之人，正好度他入佛法，漸漸教他涅槃寂滅之理。

俗人怕無聊寂寞，佛子卻能習慣於無聊寂寞；由忍受寂寞開始，漸次安於寂寞，樂於寂寞，享受寂寞；若逢放假三天，三天之中浸淫法樂之中，大門不出，二門不邁，或者禪修止觀―修增上心學；或者閱經思惟及証驗八識心王諸法―修增上慧學；凡此皆須無聊之時、寂寞之中易可進修。心得定者，易可進修；精進修者，心益得定；二法互爲增上，易得諸禪三昧，成俱解脫。

「言說及諸智」：言說者謂表義名言，凡能表示及傳達意義者，皆是表義名言。復有一類名言―顯境名言；謂色界天以下有情皆能於散心位、等引位、等持位中，具有了境之心―有能知之心能了別五塵境及定境法塵；是謂顯境名言。表義名言不得離於顯境名言而獨存，二者息息相關；然顯境名言得離表義名言而獨存，如人入於定中，或如禪子住於話頭及觀照佛性之境界中，唯有顯境名言；須因人來言語，方同時有二種名言。

表義名言非唯人有；如鳥見蛇，知有危險—此即顯境名言；遂以急促之尖叫聲顯示危險，令諸同伴警覺，知所閃避，此即表義名言。

人類互相往來，則有言說；言說則能表達心中所思之意義，亦是表義名言。然人類之間非唯言說一種表義名言，尚有多種皆屬名言，亦名言說；如文字、符號、電訊密碼、旗語、燈號、手語、表色及無表色之眉目傳情及動作示意等，悉屬言說，唯是不以口聲表義而已，皆屬方便言說，非可排除於言說之外。表色及無表色之表義名言，他類有情亦具，非唯人類。

言說極重要；因於言說，慧狹智劣者能隨慧廣智勝者學，藉以增進自身之智慧；佛子亦藉世尊之言說，而次第修進，乃至成佛；故云智慧與言說息息相關，極為密切，乃至依欲界定修得之他心通，亦須心中有言說，方能顯現他心通之作用。

諸佛菩薩以有言說，故衆生能聞能修；舉凡能聞能修者皆名聲聞，是故不唯小乘行者名為聲聞，《不退轉法輪經》中亦說有菩薩聲聞，因聞法聲故修菩薩行。此諸菩薩聲聞雖亦有四向四果，似同小乘聲聞，然有差別；謂菩薩聲聞不離般若空性如來藏，而隨佛及善知識熏聞聲聞法之蘊處界空；非如小乘聲聞之純修蘊處界空，而不解般若空性―不觸証空性如來藏。

十方諸佛世界之弘法，非皆假藉言語；譬如他方世界有佛以光說法，見斯光者即解佛意，証解佛法；有佛世界以香說法，有佛世界以眼說法，有佛世界以謦欬說法，有佛世界以屈伸俯仰說法……。此娑婆世界最宜以言音說法，此界有情耳根利故、心遲鈍故；又多薄福寡信故，須反復詳細解說，方得信入故。以有此諸言說之反復敘述，此界有情方能因於一再聞熏而生聞慧，乃至修慧証慧；是故此界有情熏習智慧，必須依於言說之聞熏與指授，方易証得智慧。菩薩之無畏說，佛之四無礙辯，亦須假藉言說而成其用。

智慧者廣說無量，略說則有聲聞十智，緣覺十二因緣智，菩薩根本無分別智及後得無分別智，以及後得無分別智所成之道種智，佛地之一切種智。此三乘智慧函蓋一切佛法，無出其外。

「戒種性佛子」：戒者戒律佛子之身口意不得行惡，乃至菩薩戒之戒律佛子不得不行善；此前已曾略說，不煩重舉。

佛子種性有五：謂聲聞種性、緣覺種性、如來種性、不定種性、無種性。於後經文自當敘說，此不先舉。

云何成及論？云何師弟子？

疏：成謂圓成實—圓滿成就諸法之眞實體性；亦即是二空所顯之眞如也。謂一切有情各自皆有阿賴耶識隨身，此識具足三十七道品、具足涅槃、具足道種智一切種智之功能性，於人我空及法我空之中，顯示其具足成就一切世間出世間萬法之眞實體性，非僅虛妄言說，故名爲成。

論者分爲內論及外論；內論即是內明之學，舉凡菩薩所學所修所証之般若慧，悉名內論內明之學，譬如《解深密經、金剛般若經、維摩詰經、勝鬘經》等，又如《攝大乘論、顯揚聖教論、瑜伽師地論、成唯識論》等，皆是內明之學，簡稱內學；不共二乘、外道及與凡夫。

外論即是醫方論、工巧論、因明論、聲論，通外道及凡夫。菩薩學佛，若行有餘力，可兼攝四論，作為弘法時攝眾及降伏外道魔眾之工具；此亦菩薩成佛時所應具足之智慧，故與內明論合稱菩薩五明之學，是故佛說：「菩薩當於五明中求」，即是此意。

「云何師弟子？」有弟子故有師父，有師父故有弟子，二者相待而成。世間若無眾生願修世出世間法，則無菩薩法師；若無菩薩法師，則無菩薩弟子。以有眾生願修學佛法，故有導師世尊及菩薩法師出於人間，此諸有情之師，即名「瑜伽師」。

《瑜伽師地論》者，即是敘述佛法中傳授瑜伽—解脫道—之師資所處解脫境界，及其所能傳授與人之解脫境界與知見。彌勒菩薩將瑜伽師分為十七地：五識身相應地、意地、有尋有伺等三地、三摩呬多地、非三摩呬多地、有心地、無心地、聞所成地、思所成地、修所成地、聲聞地、獨覺地、菩薩地、有餘依地、無餘依地。

修學瑜伽諸地法門之師徒，即是瑜伽師弟子；修學藏密無上瑜伽（勝樂金剛雙身修法）之師徒，名為欲界外道師弟子；修學花道、書道、茶道、功夫道，乃至世間一切技藝法門之師徒等，名爲世間法師弟子；於空明覺知心上修學神通法門者，名爲有爲法師弟子；於空明覺知心上起不如理作意，執爲不生滅之中道心者，名爲常見外道師弟子；執緣起性空爲中道者，名爲斷見外道師弟子；執「一切法相皆應除遣，令覺知心住於定中不起名相」爲中觀，如藏密中觀應成派諸師徒等，名爲斷常見師弟子。以上略說師弟子；有抉擇慧之弟子，能抉擇明師；無抉擇慧之弟子，唯能選擇名師；明師不能強求無抉擇慧之弟子隨其修學，名師不能強求有抉擇慧之弟子隨其修學，是故各類師弟子，悉皆各隨所安，不易改變也。

種種諸衆生，斯等復云何？

疏：此二句申問大慧應問之事也。十方虛空無量無數之三界世間，各有無量無數有情；四生三有、二十五有，悉皆無量無數，每一種類之有情復有無量差別，此屬世界悉檀。大慧菩薩亦當爲衆生請問於此，而漏失未問，佛乃以此二句申問。

云何為飲食，聰明魔施設？云何樹葛藤？最勝子所問。

疏：飲食一句，於前已略述四食，茲不重敘。聰明一詞則應略述。久學佛子皆知：學佛之目的乃是為求智慧，然卻往往不解聰明與智慧之分際，便將聰明作為智慧，崇拜名師，增長我慢，求諸名聞利養眷屬，更增輪迴之根本。

聰明者，乃謂於世間法中學習迅速，反應敏銳，謂之聰明；此類人若復人緣良好，品德端正，即成世間人人敬重之人。若聰明人而具我慢，則為他人所嫌，聰明反被聰明誤。

智慧則是經由無量世聞熏修學佛法之累積，於今生修學佛法之過程中，產生了出世間的解脫慧；乃至聞熏修証世出世間之解脫慧（如《成唯識論》），並能加以整理思惟後，更深入體會驗証，轉發後得無分別智而証道種智等，復能為有緣人宣說其理，似佛講說了義法，無遮無障，方是智慧。以此之故，所謂智慧，必須能與一切了義經論印証相契，方得名為智慧；非謂聰明伶俐之人可名為有智之人也。

弘法十年以來，每見如此現象永續存在：有諸佛子非聰明人，反應非為迅速，言談又復木訥或者詞不達意，然心地憨厚正直，少有私心；表相上觀之，似與了義正真之道不易相應；卻往往出人意表，二三年中便得破參明心，不久又復眼見佛性。復有聰明伶俐之人來學，彼人反應敏銳，學法之知解極強，然多有慢、私心自用，心量不廣，不肯依言修習功夫、消除劣習之遮障；歷經四五年後，仍然少有修証，依舊不能真解了義諸經佛所說義，每生誤解；是故聰明非即慧力，二者有別。

若無慧力，則無抉擇慧，雖然聰明伶俐，終究無能分辨真假善知識，必以善知識之是否具有大名聲及著作多寡而作衡量之標準，必棄明師而就名師。若彼名師開示云：「不要求悟，只看過程；求悟就不能悟。真悟的人從來不說開悟事；我從來不曾說我有開悟。我有沒有悟並不重要，重要的是我能幫你開悟。」聰明人往往因名師之大名聲及著作等身而輕易信受，塞自悟門；如此聰明之人不唯與明師失之交臂，反而努力抵制少有名聲之明師弘法。

木訥憨厚之人雖然反應非極迅速敏銳，然往往有抉擇慧，若聞有人開示見道之法，便思以往十餘年、二十餘年皆無入處，今旣遭逢，應當一試；便索明師著作，先作判讀，覺似有理，即隨修學；願依所授如實修學嘗試，若所遇是眞明師，便得悟入大乘道，漸漸通達三乘佛法。

聰明不足爲恃，翻應以其聰明消除慢心，於佛法中多聞熏習，隨後加以思惟抉擇，莫因善知識無大名聞，便於其著作開示不屑一閱，無上正法因緣往往錯身而過。佛於處處經中常云：「復有一法能致佛道，所謂多聞熏習。」多聞即是多方聽聞閱讀，熏習則是重複聽聞閱讀，加以複習及思惟分辨，求証其所說法是否正確，而後抉擇，方是有慧之人。

若人聰明復有抉擇智慧，即是師資；應於悟後廣閱教典，觸類旁通；並以所悟之眞如佛性加以印証，檢查所悟是否符契諸了義經論，因此能起後得無分別智，貫通三乘經論，師資道成，可以出世作獅子吼也！

魔施設者，謂魔施設五欲以縛有情輪轉生死，亦以此自縛，不出生死。復以慢心爲其施設，令諸道者絕緣於了義法之外，以故輪轉生死。復有恐懼，亦是魔之施設；於善妙五欲中，恐其失去；於純苦五塵觸中，恐其永遠不滅；有情以邪慧故，不知善妙五欲觸即是輪轉生死之根故，爲五欲所縛，不出欲界生死。

復有陰魔之施設；謂諸外道人天及諸錯悟佛子，執靈覺之心爲不生滅心，乃至執定中之了知心爲不生滅心，悉墮想陰之中，永不能離三界生死，是名陰魔之施設也。

「云何樹葛藤？最勝子所問。」樹葛藤三者有異；樹有根幹枝莖葉，藤唯根及蔓生攀緣之莖及葉，無有幹及枝；葛則介於二者之間，有根有枝莖及葉，而無主幹。樹葛藤三者，何因有此差異？又復有諸無數種類差別，皆非佛子所能具知其因也。佛以此二句，答覆大慧菩薩所問二句：「云何爲林樹？云何爲蔓草？」讚許大慧，說此亦是佛子所應問者。

云何種種剎？仙人長苦行？云何爲族姓？從何師受學？云何爲醜陋？云何人修行？

疏：「種種剎」已於前述，不勞重舉。「仙人」謂離群聚憒鬧之處，獨居山林之中，修定修通練氣服藥，欲求長生不死，乃至欲以神通上至欲界天中受於天樂等人，皆名仙人。

復有一分仙人修長苦行，欲以色身之長受苦觸以消業障，云以此能出生死界；此名邪知邪見，非眞修苦行者。佛子修苦行者，謂心不放逸，此爲最難，非諸苦行外道所能也。

「云何爲族姓？從何師受學？」前已敘述，茲不重舉。

「云何爲醜陋？」醜謂難看—不美觀，陋謂狹小—功德欠缺。人之醜陋亦有往世之因，於今之計，當除來世醜陋之因：常以香及花，供養佛菩薩；弘法及同事，常除見取見；心思多柔軟，言語皆溫和；以此善功德，來世具莊嚴。

「云何人修行？」前於第一輯中亦已敘述，不待重述。

欲界何不覺？阿迦膩吒成？

疏：此二句偈代爲衆生提出問題。此問：「十方諸佛云何不於欲界中成佛？而於色究竟天成佛？」

佛子皆知釋迦牟尼佛乃是二千五百年前，於印度菩提伽耶大悟成佛，乃是欲界中成佛，云何而言於色究竟天中成佛？

十方三世諸佛於最後身菩薩欲成佛道時，皆須依第四禪境界成佛，不於三禪前及四空定中成佛。三禪前慧多定少故，四空定中則是定多慧少故；唯有第四禪之等持位中，定慧止觀均等，故於第四禪中大悟成佛。

然此四禪境界非是四禪四天境界，乃是四禪四天之上—五不還天之第五天境界—色界頂之境界。阿迦膩迦天即是色究竟天，唯有地上菩薩之具有神足通者能到，餘諸佛子悉不能到；此境界唯有初地以上菩薩能証知，戒慧直往之菩薩須至三地將滿足時方能証知。此顯一切佛子若未証知四禪色究竟天境界者，不論所悟如何深妙，皆非即是究竟佛也。

云何俗神通？云何爲比丘？云何爲化佛？云何爲報佛？云何爲如如、平等智慧佛？云何爲衆僧？佛子如是問。

疏：神通皆是有爲法，然通無漏。外道凡夫修得神通者，乃至依四禪四無量心而得廣大神通，悉屬俗神通，皆是三界有為生死之法，不能出離三界。通無漏者謂佛法中聖弟子以三無漏學而修得神通者，不被神通境界所惑，了知其幻有，而以之成辦弘法利生事業，悉皆依三無漏學而起神通作用，是名無漏神通；是故一切未見道者之神通，悉名之為俗神通。

「比丘」亦名沙門，謂男子於佛法中出家，捨離家法，剃髮著壞色衣，現出家衆同分，依聲聞具足戒，勤求解脫及住持佛法；怖畏惡趣，防惡修善，息心寂滅，故名比丘。

化佛乃是佛陀以成所作智於十方世界隨緣示現之化身佛，或數分鐘，或數小時、數天數月而滅，以此度衆生。應身亦是化身佛之一類，如釋迦牟尼佛即是應身佛，因此界有情得度因緣成熟而示現受生成道轉法輪等。報身佛即是莊嚴報身，身量高廣，住於色究竟天大寶蓮花王宮殿說法度衆，壽命無量，如釋迦牟尼佛之莊嚴報身盧舍那佛，今現在此界色究竟天宮為地上菩薩說唯識妙法。

如如平等智慧佛乃謂法身佛；法身佛無有色像，住於莊嚴報身佛中，體性如如不變，而能與二十一心所有法相應，一一心所有法皆具無量功德妙用，智慧無邊，故能使其前五識生成所作智，於十方界遍現化身，隨緣各各說法度衆，故名如如平等智慧佛。

僧謂出家修行之人。僧有二類：聲聞僧、菩薩僧。菩薩僧復有二類：在家、出家。復有二類：勝義僧與凡夫僧。聲聞僧亦分二類：比丘、比丘尼。

聲聞僧以二乘法爲主修，依五蘊、十二處、十八界之無常苦空無我及緣起性空爲主修，若証蘊處界空即出三界分段生死；雖知有如來藏阿賴耶識而不能証，樂求涅槃寂滅，不樂求証無住處涅槃。

菩薩僧依法界實相空性而修，証得空性如來藏故生起般若慧，復依般若慧而現觀四聖諦各四心：法智忍、法智、類智忍、類智。現觀四諦十六心後，復依般若慧現觀十二有支；復更深觀般若空性，發起更微細之後得無分別智。此謂菩薩僧之已証得般若慧者，不論出家在家，皆名勝義菩薩僧。若未証得如來藏空性心者，皆名凡夫菩薩僧。要而言之：凡已受菩薩戒之出家二衆，皆名菩薩僧；在家二衆已受菩薩戒而未証得空性者得名菩薩，不得名爲菩薩僧；已受菩薩戒而不信有如來藏，專修蘊處界空、緣起性空之出家人，仍不得名爲菩薩僧，得名聲聞僧，亦不入聲聞聖僧之數，以聲聞聖僧皆信佛語、信佛說有如來藏故。

地上菩薩僧多現在家相，少有示現出家相者；觀乎《華嚴經》中善財童子五十三參可知也。菩薩入地已，慢心已除，然常摧邪顯正、護持佛法，愚痴無聞佛子不知不曉此中分際，每謂菩薩有慢。猶如維摩詰大士乃是等覺菩薩，覓諸聲聞聖僧，一一指斥其非，而實心中無慢，然諸愚痴無聞佛子便道有慢。

聲聞僧則多生增上慢，以証蘊處界空而生慢，見諸等覺大士時，無有一人肯頂禮諸大士者，以諸大士皆現在家相或天人相故；故諸聲聞有慢，維摩詰大悲士，乃竟一一尋覓諸大聲聞僧，欲令入於大乘故，見彼聲聞聖僧時，皆一一先與頂禮，令彼無瞋，而後爲說大乘法，云何愚痴無聞佛子竟謂維摩大士有慢耶？是故佛子當於摧邪顯正及我慢之分際有所了知，方免誤謗地上菩薩之惡業也。

空篌腰鼓華，刹土離光明。

疏：此二句乃佛應答大慧所問四句偈：「箜篌細腰鼓，狀種種諸華，或離日月光，如是等無量？」前已敘述，勿煩重舉。

心地者有七，所問皆如實；此及餘衆多，佛子所應問，一一相相應，遠離諸見過。

疏：第一二句應答大慧菩薩所問：「云何爲七地？唯願爲演說。」心地者有七，意謂初地乃至七地，地地皆同一心，唯依初地增上慧學而修施波羅蜜多轉入二地，二地專修增上戒學轉入三地，三地專修增上心學轉入四地，四地起皆是增上慧學之修習而入七地，同以般若空性顯發後得無分別智，現見一切法如幻，皆同一空性心之所自現，實無外物外法可得。大慧善問此故，佛以「所問皆如實」而答之。

世尊隨後指示：以上所提出來的問題，以及其他衆多尚未提出之問題，都是佛子所應請問者。必須對於八識心王法相乃至其所生之一切有漏無漏法相、有為無為法相，都能一一相應—於一一法相中皆能如實體驗、一一相應—方能遠離一切邪見之過失。

「一一相相應」極為重要，若不能與一切法相完全相應，則表示尚有所知障未盡，則表示吾人尚未成究竟佛，則不能完全遠離諸種不如理作意思惟之過失。

一一相相應者，謂於一切境界中取諸法相之實質—不取其名義自性—取其境界自性，於其中體驗印證所悟阿賴耶識及其所生七轉識以及輾轉所生萬法，八識心王於諸法中究竟如何運作？八識之間如何互相聯繫運動？八識心王與四種圓寂之關係？八識心王與三明六通之關係？……悉能一一証驗，具足了知，方名「一一相相應，遠離諸見過」，是則究竟佛地之境界也。

取一一境界自性逐一証驗後，復取諸境界之名義自性思惟整理，則此佛子即能就已破所知障部份之法相境界相而為人說，引導諸佛子漸次証入。佛以此故，說諸果相—四向五果及菩薩五十二階位境界相—欲令佛子於此諸解脫果境界能自檢查印証。

凡夫六道有情於世間學習生存生活之道，各自有其境界自性相相應。外道求涅槃者，有其相似涅槃相相應，譬如五現涅槃。佛子之錯悟者及二乘法－緣起性空－之修証者亦有其相似涅槃相相應，譬如將靈知心住於空明狀態，不起妄想，以此爲涅槃，同於外道五現涅槃之初－欲界定安住。

聲聞四向四果及辟支佛果，總名四向五果，亦悉有其涅槃相相應，然下地不知上地涅槃相；俱脫阿羅漢及辟支佛了知無餘涅槃相，而二者之涅槃慧有別。六地菩薩証滅盡定已，了知無餘涅槃相，而其涅槃智慧非二乘無學所知；莫道六地，初地菩薩尚未身証滅盡定，亦已了知無餘涅槃相，其涅槃智慧亦非二乘無學聖人所能想像。此謂涅槃相有証與不証之差別，亦有涅槃智慧之高下差別。然而一切証入無餘涅槃境界之聖者，彼等所証無餘涅槃境界無有高下差別，此謂無餘涅槃唯有一種，無二無三；証入其境者悉皆同一寂滅－無五蘊十八界、無七轉識、無見聞覺知、一切法永滅不起、唯餘第八識無色無相本然安住於無住之中、永不受生。以無餘涅槃唯有此一種故，故說三乘無學以及十方諸佛平等無二，無有高下；以於四種涅槃之慧有別故，說三乘無學聖人不名爲佛，智境界及慧境界有大差異故，此即因於所知障之破與未破、斷與斷盡差別而有不同，故云三乘無學仍非是佛。

最粗淺之「一一相相應，遠離諸見過」者，乃是三賢位中之七住菩薩。佛子實証阿賴耶識以後，若信慧及福德具足，即不退轉否定，隨入一切境界中體會証驗之；便知佛既開示不可執果，又復解說諸種果位名相之理，意在令諸佛子藉由証驗果位境界相，了知皆由自心所現，了知解脫亦是自心之功德，本無所得，非從外來，非有眞實不滅之蘊處界有，從是得出三界生死。証知此理故，於我我所無著，於諸境界無著，於靈知心之自我無著，由此實証有餘涅槃；証已不取無餘涅槃，亦不著生死有爲劣樂，邁向永利有情而無休止之究竟佛地無住處涅槃境界。

是故破初參明心之人應當自我檢查：我既明心，則我所明之心能否與諸了義經論完全契合？明心已，解脫功德何在？我今所証解脫境界在何階位？此則必須檢視三乘果位名相境界相諸法相而自印証。若不如此自我檢查印証果位名目，則生我慢，自謂一悟即已成佛，便如現今藏密諸師猶向佛子奢言全然開悟、即身成佛，皆墮大妄語業。

若能檢視自身之修証，與佛開示諸果法相相應，則知自身之修証解脫境界，則知其後應修之道，了知三乘法道之異同；亦能現起擇法覺分，能辨諸方眞假知識。凡此功德之所從生，皆由「一一相相應，遠離諸見過」而致。

悉檀離言說；我今當顯示，次第建立句，佛子善諦聽。此上百八句，如諸佛所說。

疏：悉檀意爲佛法修行之宗旨與法門。佛法之宗旨悉離言說，諸法法性—如來藏空性—本然空寂，如何言說？然爲引度衆生至解脫彼岸，又不得不說，故世尊云：佛法宗旨離於言說，我今應當顯示有次第之分別施設建立之語句，佛子們皆應有善巧方便詳細聽受。我所即將解說的如上一百零八句，猶如十方諸佛一向所說者，無絲毫差異。

不生句，生句。常句，無常句。相句，無相句。住異句，非住異句。剎那

句，非刹那句。自性句，離自性句。空句，不空句。斷句，不斷句。邊句，非邊句。中句，非中句。常句，非常句。緣句，非緣句。因句，非因句。煩惱句，非煩惱句。愛句，非愛句。方便句，非方便句。巧句，非巧句。淨句，非淨句。成句，非成句。譬句，非譬句。弟子句，非弟子句。師句，非師句。種性句，非種性句。三乘句，非三乘句。所有句，非所有句。願句，非願句。三輪句，非三輪句。相句，非相句。有品句，非有品句。俱句，非俱句。緣自聖智現法樂句，非現法樂句。刹土句，非刹土句。阿㝹句，非阿㝹句。水句，非水句。弓句，非弓句。實句，非實句。數句，非數句。明句，非明句。虛空句，非虛空句。雲句，非雲句。工巧伎術明處句，非工巧伎術明處句。風句，非風句。地句，非地句。心句，非心句。施設句，非施設句。自性句，非自性句。陰句，非陰句。衆生句，非衆生句。慧句，非慧句。涅槃句，非涅槃句。爾燄句，非爾燄句。外道句，非外道句。荒亂句，非荒亂句。幻句，非幻句。夢句，非夢句。燄句，非燄句。像句，非像句。輪句，非輪句。揵闥婆句，非揵闥婆句。天句，非天句。飲食句，非飲食句。淫欲句，非淫欲句。見句，非見句。波羅蜜句，非波羅蜜句。戒句，非戒句。日月星宿句，非日月星宿句。諦句，非諦句。果句，非果句。滅起句，非滅起句。治句，非治句。相句，非相句。支句，非支句。巧明處句，非巧明處句。禪句，非禪句。迷句，非迷句。現句，非現句。護句，非護句。族句，非族句。仙句，非仙句。王句，非王句。攝受句，非攝受句。寶句，非寶句。記句，非記句。一闡提句，非一闡提句。女男不男句，非女男不男句。味句，非味句。事句，非事句。身句，非身句。覺句，非覺句。動句，非動句。根句，非根句。有爲句，非有爲句。無爲句，非無爲句。因果句，非因果句。色究竟句，非色究竟句。節句，非節句。叢樹葛藤句，非叢樹葛藤句。雜句，非雜句。說句，非說句。毗尼句，非毗尼句。比丘句，非比丘句。處句，非處句。字句，非字句。大慧！是百八句，先佛所說；汝及諸菩薩摩訶薩應當修學。」

疏：以上百八句，至「非現法樂句」爲止，悉可依自性衍生百八句佛法。「刹土句，非刹土句」起各別分舉綱目，皆可各生百八句佛法。若有佛子欲爲了義法之座主，起大願心，欲成一代大師，並能使其法教流傳於後世而不滅者，必須說法無礙，並且通達此百八句，方得成就。前此所說偈頌亦悉依此百八句而生，故應修習通達。

諸方法主皆應留意：若所說所証之法未能完全契合諸了義經者，莫建大道場，莫廣聚生徒，莫廣說諸法，莫大量印行開示語錄，莫註解經書。何以故？道場愈大、生徒愈多、說法愈廣、語錄印行愈多者，則是將自身錯悟未悟之証據愈爲廣傳，將來愈難自圓其說，一旦被眞悟聖者戳破，則必無地自容，情何以堪？若因此生瞋恨怨惱，因謗眞善知識故而謗於法，則成就謗僧謗法之謗三寶罪，名爲可憐憫者。

已悟之人說法亦不敢保証完全無訛；即使當來下生彌勒尊佛亦不能保証完全無訛，以尚有極小分所知障未斷盡故，是故說法者亦不須心生驚懼，只須執定一個原則，即可免除不淨說法、誤導衆生之大罪—所謂「知之爲知之，不知爲不知，是知（智）也。」未知未証之法，莫以求於名聞利養故廣說之，更莫印書遺害後代學人，則無不淨說法之過罪。

此百八句，唯十方諸佛能了然無礙，諸地菩薩尚應修學，何況三賢乃至凡夫菩薩而不應學？此百八句可以不斷衍生，譬如「生句，不生句」是二句，衍生爲亦生亦不生句、非生句、非不生句，復衍生爲生生句、生不生句、生非生句、生非不生句、不生生句、不生不生句、不生非生句，不生非不生句。

常句，無常句亦復如是：常爲第一句，無常爲第二句，常亦無常爲第三句，非常亦非無常爲第四句；常非無常爲第五句，常非常非無常爲第六句，無常是常爲第七句，無常非常爲第八句，無常亦常亦無常爲第九句，無常非常非無常爲第十句。凡此皆依空性如來藏之自性而說，亦可以依萬法而衍生無盡，是故世尊說法可以永無窮盡。

譬如：生句及不生句衍生至常句及無常句，復衍生至相句與無相句；以有生故則有滅，有生滅故則是無常，此是無常句。無常法故是有相法，有相法必生滅無常，以生滅無常故，必有演變之過程；演變過程中必有暫時存在之現象，是則住句；既於住之現象中，有不斷演變之現象，則是異句；住之現象中有永不變異者，是則住非異句；住之現象中有不斷變異者，是則住亦異句；依變異現象中有常住者，是則異亦住句；變異現象與常住者非一，是則異亦非住句也；住異宛轉流變，復生多句。

不生則是常，常則是無相，無相則非住異，非住異句則非剎那，非剎那句則有眞實不壞自性，則是非空句，則是不斷句，不斷句則是非邊，非異邊則是中句……。有相句則墮住異句，既有住句異句，是則住異等悉皆不離時分剎那變異，因之則有剎那句；於剎那變異中有其常住不變異者，則離剎那變異，是則名爲非剎那句；剎那句及非剎那句宛轉流變復生多句。

譬如舉杯喝茶，喝已置杯；此動作未完成前，名之爲住，是名住句；喝茶之過程中非是常住不動者，故有變異，是則異句；喝茶之表色中有不爲六塵所動者，同時亦有被茶香六塵所動者，故名住異句；其中不爲茶香六塵所動者，於一切時離住離異等等名相，不可言說，故名非住異句。然而異與住者皆因未入無餘涅槃界故，是故悉皆存在於剎那中，於剎那剎那變異中卻有不變異者，則分名剎那句及非剎那句。宛轉流變，復生多句，茲不贅舉。

剎那句之自性即是無常性，無常故空，名爲空句；非剎那句之自性是常住，常住者有眞實不壞性，是則不空句。喝茶之法剎那變異，終歸壞滅，是則斷句所攝；是中有空性心常住不壞，是則非斷句。喝茶之法既已過去消失，則是斷滅，墮於斷句則非中道，名爲邊句；其中有空性心常住不壞而有能生諸有爲法之功能差別，非斷非常，不墮斷常二邊，是名非邊句。既非邊句，則入中道，成就中句；中道之性能生萬法，令覺知心於萬法之喜厭愛憎二邊之中現行攀緣，是則成就非中句。世間萬法，譬如喝茶之中有常與無常者，方得成就喝茶之法；此法之現行必須依緣而現，若唯如來藏空性因，則不能成就；緣者即是有根身、命根、七轉識、五遍行、五別境等，故能令喝茶之法現行，是故則有緣句；佛子於緣起法中若能悟得並存之空性心，則能了知無餘涅槃本際，非二乘無學所知，是則名爲非緣句。了知非緣句，則能了知一切之因，則知喝茶中有第一因—宇宙之實相空性，是名爲因句；此因離於見聞覺知，因何而生五蘊及喝茶之法？乃因五蘊及口渴煩惱故生，此即是外緣所成，是名非因句。因於五蘊六塵覺想，受想行識生諸渴愛，是名煩惱句；於渴愛諸法之中，有一自性清淨，離諸世法執著之空性心，不生一切煩惱，是名非煩惱句。於諸萬法中，因於無明所障，執著覺知作主之心爲不生滅者，墮於我見，愛惜此我，不能棄捨自我，名爲愛句；於中有一空性眞心，自無量劫來不執自我，亦不執覺知心之我，皆因世世覺知心我不捨自我，故令空性心輪轉四生六道，而此空性心於六道輪轉中，既不愛惜覺知心我，亦不愛惜空性心自己，是名非愛句。

佛子証知此理已，得根本無分別智，若是得少爲足，不思精進，不復日日如理思惟，其慧雖超二乘無學，然不能起諸方便而度有情，是名非方便句；若能如理思惟，日日精進，漸漸發起後得無分別智，則具無量方便善巧，是名方便句。既有方便權巧，則能善巧施設，方便令諸佛子入於了義法中而有修証，是名巧句；若無後得無分別智，則不能具善巧言說，不能方便置諸佛子於了義法中，是名非巧句。若具善巧，不唯自身能得清淨，亦能令他清淨，是名淨句；若不具善巧，唯能住於習種性中，不能使令自他於法清淨，是名非淨句。若知淨句者，於萬法之中皆能如實照見圓成實性，是名成句；若不能清淨自他者，即不能於萬法之中如實觀照圓成實性，便執外法實有，不知自心所觸悉是唯心所現，名爲非成句。能於萬法中一一如實照見諸法之圓成實性者，則能善說譬喻，令他人悟入，是名譬句；若不爾者，不能善說譬喻，乃至引喻非當，則不能令人悟入，是名非譬句。能善引喻者，有智之人聞風而來，成眞弟子，是名弟子句；不能善引喻者，乃至錯悟之人引喻非當者，則招引唯觀表相之無智俗人隨從修學，不能眞實証入第一義諦空性，非是佛之眞實弟子，是名非弟子句。能度佛法中之眞弟子者，方是佛法之中眞實師範，是名師句；不能度化佛法中之眞弟子者，唯能接引初機，不能令他証入眞實義者，名爲非師句。能度佛子証入第一義者，必是佛種性之師；能隨此師証入第一義而不退轉者，名爲佛種性佛子，是名種性句；若不能爾，師徒皆非佛種性，是名非種性句。能度弟子入第一義而非錯悟者，則能分別三乘法道異同，能爲人具足宣說三乘之法，是名三乘句；若不能爾，即名非三乘句。於三乘法中不能了別其異同，亦不能實証其異同，則必墮於蘊處界等一切有法之中而說有所有法；口中好言一切緣起性空，無一法可得，然實心中執取能覺能知能作主之自我，永不棄捨，是名所有句；實証第一義諦者，凡所言說，悉依法界空性如來藏心而說蘊處界空、而說諸法皆空性心所生是故非實有法；是故三界一切萬法若現若滅，皆唯自心所現，非於心外有眞實法，皆無所有，是名非所有句。佛子以於幻事、陽焰、夢境、鏡像、光影、谷響、水月、變化所成，乃至似有非有等，有眞實証驗之後，覺知大菩提果確實可修可証，而諸有情如盲如聾，悉皆不知不信，遂發受生願及大菩提願，願世世受於生死，而共衆生上求下化，乃至成佛而不捨此願，是名願句；又如初地菩薩發十無盡願等，是名願句；若不能爾，則名非願句。依十無盡願或大菩提願及受生願者，必須次第証解三輪體空—無施者、無受者、無施事……乃至無有証般若者、無所証般若、亦無般若而自現者，証已而無所執，是名非三輪句；若未親証空性心，則不生般若慧，則三輪具足，則墮三輪句。若墮三輪句，則不離蘊處界相，不離覺知心之我相，不名無相，是名相句；實証三輪體空者，離蘊處界相，離覺知心之我相，現觀八識心王之運作及萬法由空性心生，現觀已，實証法無我，而離外法實有之二乘謬見，實証人空與法空，是眞無相，名爲非相句。若是有所得法、有現象法、有境界法，皆墮有所証之境界相中，則有諸種境界相，是有品法，敘述此諸境界相品，名爲有品句；三乘有學無學所証，皆是無境界法、無所得法，涅槃解脫唯是慧故，無境界相品故，果位亦是施設故，唯名相故，是名非有品句。若依有境界相品而住，則有境界相住，依妄心邪智而俱有，是名俱句；若依無相品法而修，唯認眞如爲眞，餘皆依眞如因及諸法緣而起，則不與諸有境界法俱，恒依無所有、無住無依之智慧安住，亦不起執眞如，是名非俱句。若証非俱句智慧，則能於三界萬法中，緣自証聖智而一一了知實相，智慧深廣，得現觀諸法實相之妙樂，以諸深妙智慧而自莊嚴，樂住佛法無上妙樂之中，是名緣自聖智現法樂句；若墮有境界有爲法中，則其所証境界悉不能與了義經論印証契合，不能現觀諸法實相，不得自証聖智現法妙樂，是名非現法樂句。以上唯依前後句之相應相而作略述，若廣說者，一一句皆各具百八句佛法，非初悟佛子所能知之。

由「剎土句，非剎土句」起，則是綱要；佛子若有深慧，可依此句以下之每一句各衍生百八句佛法，利益人天。此係地上菩薩所應修學者；以此百八句之修學，能令菩薩無生法忍地地增上故。

由剎土句開始，皆屬於法相。此諸法相不須鼓勵未悟之人參詳修學，學之無益故，無從入手故。譬如前半段之法義，未悟之人讀之極難契會，已悟之人讀之則極親切；是故初學禪者，吾人皆不多述法相，唯令勤修無相念佛及看話頭功夫，俟定力現起心地細密之後，則授參禪之知見，令其以覓得空性心爲第一要務；以破參故，依空性如來藏眞實體性之証驗而發起般若慧—根本無分別智；依此根本無分別智而依經論所述一一証實體驗，方能啓發後得無分別智，漸漸邁向初地，能爲人天之師，廣益佛子。

若未覓得空性阿賴耶心，自身尚且未具根本無分別智，焉能教人修証？是故佛云：「自疾不能救，焉能救他疾？」又云：「自不能度，能度他者，無有是處。」悟錯之人既不能與諸了義經論相符，讀之不解，處處凝滯，尚不能眞解佛所說義，何況能爲人說第一義諦？是故菩薩學佛當以破參証得空性心爲第一要務，眞正進入佛道須由此開始故。一分聲聞無學不能悟得空性心故，唯得解脫道，不能入佛道。

若已証大乘見道而能忍於如來藏之無生者，則應漸漸修習此百八句；過去諸佛皆所曾說，乃至諸地菩薩皆應修學故。又此百八句中，有事有理，有權有實，有眞有妄，有悟有迷，有解有行，有性有相，有修不修，有因有果，有體有用，有世間及出世間，有法界及現象界，有無餘依及有餘依，有人無我及法無我，有根本智及後得智，一切佛法攝在其中，若佛子具道種智者，即得據之巧便說法，無窮無盡，是乃菩薩摩訶薩所應學者，今者略舉其綱，証悟佛子當入相見道位勤習，據此即入初地，凡所說法事理無礙，能成人天之師，故應修學。

爾時大慧菩薩摩訶薩復白佛言：「世尊！諸識有幾種生住滅？」佛告大慧：「諸識有二種生住滅，非思量所知。」

疏：大慧菩薩聞佛偈答百八句已，向佛請法；請問各識有幾種生住滅？佛云有二種生住滅，非意識思量所能知之。

識謂了別，於自境能知了別故名爲識。是故八識心王各各皆有了別性，然了別之法相各不相同。眼識了別色塵，耳識了別聲塵，鼻識了別香塵，舌識了別味塵，身識了別觸塵。意識了別五塵細相及諸法塵，亦了別定境幽閑法塵，末那了別意識之分別及於五塵作極劣之了別，阿賴耶識唯了別末那之作意及思心所，不於六塵境起諸分別了別，故名無分別心。以八識心王各皆有其了別作用，故名爲識，於自住境能了別故。

此八種識皆各有二種生，二種住，二種滅；次句當說。

「諸識有二種生：謂流注生及相生。有二種住：謂流注住及相住。有二種滅：謂流注滅及相滅。」

疏：《「八種識各有二種生起之現象：識種流注生起及流注相之生起。各有二種住持：流注過程中之住持及流注過程中之流注相住持。各有二種滅：識種流注滅盡及識種流注相滅已不起。」》

流注生者，謂識種流注之作用生起運作。流注相生者，謂識種流注之法相生起。譬如於水塔下接一水管，令水流注於其下之容器中，是名流注；識種之流注亦似水之流注。

譬如水塔之水流注於其下之密閉容器中，於容器另接一水管回到水塔，復於水塔上裝置一馬達，將容器內之水抽回水塔，使水塔中之水可以永續不斷地流注於容器之內，因爲水流之流注現象持續運作，故使密閉容器之動作設施可以持續作用，此名水之流注產生作用。水塔譬如阿賴耶識，其下之容器譬如眼識；水之流注作用開始，譬如眼識種子之流注生—眼識現行不斷；容器之動作設施開始運作，譬如眼識開始作用—分別色塵。

於一切種智上說：前六識之現起，必須根塵觸三法和合，方能現起，謂前六識之現起，必須六根六塵接觸，方能由阿賴耶識中現起。亦有經說：「根塵觸三和合生眼識乃至意識。」意謂必須眼根（扶塵根及勝義根）不壞，外有色塵與眼根相觸，眼識方能於其中現起；若缺其一，則眼識不得於其中現行。

然眼識—能見之心—於眼根與色塵相觸時之現行運作，非單依此三條件即能成辦；眼識非單依此三條件即能憑空而有，須由阿賴耶識將其所蘊眼識種子流注於眼根與色塵相觸之處，方有眼識之現行；是故能見之心乃依他起—緣起性空—非本自有。此眼識種子即如每一滴水：因有一滴又一滴之水相續流過，故使容器中之工作裝置產生作用；若唯有第一滴水，即不能令工作裝置產生作用；眼識種子亦復如是：必須前眼識種子現行，隨即開避其位時，後眼識種子立即於同一位置現行，第三第四以後之眼識種子悉皆如此現行，悉於現行後立即落謝，回到阿賴耶識中，前後相繼不斷，方能成就眼識之分別功能。此即是一切種智中所說之開導依—等無間緣依。眼識如是，耳鼻舌身識乃至意識—空明覺知心—悉皆如是，皆須依於根塵觸及阿賴耶識方能現行作用。然眼識之現行尚須有末那之作意及空明……等，共須九緣方能現行，前輯中已曾說之，此處唯述分別識現行之基本要件，用明流注生之道理。

識種流注之道理，唯至佛地方能具足了知，法雲大士所不能自知，皆須從佛受學方得知之，而亦不能驗証，須至成佛方能驗証之，是故佛云：「非思量所知。」一切有情阿賴耶識中，悉皆蘊藏無量無數之八識種子及習氣種子，復含藏有限之欲愛色愛有愛種子（極精進之見道者可於一至四生修斷故）。種子亦名為界，非色，不可見，唯能於行蘊中証知其存在，而不能逐一種子檢視，故云非思量所知。

佛說有情心中閃過一念之間即有九十刹那，每一刹那中之識種變易生滅為九百次，迅速非常。燈泡之光明，每秒有六十次閃爍，吾人已不能眼見分明，何況一念之中有八萬一千次之識種生滅，迅速非常，大神通之証量者尚不能知，何況一般人？是故古今皆有愚痴無聞佛子，錯將生滅相續之意識—空明覺知心—誤認爲不生不滅之中道心，背理違教，不解佛意。

前六識如是有識種流注生起，則此流注現象將有維持連續運作之一段時間，此段時間維持流注現象不斷，即名爲流注住。此類流注住現象皆有斷滅之時，如眠熟、悶絕、死亡、及滅盡定、無想定中；此五位中，前六識之識種流注暫斷，故體非眞常，有斷時故。以此故知空明覺知寂而常觀之定心乃是生滅之法，非恒，非常住者；藏密應成派諸中觀師們，應儘早揚棄此心，另覓空性心，方能於証得阿賴耶識空性心後，現起眞正之中觀般若。若效法宗喀巴及月稱「菩薩」否定有阿賴耶識者，豈唯喪失人身？未來無量世中尚須次第輪轉三塗，受盡苦毒，云何奢言即身成佛？

流注之現象生起時，則有流注之法相生起，名爲流注相生。譬如吾人眼根接觸外色塵，由末那作意起思心所，故阿賴耶識流注眼識種子於根塵觸處，現起眼識，名爲流注生；流注生之現象連續不斷，故眼識能分別色彩明暗，有此分別作用相續存在，故吾人覺知有眼識之用，是名流注相生。

「流注住及相住」，此謂六地以下菩薩一念無明及無始無明皆未斷盡者，及未至究竟佛地之等覺以下菩薩無始無明未斷盡者，悉有流注住及相住。

一念無明未斷盡者，猶有眠夢；既有夢境，則有流注生及相生，則有流注住及相住，相續不斷。依較淺之層次而言：睡熟無夢之際，意識已斷，故無覺知，無流注生，亦無流注相生，無覺知心可分別五塵境故。彼時若鬧鈴大作，既無意識知其大響，云何能聞能知？無法不能生用故；彼時阿賴耶識仍依不壞之根身繼續變現內相分聲塵於心中，鬧鈴大作時，阿賴耶亦如實將彼大聲變現於心中，末那了別其異於平常之微聲，而不能知其意義，乃起作意受想及思心所，欲起意識靈覺之心而作進一步之詳細分別，阿賴耶依於末那之思，遂流注意識覺知種子於意根與法塵觸處；意識現起後仍不能單獨分別之，乃欲起耳識共同分別，阿賴耶又依末那之思，復流注耳識種子於耳根與聲塵觸處，吾人乃能了別，知是鬧鈴聲響。

一切有情睡醒後，因於流注生而有靈覺了知之作用—六識現行運作；直至再度睡著爲止，其間之流注相皆不斷滅；以流注相不滅不斷故，有六塵相與「我」相應。直至晚上眠熟，覺知心之我已滅，方不與六塵相相應，方便說爲流注滅及流注相滅。然此仍非佛所說之流注滅及相滅，何以故？謂仍有自心流注故。

何謂自心流注？謂有等流也。等流之意有二：一者謂眼識種子由阿賴耶識中流注至眼識現行處後，隨即開避其位而回到阿賴耶識中，引導次一眼識種子由阿賴耶識中繼於其位現起，一進一出相等流注；一念之間有八萬一千識種流注而出，同時有八萬一千識種流回阿賴耶識，以此成就世出世間法之熏習作用，此名等流流注。

二者此種等流之流注，必須同一種流類；譬如前眼識種子不能成爲後耳識種子之開導依—不能引生後耳識種；唯能引生後眼識種。唯有同一類種子之前後現行時，方能互相引生，同等流類之流注，即名爲等流。

等流種之流注現象不唯醒時有，睡時亦有，名爲自心流注；乃至二乘無學入無餘涅槃之中，仍有自心流注。

有情眠熟之時，不因眠熟或長時昏迷三年而使其煩惱業種消滅壞滅，爲有自心流注，故能使其等流種於阿賴耶識中流注不斷而不壞滅，唯是不於三界中現行爾。一旦醒覺，又復於三界中現行。阿羅漢入涅槃前，若曾聞善知識說第一義諦實相之法，心中微有一絲欣樂，雖未迴心大乘而仍然入無餘涅槃；但因已曾熏聞實相之法，則此無漏法種既已啓動，仍將於無餘涅槃位之異熟識中自心流注，有朝一日必使此一無漏法種起用，令末那識種現行，則必忽然漸生中陰；中陰身具已，便因欣樂實相究竟之法，而復受生，永於三界之中行菩薩道直至成佛。是故無餘涅槃之中亦有自心流注，而無流注相生。

凡夫有情不解此理，偷偷造諸惡業，以爲人皆不知（其實鬼神皆知）；殊不知造惡業後，其業種落謝回到根本識中，永持不壞，爲有自心流注故；唯有其後就彼惡業善爲懺悔補救，方能經由新善業之熏習轉換舊惡業種子而消除，是故《大寶積經》偈曰：「假使經百劫，所造業不亡；因緣會遇時，果報還自受。」即是此意。

修行人若了知此理，則能歷緣對境令諸煩惱種子現行—起於貪瞋；隨之以如理作意之思惟觀察，修正身口意三行，則能使已出現之染汙種子轉換爲清淨無漏之識種而回入阿賴耶中；佛子知已，若能如實精進修行，則名已知熏習正理，名爲如實修行者。

等流之流注生及相生，於三界中，皆非唯有一識有之，乃是諸識同時有之。譬如眼識流注生及相生時，同時必有意識及末那識之流注生及相生，否則眼識不起流注生及相生，末那及意識乃是眼識之俱有依（增上緣）故。然此三識之流注生及相生，非唯阿賴耶識中流注三識種子而已，尚須有阿賴耶識之自心種子流注生及相生，方能成就前述三識之流注生及相生而有其用；然此正理唯有眞悟佛子悟後隨大善知識熏聞之後，方能知之；知已隨即能予証驗無訛。

前六識流注相，於眠熟悶絕等位不現行時，末那識及阿賴耶識之流注生及流注相生皆不中斷，繼續現行，唯有眞悟之人能知能証能檢驗之。此二識之流注生及相生，於眠熟位及悶絕位如是，於正死位及二無心定中悉亦如是，仍有流注生及相生。無餘涅槃位之阿羅漢根本識中仍有自心流注，尚不得謂爲流注滅及相究竟滅。

《阿含經》及諸大乘經中，皆說阿羅漢辟支佛貪欲永盡，瞋恚永盡，愚痴永盡；既然永盡不起，即不可能因於煩惱復生世間諸念，故得妄想妄念永斷不生，名爲斷盡一念無明，身心永滅，捨報必入無餘涅槃。然此乃謂二乘無學之「人我」煩惱永盡無餘，但仍有「法我」煩惱不斷—豈唯不斷，抑且尚未相應—是故入涅槃後永不出生於三界之中。然於無餘涅槃位中，尚有法我—無始無明塵沙惑未破未斷，是故八識種皆於無餘涅槃位之異熟識中自心流注不斷。

無始無明上煩惱，自無量劫來不曾與有情之靈知心相應，二乘無學迴心大乘入六住位，尋覓空性心時仍未能相應；覓得空性心異熟識時亦未相應，雖入七住賢位，猶不知曉無始無明名義也。須至有朝一日起心探索：我既已悟得如來藏，應與諸佛相等，云何我猶未能如佛智慧深遠無窮無盡？此時方起心上煩惱、止上煩惱、觀上煩惱、修、得、果、斷、智、証……等上煩惱，此時方與無始無明—所知障上煩惱—相應。

菩薩七住已明眞心—証得如來藏；然有菩薩依明心功德進修，直至九地猶未曾眼見佛性者，此時爲求眼見佛性而入十地，便與無始無明中之見性上煩惱相應；直至眼見佛性後方破此一上煩惱而入十地。然而此時雖得授佛職位，而其自心之八識種中尚有流注生及相生存在，尚有部份塵沙無明未曾斷盡，須至最後身菩薩位，於人間大悟成佛時，塵沙無明上煩惱才完全斷盡，此時流注現象已滅，一切法種不進不出，無有變異，不復受熏習，現大功能，應物現形悉無遮障，方得名爲斷盡異熟生死變易生死；從此第八淨識中一切種子永不變易，無有異熟故。

此處應述異熟及變易生死二種法相，則於後述經文可免誤解。

異熟之義有三：一者異時而熟，二者異類而熟，三者變異而熟。

異時而熟者，謂業果成熟不與造因同時。譬如謗佛謗法謗師之人，謗已不即受果，須於來世方受；又如布施植福，大多於來世受。又如菩薩於過往百千萬億劫中，精進布施除惡，聞熏修學佛法，無量精進而未成熟；直至此世緣熟，得能明心，又復眼見佛性，乃至悟後起修進入初地，非於造因時即得緣熟，故名異時而熟。亦如聲聞初果或菩薩初果，見道之後若不精進者，不能於一生中實証無餘涅槃，須至七次人天往返後，方得取証無餘涅槃，故名異時而熟。

菩薩亦復如是，於七住見道不退之後，須歷經大約二大無量數劫之悟後起修，方斷盡一念無明而入七地，此名留惑潤生—不斷潤生愛而持受生願—至七地已，方與無餘涅槃相應；此非愚痴無聞佛子所能知也，亦名異時而熟。

異類而熟者，如上所舉謗佛謗法謗師之人，謗已不即受果，轉入來世得地獄身、餓鬼身、傍生身而次第受果，非依造因之人身受果。亦如往昔無量世前學佛之佛子，或以欲界天身、色界天身學佛，或以傍生有神通之身學佛，或以鬼神之身學佛；於無量世後之今生，輾轉來到人間，今以緣熟而遇善知識，得入見道乃至修入初地，亦名異類而熟，非依造因時身成熟果報故。

復有異類而熟者，謂造善業而得惡果。如有一人協助他人行善，然不知彼善行背後有大陰謀；此事成就後，助人爲善者仍未知曉被人利用造惡，亦未收受任何酬勞；未來世中緣熟之際便受惡報。

復有一類愚痴無聞之新學菩薩，迷於出家在家表相，不知菩薩於無量世來或現出家相，或現在家相，身相無定，但隨因緣而行；便依其師父之言：不准閱讀蕭平實著作，不准互相推介。並奉師命：勸令一切與其相熟之人不閱蕭平實著作。謂如此諸行爲護正法行，而不肯閱讀及以諸經比對；心中自以爲其身口意行是護持及弘揚正法，而實眞是破壞及抵制正法之重業；名爲行諸善業，來世卻須以地獄身、餓鬼身而受苦毒，亦名異類而熟。

變異而熟者：謂造業時心異於受果時心。此有現世及來世不同。譬如有人年輕時造諸善行，至耳順之年時，忽有曾受其恩者事業有成，又復念恩不忘，來覓此人行報恩事；而此人今已耳順之年，身心俱非年輕時之同一人(新陳代謝及念念變異故)；雖非同一人，而其受報，人無責者；以雖變易，而相續不斷來至四十年後緣熟受報，此名變異而熟。

又如往世造諸謗法惡業，輾轉三塗，方得生而爲人；以餘報未盡故，今猶愚痴瘖啞，聞法不解；然此人不得主張：「往世造惡業謗法者非實是我，不應多劫之後我受此惡報。」何以故？往世之汝雖非今世之汝，而依彼時惡業因種輾轉來至此世故；雖此世五蘊（含靈知心之我）不同於往世五蘊，而由如來藏持惡業種輾轉受報，異作異受，業果不失故。此世靈知心由往世靈知心種子落謝而別依後世五根別生靈知心，世世受報，必須自受；非同一心，而業果不失，是名變異而熟。

以有識種之善惡染淨變易，及七轉識無始無明所知障之愚痴性轉易爲一切種智般若，故名變異而熟。既有變異則必有諸熏習轉易，以尚有所知障故。佛地以斷盡所知障、成就一切種智故，其第八淨識中唯持舊種，不再轉易任何新熏之法種，故已永斷變異；既其所持種子永不變易，則無種子之異熟流注，則異熟現象滅盡，名爲永斷變易生死；是名自心流注已滅，則流注相滅，方得名爲常、樂、我、淨，成究竟佛；非謂藏密四大派諸祖等人，錯以空明覺知之意識心爲眞如者所謂之常樂我淨也。

「大慧！諸識有三種相，謂轉相、業相、眞相。」

疏：《「大慧！諸識共有八：眼耳鼻舌身意識、末那識、阿賴耶識。八識分爲三類：轉相識、業相識、眞相識，故云有三種相：轉相、業相、眞相。」》

轉相識謂前六識：眼識乃至意識皆於六塵中流轉，念念變異，生滅不斷，故名轉相識，以有六塵流轉相故。此是依狹義說，若廣義說之，末那識亦屬轉相識攝，攝六識依六塵而起遍計執之作用，亦於六塵境中流轉執著，故亦爲轉相識攝。又八識心王於未成佛前，皆有種子流注等變易現象，亦得悉名轉識；轉者運轉不輟故，八識現行時皆運轉不輟故，眠熟等五位中之七八識亦運轉不輟故。

若能通達佛法，則一一法悉皆函蓋一切法，於一一法中悉能出生一切法，演說無盡；然爲令諸佛子易解，及爲令諸佛子按部就班、次第而証，故常依狹義之說而解佛法，令學人易解易入。是故此處轉相識唯說前六，以七八二識另有迥異前六識之體性—業相及眞相—是故於業相及眞相中別說。

六識之流轉相，必依六塵；若離六塵即出三界，是故無有能離六塵之凡夫及有學聖人。譬如凡夫眠熟暫離六塵，而次日必定重現於六塵中，因六塵而現行。亦如有人修入無想定中，暫離六塵，然必忽爾心生法塵一念，又復墮於六塵中；又此無想定者，佛於《楞嚴經》中說之爲幽閑法塵：「縱滅一切見聞覺知，內守幽閑，猶爲法塵分別影事。」至於四禪八定之內，悉有粗細意識了知定境法塵，故說六識一旦現行，必與六塵相應，流轉於六塵之中，名爲轉相識。

業相識謂末那識有遍計執著體性，內執阿賴耶爲我所，外執前六識爲我用，普遍計度一切諸法，恒不捨離；我見、我慢、我愛、我痴恒共相隨；乃至眠熟無夢時，亦不暫捨此四煩惱及內外執著；唯至眞見道後而不退轉者方入第七住不退。若性障深重之人，即不能忍於眞見道之無生，返執能知覺能作主之心爲不生滅者，則墮我見，必謗正法，則於所未曾聞深妙之法不能信受，謗爲非法；性障淺薄者眞見道後必不退轉，其末那認定作主之自己爲虛妄心，亦知能知覺心虛妄，已証知阿賴耶心眞實不虛故，遂於歷緣對境中逐次修除遍計執著，轉依阿賴耶之清淨體性，修諸淨業，名爲清淨業相識。

末那識於未見道時悉爲染汙業相識，雖能藉由四禪八定而伏我見、我慢、我愛、我痴等四煩惱，然不能斷，因此不斷俱生我執，不出三界，墮凡夫數；此四煩惱雖不現行而不能斷。若未修得四禪八定者，此四煩惱一切時現行，乃至眠熟悶絕正死位中亦皆現行，凡夫不知不証此心，誤爲此三位中無有心及心所法之運作；於覺知位中恒與我慢等四煩惱相俱而造諸有爲生死衆業，積集後有種子，遂有來世之生死輪迴異熟果報，凡此皆因此識於一切時中處處作主、時時作主所致，故名此識爲業相識。

然此末那雖爲作業之主，要非自身單獨能作，必須依於六識爲彼分別了知，故能於六塵境中恒審思量、處處作主；於眠熟、悶絕、正死位及無想定中，亦須恒依阿賴耶識及其所現內相分境，方能隨時隨處作主，是故業相之成就，非唯末那單獨能成，亦須八識配合運作；至少亦須七八二識方能運作成就，是故業相遍於八識，而以末那爲主。

眞相識者謂佛地眞如及其所生七種清淨識，皆名之爲眞相識；佛地眞如不受任何熏習，唯帶舊種，故無等流流注，是故成佛之後永不復成衆生；異熟法種已全斷盡，故名眞相識，此乃依狹義而言。廣義言之，佛地淨七識亦名眞相識，識種純淨，無諸有漏法種故，異熟種已悉斷盡故。

廣義而言，有情凡夫八識亦有眞相；謂一切凡夫之八識亦有不與諸煩惱相應之八識自身體性。如諸外道修得四禪八定後，於四威儀中不捨八識之現行，而不起諸三界煩惱，已伏而不現故。此八識雖未斷根本，然其諸行類同初地以上菩薩見道者之性障永伏不現；亦似三乘無學之八識心王在人間運作，唯彼外道無慧爾。

「大慧！略說有三種識，廣說有八相。何等為三？謂眞識、現識及分別事識。大慧！譬如明鏡持諸色像，現識處現，亦復如是。」

疏：《「大慧！略說有三種識，廣說則有八種不同識相。如何是三種識呢？也就是眞識、現識及分別諸事之識。大慧！譬如明鏡執持各種色塵影像，眞識依於現識之所在而顯現各種六塵相，也是一樣的。」》

大約而言，識有三個種類—轉相、業相、眞相識。廣說有八相—眼識、耳鼻舌身意識、末那識及阿賴耶識。然於此處復說三類—眞識、現識、分別事識。

眞識亦名眞相識、藏識、阿賴耶識、異熟識、心、菴摩勒識、阿陀那識、種子識、所知依、無垢識（眞如）。眞識譬如明鏡持諸色像，能依五根而持色像乃至法相，故能依於外五塵境而對現內相分之內五塵境，有情依於內相分之內五塵境受諸苦樂乃至修學佛法。阿賴耶識以能如實對現外相分於心內，故說猶如明鏡持諸色像而離分別，故名眞識。藏識即是阿賴耶識之意，謂此眞識具有能藏所藏之體性，不論善惡業種，悉皆執藏於內，遇緣即現，故名執藏（阿賴耶）識。異熟識謂所藏業種變異而熟，受於諸種果報，故名異熟識；前已述之，此不重舉。心者謂爲一切有情依種種諸法熏習種子積集而成，故名爲心。菴摩勒識謂異熟識，識中之三界生死有漏法種已斷盡故，名爲清淨之識，故名菴摩勒。阿陀那識謂執持識，能執持色身諸根及諸種子，令不毀壞，故名。種子識謂能遍執持世間出世間一切無漏法種及無漏有爲、有漏有爲法種，故名。所知依識謂此眞識，爲一切有情所知一切法之依止識，故名所知依。無垢識即是佛地之眞如也，斷盡煩惱障及所知障後，此一眞識成爲最清淨之一切無漏法所依止故，名爲無垢識眞如；此名唯在究竟佛地方得名之，未至佛地而說眞如者，悉屬方便說第八識，譬如禪宗所謂明心—覓得眞如等是。

現識者謂末那識也。此識時時作主、分秒剎那恒審思量，永不中斷，乃至眠熟時、悶絕及正死位中亦剎那剎那作主而不中止；初悟之人尚不能知此，何況錯悟未悟凡夫？唯有眞見道後親隨善知識修學一切種智者方能証驗此識之恒審思量、剎那剎那不斷作主之體性，故又名爲我執識。

眞識阿賴耶猶如明鏡持諸色像而離分別，能依外五塵境如實對現內五塵境相分而離分別，以離分別故不作主；譬如夢中，若離分別亦不作主，則不能令自心改現外五塵相，無作意故；其作意唯對七識，不對六塵故。若眞識能改現外相分五塵境者，必須別有能作主之識促其現境，此則末那識之功也，故又名爲現識。

譬如有情五根毀壞死已，阿賴耶捨離五勝義根（大腦）時則無覺知，不觸五塵，是眞識既不作主亦不分別，云何能令所藏中陰身種子現行而生中陰身？此亦末那識之功也；若無末那，一切有情於三界中悉將猶如植物人—能覺能知痛癢而不能有所作爲（此狀況與植物人同中有異，姑置不論）。是故一切有情之作爲，悉須末那之作意及思心所等方能有用；此說相分之現行及諸種子（含見分六識）之現行，端賴末那方能起用，故名末那為現識。

分別事識者，謂前六識緣於六塵而細分別。末那雖有分別性，而其慧微劣，於六塵相不善分別，故於眠熟位唯能分別五塵相分之有無異狀而已；若非五塵境有大變動（如微聲不斷中，突然有大響振動），末那即不起作意及思，不令前六識種子現行分別，則不起覺知而續熟眠。若有大變動，即須現起見分六識而細分別觀察，故前六識名為分別事識，能緣六塵境而細分別故。

「大慧！現識及分別事識，此二壞不壞，相輾轉因。」

疏：《「大慧！現識末那及分別事識前六識，這二類識有斷壞與不斷壞之差別相。這二類識之運作，是互相輾轉依靠才能各依自身之體性而運作。」》

現識及分別事識，這二種識有壞、有不壞者。分別事識—眼耳鼻舌身意識—於五位中必斷（眠熟位、悶絕位、正死位、無想定及無想天中、滅盡定中），於五根壞時必壞（如正死位及受生時中陰身滅位），乃是依於此世之五根或中陰身之微細五根方得現起，是故有斷有壞。是故一切有情不能隨意憶知往世行因，唯除修得宿命通者。

末那則從以往無量劫以來悉不斷壞而至今世，恒時審度情勢而不斷作主，故能令諸有情生死不斷，亦因此故能令佛子修學佛道直至成佛；以不斷壞故，能令藏識出生中陰身；以分別慧極微劣，若不依前六識則不能於六塵如實分別，故名有覆無記性心，故能令諸有情於死後或受善報或受惡報，因果不爽。此謂現識末那乃永不斷滅心，唯除無餘涅槃位。

此兩種識互相輾轉爲因者：謂末那之慧微劣，於六塵境之分別慧極爲微劣，須依前六識之細分別，方能於三界中而作主宰。前六識雖能細分別六塵諸法相，而須依末那及依五根而起（唯除無色界，不對色塵等故），若五根俱壞，眞識即不能令前六識現起，以無命根故，必須捨身故。若無末那之作意，前六識亦不能自行現起，無法不能無中自起故，必須依他方起故。以此故知現識與分別事識，乃互相輾轉爲因，是故昨日前六識因睡眠斷已，今日復能再起；起已，末那則能於六塵中依前六識而作主宰。

「大慧！不思議熏及不思議變是現識因。大慧！取種種塵及無始妄想熏，是分別事識因。」

疏：《「大慧！不可思議之熏習及不可思議之改變，是意根末那起諸不同現行之因。大慧！攝取種種六塵及無始刧來之虛妄想熏習，是今日分別事識（前六識）現行之因。」》

不思議熏者，謂有情之染汙末那，經由見道之見地爲因，及悟後歷緣對境之修道爲緣，轉化身口意三行，令諸染汙末那四煩惱種轉化爲清淨無漏法種，使我見我慢我愛我痴俱生煩惱逐漸消除，此種熏習過程名爲不思議熏。

譬如我慢種子現行，則使有情於他起慢，若能以見道之無漏功德返觀自己之我慢，則依於如理作意思惟所得之無我見，能除我慢而逐漸消除此諸我慢種子。此種歷緣對境之觀修，仍須依賴分別事識之觀察修正，降伏我慢之習慣，令身口意三行修正，則能使末那之我慢習氣種子漸因此種熏習而逐漸轉變，乃至斷盡，名爲不思議熏。於我慢習氣漸生轉變，即名爲不思議變。

錯悟之人及無聞少福之人亦復如是，以錯悟故不斷我見，增長我慢，令末那識永不離慢；觀行用功不唯無益，抑且更增我慢，名為不思議熏，以不如理作意故。無聞少福之人更加如是，以權威名聲之崇拜故，依彼大名聲之錯悟者語，於眞善知識之開示及諸著作等，皆悉不屑於一聞一讀，更不肯嘗試以諸經典比對思惟；以依大名聲者故，於諸方不作宣傳求名之善知識起於我慢；如此多人互相熏習，益增我慢，名為無福少聞之人我慢不思議熏及不思議變。

此不思議熏及不思議變是現識之因，以其轉變及其熏習皆非如分別事識之熏習轉變明顯，乃至有時因於見道或不如理作意之邪見，致此不思議熏及不思議變，亦於夢中及眠熟無夢之際亦能熏習轉變，故名不思議。由於此種不思議熏習及轉變，致使有情衆生之具慢與無慢者間差異極大，故云不思議熏及不思議變是現識之因，能令現識轉變故。

「取種種塵」：謂分別事識攀緣執取六塵萬法。眼識依眼根而取色塵粗相，耳識依耳根而取聲塵粗相，……乃至意識藉意根及前五識而取五塵細相以及法塵而生分別。

妄想熏習者，謂有情見有色相乃至法相，遂起色相想乃至法相想；因於相想而起名言施設，藉以表義。以有表義名言故，遂於心中横生妄想；如見杯中有水，而生杯中無水之妄想，非有實事，故名爲妄。如見牛有角，而生馬無角想；以馬無角之法純是虛妄想像，非有馬無角之法，故名妄想。

一切有情之妄想熏習，皆從無始劫來即未曾斷，是故內心妄想不斷；外取六塵萬法，則益增此內心妄想；而此妄想熏習及取種種塵，即是分別事識—六識—之因。能生分別事識之種子，益加增長廣大，令靈知心之妄想種子及顯境名言種子更爲增廣，習氣更爲深重，是故，取種種塵及無始妄想熏習即是前六識之異熟生因。

此段經文乃是敘述眞識之生滅門，此經乃是演述眞如之緣起門。

自古至今，一向皆有假名善知識誹謗眞善知識所說法；眞善知識有時說眞識生滅門，有時說眞如緣起門，假善知識悟錯了，不解佛意，便道：「証悟即是悟得眞如。眞如非有生滅，非緣起故有。」便指責馬鳴菩薩的《大乘起信論》錯誤，並爲文誹謗，造下謗了義法之地獄業；正是聚九州之鐵，鑄成天下大錯，猶自洋洋得意，錯認自己因此而有護法廣大功德，殊不知捨報時之地獄義，自生錯亂。

愚痴無聞佛子初聞其說，必表認同，何以故？只為經中曾說「眞如本來不生，眞如不受熏染，眞如無有變易」，但錯悟者及愚痴無聞佛子往往錯解經義，自生錯亂。

眞悟者於証悟後，有日忽與上煩惱相應，便起心探究：「佛悟眞如，我亦悟得眞如；二者體性殊無稍異，云何我仍非是究竟佛？云何有人証悟成佛？有人証悟成初地？有人証悟成七住賢人？其中是何緣故導致此種差異？」覓諸大師請示，無人能解此疑，只得自己深入經藏探究。乃廣閱經典及《瑜伽師地論、成唯識論》等，數年之後貫通大乘唯識經論，便知佛子初悟覓得之眞如，乃是因地眞如—阿賴耶識。此識與眞如非一非異；非一者謂眞如乃是已經斷盡煩惱障及所知障法種，阿賴耶識中之二種粗重障煩惱尚未斷盡；非異者，謂阿賴耶識體即是眞如之體，二障煩惱種子斷盡即成果地眞如，不可離於阿賴耶識而覓眞如，否則即成心外求法，即成外道。

禪宗參禪之法，是幫助佛子証悟阿賴耶識之最好、最直接之方法。覓著阿賴耶識者，即名破初參明心，方便說為証得眞如；然實唯是見道甫入七住不退，悟後起修尚有極漫長之修道過程必須經歷。

藏密所推崇之月稱、寂天、宗喀巴等祖師，一向否定阿賴耶識，不承認有第八識，唯承認有六識。故每指斥唯識經論為方便說，為不了義說；然實唯識諸經諸論方是了義並且究竟之法。中觀應成派諸師不曉不知阿賴耶識與果地眞如非一非異之理，以不能証得故，便否定有此識，謂般若中觀方是究竟了義。然實般若中觀雖是了義而非究竟，所說唯至般若智之總相及別相爾，未及一切種智；唯識諸經諸論所說之般若智則是一切種智之學，不唯了義，而且究竟。雖然般若中觀是了義而非究竟之法，然月稱、寂天、宗喀巴等人尚且不能証得，何以故？謂般若中觀所說乃是阿賴耶識之空性故，宗喀巴等人則否定阿賴耶識故。

余於一般佛子，一向不贊成研讀唯識諸經論，此是一切種智之法故，極甚深、極難入故。但於已經証悟之人，余則一反常態，鼓勵研讀唯識經論；已悟之人方能如實証解唯識經論故；能因之發起道種智而入初地，並了知十地故；

非如未悟錯悟之人唯能想像，不能驗証故。若能証悟而又貫通唯識經論加以驗証者，必能貫通二乘法，於二乘無學所不知之二乘法亦能知之—二乘無學不知二乘法中之密意故；如是之人若聞《大乘起信論》之眞如生滅門及眞如緣起門之說，則必引爲知音，擊掌稱善。

眞如生滅門者，謂眞如之體—阿賴耶識—從無始劫來不壞不滅是故不生，恒常無覆無記，執持有情無量劫來之生死業種，爲吾人所知一切萬法之所依，亦爲吾人靈知心之所依；然於永無生滅之本體之內，蘊含有情一切熏習造作之善惡染淨及無記法種，此諸種子無量無邊，不斷流注生滅，直至佛地方滅流注，故謂眞如生滅門。

若阿賴耶識中種子無有生滅流注者，則一切有情應當如一神教所說：「上帝永爲上帝，奴僕永爲奴僕，畜生永爲畜生，地獄有情永爲地獄有情。」以無種子生滅流注，則不能熏習改變故；若不能熏習改變，則原有之有漏法種不能淨除，則永不能成佛；是故，於不生滅之本體識中，必須有諸種子生滅流注，方得因於熏習修道淨除有漏法種而成就佛道。以此道理，謂眞如生滅門乃是正說，《大乘起信論》眞是正論。

眞如緣起門者，謂有情於因地所悟眞如乃是阿賴耶識；此識無始以來熏習無量有漏法種，成爲受生六道之勢力，名爲業力。今旣証知此識，深入了知此識之本來自性寂靜清淨涅槃，則知自己乃是虛妄，便依大乘眞見道智慧，入相見道位，發起後得無分別智，漸入初地而了知十地；漸次修進，方得斷盡二障、成究竟佛；阿賴耶識以此見道修道功德，轉易其中法種，斷分段生死及變易生死，方成無有法種變易之佛地眞如；凡此皆須歷緣對境，依緣而修，故名眞如緣起門，純就眞如所蘊法種而說故。

若就眞如本體及其所含法種整體而言，則是「非緣起，非非緣起」，體恒常住，永無生滅故；法種可有變易故。不生不滅諸理，前已說之，勿煩重舉。

若人証知阿賴耶識，則能如實了知「不思議熏及不思議變是現識因」，亦能了知「取種種塵及無始妄想熏是分別事識因」，則知悟後起修之理，能入修道位，於內門修菩薩十度；若不爾者，唯能外門修菩薩六度。

「大慧！若覆彼眞識種種不實諸虛妄滅，則一切根識滅，是名相滅。」

疏：《「大慧！如果遮障眞識的種種不眞實虛妄法滅盡，則一切根與識之執著就會全部滅盡，這境界稱爲相滅。」》

阿羅漢辟支佛梵行已立，所作已辦，不受後有，解脫，解脫知見知如眞，故已實証根識滅之境界。然此境界非是眞正相滅，尚有自心之種子流注生滅及現識分別事識之習氣種子流注生滅—隨眠，故非眞實相滅，《勝鬘經》中因此說阿羅漢無漏不盡。

阿羅漢已斷分段生死，故說梵行已立乃至解脫知見知如眞，說名已証無漏。然依佛地而言，阿羅漢之阿賴耶（此時改名異熟識）中仍有習氣種子及無始無明上煩惱種子未曾斷盡，尚須迴小向大，變易此諸法種，直至圓滿究竟，無有可再變易者，方名流注相滅，方名眞實無漏，方得名爲相滅。

是故非唯二乘斷盡覆障七轉識之種種虛妄滅，得名一切根識滅及相滅；尚須依大乘法見道，將覆障眞識之種種不實虛妄斷滅淨盡，方可名爲一切根識滅及相滅；一切根識種子流注及習氣悉已滅盡故。

「大慧！相續滅者，相續所因滅則相續滅；所從滅及所緣滅，則相續滅。」

疏：《「大慧！所謂相續滅，是說諸識相續流注之原因—無明—消滅，則諸識流注便隨之消滅；所從之習氣種子滅，及萬法執爲實有之所緣滅，則諸識流注便滅。」》

相續者謂世代綿延，生死不斷；此世死已，復生來世五陰，世世五陰相連延續，此謂分段生死—依五陰之生死而分段。斷盡一念無明四種住地煩惱—二乘斷盡五下及五上分結—則斷盡我執，後有永盡而不再受生，則往昔無量世來之生死相續滅，是名分段生死之相續滅盡。

然我執存在之時，法執同時並存；並非我執滅後才現起法執。法執若未斷滅，則必定有八識心王之種子流注不斷，則尚有一種相續未滅—變易生死之相續不斷未滅。

一切佛子（包括二乘無學迴心大乘者在內）皆於六住位修習般若波羅蜜，並於覓得空性如來藏而能忍彼如來藏之無生，進入七住位不退之後，方能依此根本無分別智而漸入內門修習般若波羅蜜，發起後得無分別智，進住初地通達位，確証見分及一切相分皆唯自己空性心如來藏所現，確証見相二分猶如鏡像，方能漸斷法執；未証「猶如鏡像」境界者，皆尚不能分斷法執，但能與無始無明上煩惱相應爾。法執斷盡，則八識心王之識種流注相續現象隨之停止，即名成佛；唯佛斷盡法執故，十方諸佛之眞如之內唯帶舊種、不受新熏法種故，所知障已究竟斷盡故。至此方得名爲種子相續流注滅。

欲使二種相續滅盡，則須斷盡二種障、二種煩惱隨眠。其一爲煩惱障，即前所說三乘見道所斷煩惱—三縛結或見一處住地；以及修道所斷煩惱—五下五上分結或欲界愛、色界愛、有愛住地煩惱；煩惱障斷盡則成三乘無學，永離分段生死相續。其二爲所知障，即大乘菩薩不共二乘所應破及斷盡者，亦名塵沙惑；即是《勝鬘經》所說無始無明住地過恒沙數上煩惱也，此諸塵沙惑斷盡，則眞如所蘊之無漏有爲及無漏無爲法種悉已圓滿，不受新熏，是故種子流注變易永斷，永無變易，則相續滅盡。

欲滅相續，當先了知相續所因。相續所因即是諸有情於無量生以來，因於取種種塵及妄想熏習，形成無量習氣種子，潛藏隨眠於各有情之眞識內，遇緣則現，緣缺則隨眠於眞識內不現；因於前六識取種種塵及妄想熏習，導致末那於中起遍計度，故於三界萬法之中，以阿賴耶及前六識爲我我所，數數熏習，而有情不覺不知此心之熏習；乃至佛子普遍墮於此心之遍計執中，而自謂証悟，自謂能離此識之遍計執，不知不覺四威儀中之不思議熏。

若人欲如實知見此七識之種種熏習，當隨善知識求覓眞識及末那識；証此二識已，方能於四威儀中如實照見，方能了知轉易染汙識種及轉易所知障隨眠之理，則能眞實入修道位，漸漸滅除相續所因。

所從即是習氣種子；凡夫傍生悉依習氣種子之現行，而造諸業；新學菩薩初悟，仍不能轉變多劫以來之我見習氣種子，認取見聞覺知之心爲不生滅之我；於此心之外別有空性如來藏心離見聞覺知而恒自常在之事實不能安忍，雖因善知識緣而悟入，不久必因認同見聞覺知心之我見種子現行而執取覺知心爲眞心，不能認同善知識所指示之空性心，反謗善知識所悟爲非。此謂往昔無量世之我見邪見妄想熏習，致令我見邪見法種增長，根深柢固，難以轉易——所從不滅。必須於此後多世不謗了義正法，並繼續熏習正知正見，轉易我見邪見諸習氣種子，俟般若慧資糧具足時，方能於悟入之後心不生疑，於彼空性如來藏心生起定信，能於七住忍於空性如來藏心之本來無生，而不退轉於我見之中；此則可名爲我見所從已滅，必入定位，永不退轉。

所緣者謂：二乘無學不知萬法皆自心生，執有諸法於心外實有；不知三界萬法皆唯自心如來藏輾轉變現，一切有情無量劫來各世皆有之覺知心，從來不曾接觸外法，凡所知法皆是自心如來藏所變；凡夫以不知此理故，無始劫來妄想熏習，生死流轉；阿羅漢於此不知不解故，執諸六塵萬法於心外實有，是故所緣不滅；以所緣不滅故，畏懼墮於外法之中輪轉生死，故取無餘涅槃。菩薩隨於眞善知識修學唯識一切種智，依善知識教，親自証驗「三界唯心，萬法唯識」之理，則外法之執漸滅，了知皆唯自心所現而不取不捨萬法，故所緣漸滅，地地轉進，直至佛地滅盡法執。此所緣滅盡無餘，則異熟識之自心流注即滅，則相續滅，成就究竟佛道。

「大慧！所以者何？是其所依故。依者謂無始妄想熏。緣者謂自心見等識境妄想。」

疏：《「大慧！爲什麼這樣說呢？因爲所因、所從、所緣乃是諸識流注之所依的緣故。所依是說：無始來之虛妄想熏習，使得所因所從所緣不滅。所緣是說：對於自心所現之能取所取不明白，執著六識及六塵境，起虛妄想——以爲自心阿賴耶識之外實有六塵諸法及能取心。」》

所從及所緣即是相續所因之根本；所從及所緣乃是相續所因之所依也。若人欲成就究竟佛道，當於所從及所緣加功用行，方能速入無功用行、任運生慧之境地。

依者謂諸有情依於無始世來之妄想熏習，而產生無量無數、永無窮盡之妄想。妄想有二：語言音聲於自心中連續不斷，是第一妄想——或思惟自身將能獲得財富名聲權位，或思惟自身將能修得定境乃至開悟、入地、成佛等，皆名妄想。第二妄想者謂影像現——白日夢或夜晚作夢；傍生妄想者多數屬此，有時兼有少量表義名言——叫聲。密宗之空行母觀想——大樂空樂之引生，亦名妄想；非因此能成究竟佛故，必墮欲界故，非因此能生「空行淨土」故，唯是妄想故，無有「空行淨土」故，影像現故；能觀之心是妄心故，此心於死後隨五根壞即滅故；所觀之像是眞如所現，然非眞如故；所觀之空行母像唯是自心所現故，非有眞實空行母故。行者若依之而修，像不除滅，則永悖無餘涅槃；無餘涅槃尚不可得，何況法界實相？實相尚不可得，何況成佛？而奢言即身成佛，是名愚夫所行禪。其理於後經文自當廣說，勿煩先舉。

此諸無始妄想熏習，即是相續因之所依，行者若不能離諸妄想熏習，而言能出生死輪迴者，無有是處。

「緣者謂自心見等識境妄想」：相續因之所依是無始妄想熏習，然則妄想熏習必有所緣，所緣有二：見分與相分。因於見分及相分，則有能覺知之識，識取六塵境界而生妄想，是名所緣。

見分有三：見分、自証分、証自証分。見分總名七轉識，細分爲：見分—前六識，自証分—末那識，証自証分—第六識。以有見分，是故有情能覺知六塵，受諸苦樂，厭苦欣樂而造諸業；以有自証分，故諸有情住於六塵境中親受苦樂；以有証自証分，故意識能檢查覺知自己是否住於六塵中？是否正受苦樂？三分合為見分，即是有情衆生之見聞覺知心也。此為相續因之第一所緣，若有佛子不滅此所緣而言能証無餘涅槃出生死者，名為痴人；空明覺知之心、一念不生之寂照心、不作主之寂照心及能作主之寂照心等皆是相續因之第一所緣。

相分有二：一者內，二者外。外相分者謂器世間所現五塵：色聲香味觸。內相分者謂如來藏由五根觸外境五塵，即於心中如其所觸如實顯現內五塵，因於內五塵及末那相觸，遂有法塵及意識現前，因於意識現前遂有前五識或一乃至或五俱起，是名內相分。

若人五扶塵根及五勝義根（大腦）缺損，則如來藏所現內相分隨即扭曲，不能顯現外五塵之眞實境，而顯現五根缺損所映現之扭曲境。如人因迷幻藥而扭曲五根作用，則五塵於五根中被扭曲，如來藏接受被扭曲後之五根所傳影像，亦不分別美醜善惡，如實顯現其所獲得之外相分，而於心中顯現已被扭曲之內相分，與外相分完全相同。有情以有外內相分及見分故受苦樂。

我會中有一二同修，不信余說有內相分，聞之驚懼，不能信受而離去；此名「新學菩薩聞所未聞法，心生驚懼，謂非佛說。」佛已早曾預記末法新學菩薩有此心行。

內相分者眞實有之；不唯有之，亦是有情一向所觸者；此謂一切有情之覺知心，無始以來未曾接觸外相分，唯觸自身如來藏所生之內相分爾，凡夫及愚痴二乘不知此理，故執外相分於內心實有，不知覺知心所觸皆唯內相分。新學菩薩以不能如實証驗內相分故，雖然因善知識得悟，唯得總相智—根本無分別智，不得別相智—後得無分別智及道種智，故不信受佛說「能見所見皆唯自心所現」之理，以爲所見是外相分，非自心所現，便疑大乘唯識經論非佛說，不肯信受。此內相分之眞實正理，於後自當詳述，今不先舉。

此段佛語，意謂相續因之所緣乃是識境之妄想，即是能知心與所知境之妄想，而又指陳此二皆是自心—如來藏—所現。若人能如實証知此理，轉滅所依及所緣—滅除妄想熏習及妄想所緣境與能緣心—則生死流轉隨滅，相續因已滅故。

「大慧！譬如泥團微塵，非異非不異；金莊嚴具，亦復如是。大慧！若泥團微塵異者，非彼所成；而實彼成，是故不異；若不異者，則泥團微塵應無分別。如是！大慧！轉識藏識眞相若異者，藏識非因；若不異者，轉識滅，藏識亦應滅，而自眞相實不滅。」

疏：此起開示如來藏識與七轉識非一非異之中道正理。乃舉泥團與微塵等非一非異之理譬喻之：《「大慧！譬如泥團與微塵非異非一；黃金與金製之各種莊嚴具也是一樣非異非一。大慧！如果泥團與微塵不同，則泥團應非微塵所成；然而實際上卻是微塵所成，所以是不異；但若因此而說泥團與微塵沒有不同的話，則泥團與微塵應無分別，然泥團卻又有異微塵。同樣的道理，大慧！七轉識與藏識眞相若是不同，則藏識（眞相識）就應該不是七轉識之能生因；若藏識即是七轉識，則轉識滅時，藏識也應該同時消滅；然而自心眞相識於轉識滅時，祂實際上卻不滅。」》

泥團曬乾後，若以硬物壓之，則碎爲微塵粉末；土粉微塵若加適量之水予以揉捏，又復凝成泥團。此謂泥團係由微塵凝聚而成，若謂泥團與微塵是異，則泥團不應由微塵凝成，故云二者非異；然二者雖然非異，卻不可便云是一，微塵與泥團之相用不同故，故云二者非一。

黃金及由黃金製成之莊嚴具亦復如是非一非異；一切黃金製成之莊嚴具，如項鍊手環等，不可謂與黃金是異，悉由黃金製成故，本質是黃金故，故云非異；然不可因項鍊手環是黃金所成，便云二者是一，製成莊嚴具後與黃金金塊有別故。是故黃金與金莊嚴具非一非異。

佛又開示云：「如果泥團與土粉不同的話，應該泥團不是由土粉所凝結成；而事實上卻是由土粉凝成，所以是沒有差異的。可是若因此就說泥團與土粉沒有差異的話，那麼泥團與土粉的相用就應該沒有差別。就像是這個道理一樣！大慧啊！前七轉識與如來藏識這個眞相識若是不同的話，那七轉識就不應該以如來藏識爲因、而由藏識所生。如果如來藏識與七轉識是同一心，是沒有差異的話，那麼七轉識斷滅之時，如來藏識也應該同時斷滅；而實際上有情衆生之眞相識—如來藏識—並未因七轉識之斷滅而消失。」

以上佛意即是末學多年來所說正理：「眞心能生妄心，妄心雖有斷滅，而眞心永無斷滅；眞心與妄心非一非異，對未悟者，應令彼遠離七轉識之執著性，並令彼了知妄心之依他起性及非常恒性，令彼以妄心爲工具而覓另一能生妄心之眞心；而非將妄心修除妄想轉成眞心。」如今佛說如來藏識阿賴耶與七轉識非一非異之理，即已証明阿賴耶識實有非虛，具有能生萬法而復恒時安住本來自性清淨涅槃之中，是二心並存；非如諸方顯密大師之欲將妄心修成眞心，不信余說「見聞覺知及作主心之外，別有離見聞覺知而永不作主之自性清淨心」，於余所說正法批評爲不如法，違逆佛意；余誠不知彼等所謂之「正知正見」究竟安在？

世尊於第三轉法輪所說唯識諸經中，悉皆說有八識心王；前七識即是能見聞覺知及處處作主之妄心，第八識即是離見聞覺知而從來都不曾作主之如來藏阿賴耶識，即是第二轉法輪般若經所說之空性心也。然二轉法輪般若經所說空性心，唯於總相別相說之，未述及一切種智；後於第三轉法輪時，方詳述空性阿賴耶心之微細體性。此部《楞伽經》即是第三轉法輪所說之唯識最究竟法也。

阿賴耶識之証悟，即是禪宗破初參時所明証之眞如也，是故初祖菩提達摩大師以此《楞伽經》四卷本付與二祖慧可大師，以之作爲印証。而中國禪宗自古以來常有祖師証悟阿賴耶識，悟後能以三轉法輪最究竟了義之唯識經論印証，亦能以二轉法輪之了義般若經印証，更能了知《四阿含經》中佛說二乘法之密意，非二乘無學所能揣測，云何現今未証二乘聖果之法師居士而敢否定之？

藏密中觀應成派諸師效法宗喀巴否定阿賴耶識，云：「自宗不許有阿賴耶識。」宗喀巴讀諸唯識如來藏系經論而不能解義，常有誤解；乃至有將菩薩所問之問句說爲佛之開示者，譬如彼引《楞伽經》文云：《大慧問曰：「佛於經中說如來藏，謂彼自性光明，本來清淨，具足三十二相，一切有情身中皆有。如摩尼寶被垢衣纏裹，如是此亦被蘊處界衣之所纏裹而有垢染，然是常恒堅固者。此如來藏與諸外道所說神我有何差別？」》宗喀巴將最末一句判爲佛說，便云：《如來解釋：謂如是說者非如實言，故與外道之神我不同。……此義是說：如言執著，則與執著外道神我相同，……。》（詳見世界佛學院漢藏教理

院，民國三十一年（壬午）於成都印行之宗喀巴著《入中論善顯密意疏》卷十、頁六之第二面）

又彼卷十、頁七之第一面中，續解月稱邪師之《入中論》偈「此教亦顯不了義」時解云：《……顯說阿賴耶是不了義者：謂明常恒堅固如來藏之教是不了義之教。由說有如來藏是不了義，如何成立說阿賴耶亦是不了義耶？如厚嚴經云：「地等阿賴耶，亦善如來藏；佛於如來藏，說名阿賴耶；劣慧者不知，藏名阿賴耶。」楞伽經亦云：「說如來藏名阿賴耶識，具前七識。」多說彼二是異名也。由說彼二：一是常住，一是無常；故非說彼二如言義同。然依何義說如來藏？即依彼意說阿賴耶；觀待密意所依，唯是異名，故義是一。由說前者是不了義，故亦能成立後者是不了義。釋論云：「由隨一切法性轉故，當知唯說空性名阿賴耶識。」若將此文與說常恒堅固如來藏是不了義之經文善爲配觀，則能知彼教，可顯阿賴耶識亦非了義也。》

然觀宗喀巴所舉諸經諸論句偈，皆言如來藏阿賴耶識即是常恒堅固不壞之空性心，非彼誤解否定之意也。又《楞伽經》中佛固說云藏識與七轉識俱，亦說七轉識非常住不壞之心，然說阿賴耶藏識恒常不壞，宗喀巴云何可因七轉識之無常性而認定恒與七轉識俱之阿賴耶識亦非常住？又彼宗喀巴既引經文所云阿賴耶常住，又自說云：「然說彼二：一是常住，一是無常。」則知阿賴耶識是常住心，云何復說常住之心爲不了義？綜觀宗喀巴諸種著作，處處違教背理，自相矛盾，其過遠大於中觀自續派之錯悟大妄語；何以故？紅教乃至白教等師雖有多人犯大妄語業，要皆未曾否定三乘根本之如來藏阿賴耶識；而黃教宗徒奉彼宗喀巴爲至尊，於其邪見完全信受，悉依月稱邪師、寂天邪師之意，共同否定眞正之中觀－如來藏阿賴耶識。

即今顯教中亦有許多法師服膺月稱及宗喀巴等人之應成派中觀思想，流毒所及，將令佛子不能証得如來藏，並將極力否定如來藏；則眞正之中觀般若，及中觀般若之最究極了義法－唯識一切種智－恐將滅絕於此等諸人手中，佛法隨即淺化，同於哲學；如此等人，若非佛說「末法之中有諸惡魔穿如來衣，住如來家，食如來食，說如來法而破如來法」者，復有何人是破如來法者？

今此一段經文中說藏識與七轉識非一非異之理，謂七轉識妄心由藏識眞心所生，依於藏識方能現行運轉，其實亦是藏識功能性之一部份，然非即是藏識，名為非一非異之中道，由此証成：有藏識能生七轉識，七轉識可証驗故，應藏識實有，非假名言說。悟証藏識者，以了知其常住性及本來自性清淨涅槃體性，故離三界愛，能成無學。如黃金能生鐶釧，然鐶釧遇緣即滅（如火燒及擠壓），而黃金體性不滅，不可如宗喀巴主張「鐶釧為生滅者，則黃金亦成生滅者」；藏識能生七轉識，若遇緣缺（如捨報入無餘涅槃）則七轉識滅，然藏識終不壞滅，猶如金性不滅，藏識空性實有不壞，道理極成。

「是故大慧！非自眞相識滅，但業相滅。若自眞相識滅者，藏識則滅。大慧！藏識滅者，不異外道斷見論議。」

疏：《「由這個緣故，大慧！解脫入涅槃，並非滅除第八眞相識，只是將業相滅除而已。如果解脫是將自己之眞相識滅除，則藏識便消滅了。大慧！若藏識消滅者，佛法即與外道斷滅見之議論沒有不同了。」》

佛於開示藏識與七轉識（眞心與妄心）非一非異之中道正理後，隨即作一結論：「相續滅而証解脫果者，並非滅除眞相識阿賴耶，而只是業相滅除。」業相滅除即是所依滅及所緣滅，即是滅除七轉識相應之無始妄想熏習種子，及滅除空明覺知心錯認自己及外境爲眞之邪見，並非滅除阿賴耶識。

佛又解釋云：「如果解脫是將眞相識滅除的話，那麼如來藏阿賴耶識也就成爲斷滅了。大慧！如果有人認爲如來藏識是可以滅除的話，如此想法及觀念，就和外道斷見論的說法相同了，那就不是佛法了。」

讀者若欲對如來藏阿賴耶識深入瞭解，欲了知阿賴耶識漸次轉變而成佛地眞如之理，請索閱拙著贈閱書籍《正法眼藏—護法集》，此處不復重述。

「大慧！彼諸外道作如是論：謂『攝受境界滅，識流注亦滅。』若識流注滅者，無始流注應斷。」

疏：佛又開示：「大慧！那些外道們提出這樣的論議：『攝受境界消滅—六識不攝取六塵境界—識的種子流注也就會隨之消滅。』如果心不攝受境界就能使識的種子流注消滅的話，那麼無始劫以來的識種流注也應該斷滅了。」

攝受境界滅者有二種：一者睡眠、正死位、悶絕；二者入無心定—無想定、滅盡定。

若攝受境界滅除，即能使識之流注滅除，則修行將很容易，則一切人間有情皆是大修行者；何以故？睡眠即是修行故，一切人皆每日睡眠而不間斷故。然非如是能令流注滅除，所以者何？現見一切人間有情每日睡眠，而不能令其識種流注斷滅絲毫。若彼外道論議爲正理者，則一切行人只須學蛇類及熊冬眠，美其名爲「閉眠關」，人人皆成大修行者；而現見一切人及諸冬眠有情愚痴我見如故，何況能滅識種流注？是故外道此說非理。睡眠位如是不能斷除識種流注，正死位及悶絕位亦復如是，悉皆不應正理。

二者入無心定中亦不攝受境界，而識種流注仍未滅除。二無心定者謂滅盡定及無想定，餘定悉有境界攝受；譬如二禪之等引位—無覺有觀三昧，仍有五塵境之被動攝受；譬如二禪以上之等持位—無覺無觀三昧—仍有意識所起之觀行、作意及思，而令神通及四無量心、觀禪練禪熏禪修禪等境界出現。皆令識種流注不斷。亦如二禪以上之等至位—無覺無觀三昧—仍有意識之「心一境性」而對定境幽閑法塵以自安住，是故仍有識種流注。唯離欲界五塵覺觀爾，皆是有心定，有意識覺知心存續不斷故。

無想定者謂修得四禪之未見道佛子，不捨色界四禪天身，而錯認滅卻意識覺知之心我，便能永住涅槃；此即斷除覺知之我而不斷色界身我，不証涅槃；以色身尚存故，能令七八二識之識種續於身中流注現行，是故十天半月一年二年之後又復出定攝受境界；彼住此定之時段，於自於他皆無利益，唯得無智新學佛子盲目崇拜而已。此謬知見若不修正，捨報即生無想天，五百劫內不起知覺，恒處無記狀態之中，不能見道，不能修斷五根本煩惱，唯能暫伏；壽盡忽起一念，便又下墮，於解脫道及菩提道無有絲毫增益；以生彼天之人一切無所能爲，故名彼天爲客天－如人住於他家作客，一切無所能爲故。

復有無心定者，謂滅盡定也。俱解脫阿羅漢入滅盡定中，意識已滅，非如四禪八定之中尚有意識能了自心內境，乃至四禪八定境界亦不攝受，無受無想（了知定境之知即是想陰），云何能因前日之預設出定作意而於次日午前出定？此謂滅盡定中猶如眠熟位中，尚有末那－作主之心－未滅，亦有阿賴耶識之相分種子流注未滅，故能令末那於午前依於預設之作意而喚起意識種子現行，不再侷限於阿賴耶識內流注；意識既現行，則覺知心復起，便出於滅盡定外，轉入非想非非想定中，漸次出定。是故滅盡定中仍有識種流注，非可謂無。

滅盡定中既然尚有阿賴耶識之相分種及末那識種之流注，當知境界雖滅，識種之流注仍未滅也；何況四禪八定之中尚有「心一境性」之意識了知，云何可謂流注已滅？故知外道所說「攝受境界滅，識流注亦滅」不應正理。

復次，佛欲度諸極難迴心大乘之阿羅漢，故意於彼等入涅槃前，爲說大乘大菩提果之究竟了義，並爲說八地菩薩之勝妙異熟果；已知彼等聞已仍將入無餘涅槃而不迴心，佛仍爲說，欲令彼等於無餘涅槃中，因阿賴耶（改名異熟識）之自心種子流注而漸漸緣熟，必將於千萬億劫後出離無餘涅槃境界，又復受生於三界中行菩薩道乃至成佛。若不於入涅槃前爲說大乘勝妙之理令彼信解，則彼諸無學必將永住無餘涅槃，休息一切利生及成佛之業。以此故知無餘涅槃位中，雖不攝受一切境界，非無自心流注，外道論議不應正理。

復次，若無學聖人能取無餘涅槃，便謂已斷自心流注者，亦有大過；謂三乘無學若能修至八地（如二乘無學迴心別教六住破參明心而漸修至八地者），雖已滿証解脫果，尚有大菩提果—佛地四智圓明—未曾圓証，仍須隨於十方諸佛修學唯識一切種智；直至究竟成佛之前，其異熟識中之無漏法種尚有熏習變易；佛地方盡，不受新熏；三乘無學之異熟識既能受熏變易而漸成就大菩提果，當知無餘涅槃位必定仍有自心流注，否則即不能受熏乃至成佛；何況無想定及二禪以上定境之不受五塵境者能滅識種流注？故外道所說不應正理。

「大慧！外道說流注生因，非眼識色明集會而生，更有異因；大慧！彼因者說言：若勝妙、若士夫、若自在、若時、若微塵。」

疏：《「大慧！外道說識種流注產生之原因，不是由於眼、識、色塵、明暗等之衆緣集會而產生，而是另外有別的原因產生了識種的流注現象生起。他們所說的因是指：勝妙的大梵天天主、衆人身中之神我、大自在天主、時節因緣、四大極微塵之物質。」》

若是由身外之大梵天主或大自在天主，流注其識種於吾人身中而有識之流注者，則不應有吾人能處處作主之心—末那識，亦應一切人間無有爭執，皆由同一造物主流注而生故。

若由一切士夫身中之神我而流注者，可免勝妙生及自在天生之過失，然復有過：謂其所說神我能知能覺又能作主，若有如此之心能爲流注之根源者，則此心應屬貫通三世之心，應是能持身持種之心；然則純苦趣有情欲捨純苦身者云何不能成就？而復流注分別事識於其苦趣身繼續受諸衆苦逼迫？如地獄餓鬼身之欲捨而不能捨？是故士夫身中之神我，非是流注生因。

若是時節因緣爲流注生因者，不應前後有異，亦應一切有情之識種流注同時生、同時滅，遍處生、遍處滅；然現見有情或有八識俱現，或有七識乃至唯有三識二識俱現者，非八識悉皆俱現，三界各各不同；亦應一切有情同時睡、同時醒，同時貪、同時瞋；不應同一狀況下之有情有貪瞋醒睡……種種差別；皆由同一時節所分別流注而生故。

若是由微塵流注而生諸識，亦有大過；謂四大元素之極微塵乃是無情物，無情物不能流注識種，識種是有情故，能分別故。是故彼諸外道所說流注生因，皆非正理，藏識方是流注生因故。

「復次大慧！有七種性自性：所謂集性自性，性自性，相性自性，大種性自性，因性自性，緣性自性，成性自性。」

疏：集性自性者，即是苦諦眞如、邪行眞如也。謂阿賴耶識因於往世七轉識之妄想熏習及取種種塵爲因，而有能藏執藏生死業種之體性—集一切未來世有之苦種；以及凡夫因阿賴耶識所藏有漏熏習法種，而依習氣現行，復由七轉識造諸邪行，於受報同時復集來世後有種子，即是邪行眞如。凡此皆因不如理作意之邪見而生，致有此性；三乘無學位斷盡此性，故斷分段生死。

性自性者，謂一切眞如所有性，即是一切染淨法中之所有眞如體性—由凡夫地乃至究竟佛地之眞如體性。此謂眞如具有七轉識之分別體性，七轉識亦是眞如內涵之一故。眞如有流注性，能現七轉識故。眞如有異熟性，能持業種流轉三世六道故。眞如有涅槃性，於七轉識造諸惡業，與諸煩惱相應時，眞如仍離見聞覺知，不與煩惱相應故。眞如有中道性，於三世沈淪生滅中，其體不生不滅故。眞如有人無我、法無我體性……。一切萬法—世出世間法悉依眞如而有，具足萬法乃至成佛，皆是眞如之性自性。

相性自性者，即是相眞如也；此謂眞如於凡夫身中，隨處流轉，能生萬法，然於衆生五陰身中卻恒常顯示其人無我及法無我性。眞如於三界六道有情之中，示現出無量表相—無量身相與無量心相；大至金翅鳥之廣大身，小至地球上之細菌，身量變化萬端而普能依業攝持其身；又因無量業因差異，導致心行無量差別；而眞如於中悉能流注其識種及煩惱種，亦名相眞如，即是相性自性。然於其中亦分明顯現眞如之人無我及法無我體性，爲一切已証悟之人所能現觀，非由想像。

大種性自性者，謂地水火風四大元素在有情身中之自性。譬如地大—堅硬之物質—在吾人身中或爲骨骼，或爲肌肉，或爲毛髮，或爲皮膚，或爲指甲，或爲筋脈血管、神經纖維……等，同是地大所成，而其性有異，錯綜複雜。地大如是，水火風大亦復如是，變易萬端。

復次，四大之性皆非單唯四大，每一大種亦各與餘三大種互有含攝，皆非獨一大種而能運作。又復有情諸大種中皆含生物學家所說之基因，各各有情依其業力果報，分得各自不同之基因，導致異熟果之色身差別萬端；凡此皆屬大種之性自性。復次，四大種之極微—鄰虛塵—皆是圓形，云何諸圓形大種能聚爲團塊絲水暖等？云何能於身中凝聚爲髮毛齒爪筋脈血管等？此亦說明四大種與眞如之間有其密不可分之關係，謂能持與所持也，此亦大種自性。

因性自性者，謂眞如是一切行、一切業、一切果之因，一切種子之所依，亦是五蘊之因、十二處之因、十八界之因，亦是蘊處界無常苦空無我之因，亦是蘊處界十二因緣法之因，亦是三乘無學滿証解脫果之因，亦是十方三世諸佛成佛之因；若無眞如阿賴耶識，一切有情死已即成斷滅，無有能於死後往至來世續修佛法者；則亦應一切人學佛不能成佛，以一切人皆唯一生故，皆成新學故。以有眞如阿賴耶識連貫三世，是故緣起性空諸有爲法能因之而起，故有緣起性空之法相；若無眞如阿賴耶識爲因，則無緣起性空法相，以一切法既是緣起性空，則是無自性法，無自性法不應無因有緣而能自起故；若無阿賴耶識持身（受精卵），則必爛壞，尚不能成爲胎兒，何況能出生成長爲大人？則緣起性空之法即不復存在；以有阿賴耶持身，故不爛壞而能增長名色乃至成人出生長大，故有緣起性空之法；此理已於《四阿含經》廣說，佛子多有知之者，勿勞引據。

眞如是一切行、一切業、一切果……等無量門之因，此理廣說不盡，而未悟者聞之悉不能解；已悟者聞一即可反千，多舉則煩，是故多費筆墨說之無益，便不廣述。

緣性自性者，謂眞如能緣一切法而任運，於中不起分別六塵之心，不起三界見聞覺知。如人甫入胎，唯有末那爲名，受精卵爲色，而五根未具，如來藏於胎中因此不能顯現相分五塵，而能依於業力，逐漸緣於四大而增長名色，漸因五根粗具而使名之前六識及受想行蘊少分成就，乃至具足成就而出生，此皆眞如阿賴耶之緣性自性，不必依賴靈知覺明之心而自能成就。

復次，阿賴耶依五根爲緣，能恒常不斷顯現五塵相於心中，不論意識覺知是否因眠熟等而斷滅，此亦緣性自性也。再者一切有情妄想邪見，皆依山河大地外緣眞實有之妄想，及無明業愛內緣而生後有陰界入，此雖七轉識相應法，然七轉識由阿賴耶生故，亦謂此內外緣爲阿賴耶之緣性自性。

此外，依於蘊處界爲緣，能修諸佛法；依於善知識爲緣，能令修道行門不違如理作意。善知識有多種：諸佛菩薩、三藏十二部經、人間之肉身菩薩等皆是；依於諸緣，阿賴耶識能隨緣轉易所集法種，轉依而成異熟識；亦依轉易無始無明上煩惱法種爲大菩提智慧法種，而轉成無垢識眞如；於此過程中，異熟識空性心皆能任運隨緣而成就，亦名緣性自性。

成性自性者，謂圓成實性—阿賴耶識圓滿成就諸法之體性。由前六種性自性，再加上阿賴耶識之自體性，即是圓成實性。阿賴耶識本身是無爲體性，無始劫來不與煩惱相應，不起人我六塵分別，不生不滅，不來不去，不增不減，不斷不常；本性清淨而不作主，離於厭憎欣樂，無人無我無衆生無壽者，本來常住涅槃；卻因往昔七識造業種子而致輪轉於三界六道之中，然於輪轉生死之中，依舊不改其自性清淨涅槃之本性，此即是緣起性空法之因—以有阿賴耶識之本來不生滅體性，故令緣起性空之法不墮斷滅見中。以有阿賴耶識故，斷除所知障及煩惱障之上煩惱及起煩惱，即得成佛，故名成性自性。

「復次大慧！有七種第一義，所謂：心境界，慧境界，智境界，見境界，超二見境界，超子地境界，如來自到境界。」

疏：佛說七種第一義，世間出世間萬法，無有一法能出此七種第一義；依此七種第一義，成就世出世間無上妙法，成就空有不二之中道妙義，一切外道人天所不能破壞，唯除世間無有証悟此七種第一義之佛子住世，佛法方能漸爲彼諸人天及佛門外道所破壞。

於此應須先將往昔部份未悟學人所作判教之錯誤，予以辨正，令諸現在未來佛子回歸正見，庶免無上勝妙正法廣被扭曲；否則不免失傳而使佛法日漸淺化，乃至滅没。

佛門之中自古以來一向存在空有之爭，然而空有之爭乃是未悟錯悟者間之戲論，唯有言說，都無實義。若人証悟之後貫通三乘主旨，通達佛法修道次第者，絕無空有之爭可言，如實通達故。

有諸未悟學人錯會唯識宗義，謂唯識主修心有，名為有宗，謂三論宗（般若宗）依方等般若宗義，名為空宗；然此等判斷實非正義，曲解正法。後世未悟錯悟佛子更執此宗以破彼宗，遂成空有之爭；然實二宗皆同一宗，第以淺深有別，實無二致，皆因未入正理，故生誤會，而生諍論；達者了知二宗無二，皆是空性中道正理，無可諍論者。

未悟之人不解般若所說乃是空性；般若非謂遣之又遣、一法不立之空也。般若方等經所說者乃是空性心眞如之體性，依眞如體性之總相及別相而說；証知眞如之人能生般若，依此証知眞如體性而說之經典，即名為般若經。眞如之體性乃是中道正理，不偏不倚，是故般若宗又名中論宗、中道宗。

此宗於天竺那爛陀寺智光論師時代，曾判為三時教之第三時。彼如是判：初時阿含，心境俱有；次時《解深密經》，境空心有；三時般若經，心境俱空。然智光論師所判二及三時顚倒，非為正判。

中國玄奘大師別判則為正確，彼判如下：初時根本法輪—《華嚴經》中純為菩薩開一因一果法門，謂一乘教也。二時枝末法輪—以五濁衆生不堪唯一佛乘無上法教，乃方便施設，於一佛乘析爲三乘，次第而說。以三乘法依一佛乘起，故名枝末。三時攝末歸本，匯歸一乘，法華會之時也。

此三時之第二時復分爲三時三教！初時四諦法輪小乘教，說二乘法：苦集滅道，緣起性空。二時方等般若法輪大乘教：說如來藏空性之總相別相，以此能生佛子般若慧。三時解深密經唯識教：說如來藏空性之別相一切種智，詳述般若空性之究竟了義法，亦是唯一佛乘之教，總攝三乘教法。此三時三教之前爲華嚴時，之後爲法華時，合稱五時三教，於最末以法華証成唯一佛乘之理。

藏密之論師多依天竺智光論師之判，此因未曾証悟如來藏空性，故不知不解般若及唯識經論意旨，而生顚倒，乃判唯識爲有宗，判般若爲空宗。然實三論宗之般若空宗及唯識宗俱爲空性宗，不應判爲有宗及空宗。

三論般若宗不得判爲空宗者，乃因般若宗所宗奉之三論—中論、百論、十二門論—皆依空性心如來藏之體性而破外道執有執無，成立自宗空性中道之義理，非謂一切皆空也，故應名爲空性宗，不應名爲空宗。以如來藏空性有眞實性—中道之法性故；若一切皆空，即不得名爲中道，無法之法，焉得名中？故般若三論宗應名為空性宗，不應名為空宗。

若言空宗，小乘之法名符其實：五蘊、十二處、十八界，悉皆無常、空、無我、不淨，其中無我無人，無眞實不滅之法性，故名為空。以蘊處界空故四聖諦空，四聖諦依蘊處界建立故。以蘊處界空故，八正道、五根五力、四正勤……等三十七道品悉空，三十七道品依蘊處界建立故。以蘊處界空故，阿羅漢辟支佛空，二乘聖人依蘊處界及三十七道品建立故。以二乘一切法悉依蘊處界建立故，說二乘應名為空宗。

法相唯識宗應名為空性宗，不應名為有宗；此宗專說人無我、法無我，云何可以名之為有宗？如來藏雖有眞實體性，而本具無我性涅槃性及中道性，云何名之為有？若可名之為有，亦應般若宗可名之為有宗，同皆敘述如來藏空性故。

般若中觀若離如來藏空性而說中道者，即名戲論；依無實體法而說故，同於兔無角論故；無法而說法者即名無有實義，成戲論故。若人不離如來藏空性而說中論者，斯名正解中論，是第一義諦；若人否定如來藏空性而說中論者，斯名戲論，不解中論，非第一義諦，如兔無角論故。

般若中觀所說唯至空性如來藏心之中道總相及別相爾，未能述及空性心之中道根源—一切種智；若人親証空性心，並深入依於唯識經論一一驗証者，其中道般若更勝般若宗行者之已証空性心者；不唯中道般若慧之深細非般若宗行者所能望其項背，復能了知華嚴法華之道次第，非般若宗行者所知也，何況未悟証空性心之般若宗行者？而法相唯識宗行者所証空性，與般若宗行者所証空性無二無別，唯更深細爾，云何別稱唯識宗爲有宗？

般若宗行者雖已親証空性心，而其般若後得智，不能揣測唯識宗行者之通達者；後者則能了知前者之般若慧。前者之親証空性心，唯能入別教七住位；後者之通達者能入別教初地。般若宗行者親証空性心後，應轉入法相唯識宗修學；皆同一空性心故，唯有淺深差別故。若未於般若宗中親証空性心者，不能入法相唯識宗修學，無力証驗八識心王諸法相及涅槃之理故。般若宗之悟証空性心，即是禪宗之破參明心，無二無別，云何未悟祖師強予分爲禪宗空宗？不應正理。般若宗及禪宗所証悟者，與唯識宗之証悟者，既同是第八識如來藏，云何強分爲三宗？而誣說爲有宗空宗？不應正理，所証皆是同一空性心故。

佛子學佛累積福慧資糧……等，破參得証空性心，轉依唯識正理而修，漸次而至佛地，即是《華嚴經》之次第行門，云何復爲強分爲華嚴宗與諸宗？而佛子修學佛道，依戒戒心，方得入道，乃至成佛不捨三聚淨戒，云何復爲別立律宗？是故強分空宗有宗等，悉屬有爲戲論，唯佛學研究者之所樂著，佛子不應隨於彼等迷亂自心，但能悟証空性心，此諸道理悉漸通達，切勿枉費心神研究宗派，徒勞無功。

至於密宗四大派法（覺朗派除外），乃是將最粗淺之欲界淫樂美其名爲以之能令人即身成佛之「無上瑜伽」，將欲界淫樂擴及全身及欲保持長久樂受，謂此爲究竟法，能令人即身成佛。以此「無上瑜伽」名相加之於欲界淫觸上，而後高置於一切佛法之頂；猶如將一顆羊屎包以金鉑之後，置於醍醐之上，謂爲勝於醍醐之最上美味；乃竟於三乘之外別設金剛乘，冠於大乘之上，以常見法謂爲無上佛法，余今名之爲「頭上安頭」之附佛法外道。淺學密宗行人不知此理，猶自盲目崇拜彼諸法王活佛仁波切等，不肯如實探討，將余拯拔彼等之悲心及作爲，當作狼心狗肺，怨惱於我，是非不分；名爲可憐憫者。

空有之義略表已畢，言歸正傳，說七種第一義：

心境界：此說一切宗派佛子悟証空性心後，所體驗到之空性心自住境界，亦即是如來藏阿賴耶識之自住境界。禪宗、三論（般若）宗、華嚴宗、唯識宗、密宗之覺朗派古德（如篤補巴、多羅那他……等人）、淨土宗大德（如古時永明延壽禪師，今人土城廣欽和尚）所悟証者，皆是親見如來藏之自住境界—親自體驗如來藏之運作及其體性。

第八識爲無分別心，無始以來不曾於六塵起諸分別。空明覺知之心，生來即有分別；設使能如應成派中觀師所說：「進入定中不起名相，即是無分別心」，仍然是分別心，本質是分別心故，能了別定境法塵故，出定後又復分別五塵故，非是無始以來皆不分別之心故。故云「分別是識，不分別是智」。智慧即是般若，乃因吾人有分別意識，以之爲工具，覓取身中永無分別之心—如來藏空性；覓著之後方能了知空性心自住境界。空性心之自住境界即是心境界，佛子証解此境界後，般若慧即漸漸顯發；若能依大善知識修學唯識種智，一生可入初地，智慧難思難量；此皆由於破參明心而了知心境界，方能得致，非未明心者分別思惟所能得致。

阿賴耶識—心—能收藏無量無數各類法種，能令異時異處異身現行，故名異熟果識；又名藏識，具能藏所藏一切種子故。以具此變異而熟之體性故，有情因之輪轉生死，亦因之能成佛道，謂可熏習故。往昔無量世所累積之各類業種—善、惡、無記、有漏無漏—悉皆由阿賴耶識自動收藏，不揀擇其爲有益或有害來世之法種，一體收存，來世—異時異處異身—現行受果，故名異熟果。若無此識功能性存在，一切人造善惡因，悉可不受果報；亦應一切佛子修行不能成就佛道；蘊處界唯有一世故，空明覺知心不能去至來世、唯有一世故。

此異熟果識雖不分別六塵萬法，然能由其所藏煩惱業種引生七轉識，因而現起分別性，由七轉識故能於三界六道萬法復生執著，造諸業行，復由異熟果識收藏諸業行種子，導致後有不斷，此即前段經文所述之集性自性，故云集性自性即是心境界之一。佛子以親証阿賴耶心之自性及境界故，能知修道之理，故名見道。

此集性自性之事實，唯証悟者親見親知，知已爲人廣說，所說之理及其名相已非集性自性，已非心境界，已非第一義；善知此義，方知第一義諦。集性自性之心境界如是，餘六—性自性、相性自性、大種性自性、因性自性、緣性自性、成性自性—亦皆是心境界，恐文廣繁，不另詳述；証悟佛子舉一反六，其意可解，勿煩遍舉。

七種性自性之心境界，要須破參—覓得眞如—而後方能如實証知，非謂未証阿賴耶識空性之人意識揣摩所能眞解；修學佛法必須實際觸証體驗，方可獲得眞正之般若慧，若未親証空性心者，唯能以意識想像，名爲相似般若。若依此詳解而建立正見，起心尋覓空性心，即名爲觀照般若、觀行般若；親自証驗之時，方名實相般若。是故佛子欲得實相般若者，當速依此詳解建立正見，而後尋覓自身本有之空性阿賴耶心；証知此心後，重讀余諸著作，即可令實相般若智慧日漸深廣，能成就種智，亦能成熟有情。

「慧境界」：此謂証悟之人親証空性心—阿賴耶識—之後，產生了般若慧，知曉空性心之無分別慧。「空性心之無分別慧即是慧境界。」此語初聞似有語病，而實不然；此謂空性心既有慧，則必有分別，然此分別非如六識之於六塵之中廣作分別；乃是對色身及七轉識諸行廣作分別，不於六塵之中分別，故名無分別慧；禪宗六祖云：「眞如起念，非眼耳鼻舌能知」，即是此意。《維摩詰經》云：「善能分別諸法相，於第一義而不動。」亦是此意。《金剛三昧經》云：「無分別中能廣分別」，亦是此意。《維摩詰經》云：「知是菩提，了衆生心行故」，亦是此意。

未悟之人每多誤會：既能分別，則必有覺觀靈知，云何能分別之心而言離諸覺觀？便認定大乘經自語相違，非是佛說。然証悟之人以諸大乘經典印証，完全相契，無有絲毫錯謬；佛子當知，此慧境界，非是六塵相應境，不依六塵萬法而起分別。欲曉此義，必須証悟空性心後，方能如實証知；若是錯將空明覺知心認爲空性心者，則必無法知曉佛說「慧境界」之正理。

慧境界即是七種性自性之次—性自性。謂彼了知七識心行，於應流注七識種時，即能流注而令七識具足現行。於應捨棄報身時，即能依末那之意而捨報身；乃至末那不知應捨報身時，眞如亦自知應捨，此名慧境界。……乃至三僧祇後成就佛道而滅流注相續，皆是慧境界，要皆依於空性心能離六塵之無分別慧而說，皆唯証悟之人所能知之，恐文廣繁，亦不一一詳述，証悟之人當於此中廣自分別，增益智慧。

「智境界」：佛子証悟空性心後，以能如實了知心境界及慧境界故，則有智境界現前—依後得無分別智如實了知經義。此謂依於証知前二種第一義境界故，能依空性心之體性，証驗諸經所說了義法句之內涵，能了空性心非有分別非無分別之眞正意涵。了知此諸法句意涵時，已知已解之意涵猶如念頭一閃而過；心境界及慧境界之別相，亦皆陸續於意識心中閃現—有諸法相出現而無語言文字—了知流轉眞如於三界六道中之運作，並漸漸了知空性心之各種法性法相，此即七種性自性之「相性自性」。依於此種後得無分別智，復能漸漸了知「大種性自性」，了知空性心與四大種間之關係。凡此皆名智境界—第三種第一義。

「見境界」：經由心境界、慧境界、智境界，能生正智正見，非凡夫及二乘聖人所知。二乘聖人乃由蘊處界之無常空及緣起性空，而現觀一切有情無我性―無有眞實不滅之自性，証有情我空；然菩薩則由親証空性心而反觀蘊處界之我無有自性，緣起故空，因此實証人無我。

復依前三種第一義境界及大種性自性，了知見聞覺知心之虛妄，以衆緣法方得生起此見聞覺知心故；隨於見聞覺知心而作現觀，知此心雖無色相而有諸法相，依衆緣而有，故知雖無色相亦是緣起緣滅，暫時幻化而有。此心緣於五根不壞及意根（末那）作意、五塵內相分及其法塵、復依空性心爲因而有識種流注，方得現起，故此心我非有不壞之自性，依空性心爲因及衆緣和合而有。

隨後復於空性心體而作現觀：若無往世煩惱業種，空性心必定不生中陰乃至入胎受生，若不入胎受生則無空明覺知之我；空性心自身離見聞覺知，復無我執，不自知我，故亦無我。於因現觀無我後，復於衆緣觀察：於五扶塵根諸法、五勝義根諸緣法，於末那緣法，於五塵相分緣法，於法塵相分緣法，於五遍行五別境緣法，於一一法中而作現觀，証知一一法中實無空明覺知之不生滅我，我者乃因蘊處界諸法爲緣及空性心爲因，和合所成，則斷法我見，証法無我，此即見境界，不墮邊見而住中道。

二乘聖人及凡夫佛子之見境界悉墮邊見，未証得如來藏及否定如來藏之中觀學人所得見境界，亦悉墮於邊見而自謂已知已解中道。何以故？謂諸應成派中觀學者否定有如來藏，而取空明覺知之意識爲一切法所依之空性。然此空明覺知之意識心，二乘有學無學悉皆現觀其緣起緣滅，無有恒常不滅之體性；以能斷除對於此心之自我執著，故能取証無餘涅槃。此心既於死後斷滅，復否定此心之外別有如來藏阿賴耶識，則成斷滅論；復否定有末那，不許有末那識，則無意根，則應成派諸中觀師之十八界唯得十七界，不符佛說十八界正理。在在顯示應成中觀師之膚淺，而又於人建立正法之說，隨處否定，自墮斷見一邊；又取空明覺知之意識心爲不生不滅之空性心，則又墮於常見外道法中，一無可取；故云一切否定如來藏之應成派中觀學者悉墮邊見，其見境界皆非第一義，唯是戲論爾。

二乘解脫果之修証不墮邊見，而其見境界仍未能入第一義。此謂二乘無學修斷我見及三界根本煩惱後，能於捨報時不現中陰（或於中陰現起後現觀四諦而斷除所餘微細之覺知心我執，而於第一中陰滅後，不再現起第二次中陰身，得証中般涅槃），覺知心永滅不現，是名無餘涅槃，而涅槃中唯餘空性異熟識心，末那亦隨之不現；故無餘涅槃非是斷滅空。然二乘無學能証涅槃，其見境界仍不能入第一義諦，以其尚未實証空性心故，設聞中道之理，亦唯能依意識之思惟揣摩所得印象，非如實知，故其見境界不入第一義。

「超二見境界」：佛子於証悟空性心阿賴耶識後，漸漸了知心境界、慧境界、智境界，終於進入見境界階段，此名初地佛子所証四種第一義境界，復須中品轉識成智而入超二見境界。

佛子悟後起修，由大乘無生忍無生智進修無生法忍而入初地，復於初地依十無盡願、百法明門等修入二地；於二地主修增上戒學圓滿而入三地，於三地主修增上心學（定學）圓滿，具足四禪八定、四無量心、五神通等而入四地；四地起皆是增上慧學，皆是無境界法、無所得法。於三地滿足時起，菩薩能取俱解脫果而故意不証，留惑潤生—不斷潤生愛，繼續進修無生法忍。直至六地圓滿前，方取証滅盡定，七地念念入滅盡定，而猶未離見境界。此時菩薩往往欲入涅槃，佛以一切種智、四智圓明故，加持七地滿足菩薩，令其眞識於斷盡一念無明後，不取無餘涅槃；並授予引發如來無量妙智三昧，六七二識成就中品轉識成智，於相於土皆得自在，即得依於眞識而起利樂有情之無功用行。

八地菩薩以能依於眞識而起大用，及見識種變易異於七地之前，大菩提智任運增長，能証知自己終必成佛；確証如來藏非第一因，非非第一因，確証一大阿僧祇劫後終必成爲佛地眞如；確定空性心眞識是一切行、一切業、一切果之因，一切種子之所依，亦是蘊處界及一切萬法之因，而離是因非因計度，超此二見。

復次，佛子自初地以來，地地証驗法無我；今至八地又復具足人無我，以實証二無我故，超越外法有無二見。復因具足實証無餘涅槃境界而不取証，了知無住處涅槃，能爲成佛所証無住處涅槃作因，以此超越生死涅槃二見。復次，佛子至此証知四種涅槃及三乘無學所証涅槃悉依眞識而有，實証平等眞如、正行眞如，實証因性自性，斷常一異來去生滅增減垢淨二見永盡無餘，念念任運向大菩提，成念不退，故名超二見境界。此即佛子具知因性自性之後得無分別智所致。

「超子地境界」：菩薩位階十地以下皆名佛子，超越佛子境界者名爲超子地，即是等覺菩薩也。關於佛子之眞正定義，有謂初地至十地方名佛子者，有謂七住位不退方名佛子者，各有立論依據，不須詳述。然超子地境界者必是等覺菩薩，此乃古今諸方各家所共認者。

等覺菩薩以能了達緣性自性而成等覺超子地境界。謂十地菩薩授職後，因於世尊發動十方之十地菩薩爲彼加持灌頂，漸漸了達緣性自性，由於上煩惱即將斷盡故，具足了知眞識任運而緣之自性。以具足了知故，能通達十度無量菩薩行，能普入無量那由他數佛剎，俱聞諸佛說法；於一切緣性自性之功能性用無所不知，即將滿足世出世間無漏勝緣，能紹佛位，次補佛位；唯餘成性自性尚未具足了知，不得成佛，故名超子地境界，一切佛子所不能測。

「如來自到境界」：如來無上正等菩提功行圓滿，上品轉識成智—第六識起上品妙觀察智，第七識起上品平等性智；前五識起成所作智，第八識起大圓鏡智—此是如來自覺聖智境界，能令眞如與別境五心所法及善十一心所法相應，任運圓成利益有情成熟有情事業，於己皆無功用。菩提道及解脫道皆唯利他，於已皆無功用，故名圓滿無功用行。又復能於眞如相應二十一心所法，一一逕與有緣衆生相應，非必須經六七二識；非如等覺菩薩之異熟識唯與五遍行心所法相應。成性自性具足圓滿，是故佛地眞如唯帶舊種，不受新熏，識種流注已斷，離變易生死，得無住處涅槃及一切種智，不共等覺菩薩。七種性自性及七種第一義菩提具足修証，過恒河沙數上煩惱斷盡—塵沙惑已盡，從此以去永無異熟果，金剛道成，永無識種生滅。証得過恒河沙數所應証之一切法，住於法身佛境界；不須經由前七識，而直接由眞如與有緣佛子相應，法身功德圓滿成就，是名如來自到境界，唯佛與佛乃能具足知之，等覺菩薩所不能測。

「大慧！此是過去未來現在諸如來、應供、等正覺，性自性第一義心。以性自性第一義心，成就如來世間、出世間、出世間上上法。聖慧眼，入自共相建立。如所建立，不與外道論惡見共。」

疏：《大慧！七種第一義境界，是三世如來性自性第一義心，以七種性自性第一義心之七種第一義境界，成就如來世間、出世間、出世間上上法。這是

三世如來依聖慧眼，入觀自証聖智境界之自相及共相而建立。如是所建立之性自性及第一義，不與外道各種惡見論議共一知見。」》

七種性自性之智慧及七種第一義之聖境，修學具足圓滿，乃是三世諸佛應供等正覺之性自性第一義心。此性自性第一義心，函蓋凡夫及三乘聖人之心境界、慧境界、智境界及見境界；復能以此四境界所攝集性自性、性自性、相性自性、大種性自性，度諸菩薩入於八地，於解脫果上起無功用行而度衆生。復以大種性自性菩提，而令八地菩薩得於一切相一切土普獲自在變化受用，不離涅槃而不住涅槃，度化有情及修証大菩提果，直至成佛，圓滿因性自性、緣性自性、成性自性，滿足法身功德。若不能了知此中正理，則不能具足了知成佛之道；不能具足了知成佛之道，則不入初地；是故一切初地菩薩無有不了知此七種性自性及第一義境界者。

「以性自性第一義心，成就如來世間、出世間、出世間上上法。」世間者，謂如來雖已成就金剛道，異熟果已空盡，不復再受一切果報，以眞如之中已無法種變易，無漏圓滿故。既已斷盡一切異熟果種，不受新熏，應無異熟果報；而不妨佛地眞如之示現降神母胎、五欲自娛、出家修行、示成佛道、三轉法輪、示有入滅及受婬女誹謗等。凡此皆是佛地異熟空盡之後、方便示現，示有因果如影隨形，果報不爽；此即是如來以七種性自性第一義心，成就世間無漏有爲法之示現—已無異熟而現有異熟果報。

出世間者，謂佛依七種性自性第一義心，示現解脫果；方便爲二乘種性佛子說斷見惑及五種根本煩惱，能証有餘依涅槃；說捨報時棄捨空明覺知心之我、及棄捨作主之我，能証無餘依涅槃，而不爲說七種性自性及第一義。復爲大乘種性佛子，依於七種性自性及七種第一義心，說有本來寂靜自性清淨涅槃及無住處涅槃；令七住後之三賢位佛子親証本來寂靜自性清淨涅槃，令諸地後佛子修証七種性自性、七種第一義如來藏心；令諸六地七地八地佛子得証無餘涅槃而不取滅度，以大菩提願及受生願而不入涅槃，自度度他乃至成佛。此謂佛以七種性自性第一義心教導佛子次第親証已，能出生死、不住生死而不入涅槃，永不休息利益一切有情事業，成爲日後親証無住處涅槃之因，是名佛地出世間法。

「出世間上上法」者，又名世出世間上上法，函蓋一切世間出世間法，無有一法能出其上故。此謂佛地具足証得二種轉依果―解脫果及大菩提果；佛依七種性自性第一義心，方能具足成滿此二轉依果。

出世間之上上法者必須於三界中修，若離三界，不能成就。若有人能離三界，即是解脫果已圓成者，此是三乘無學聖人；然欲出三界之前，必須先証解脫果，後乃得出。解脫果之修証，必須於三界中修斷見惑及思惑。見惑即是我見爲根本之五利使，二乘法中說爲三縛結；我見即是不知色我緣生緣滅、不曉覺知心我亦是緣生緣滅，非有恒常不壞之體性，故執色我心我爲實，以此輪轉生死，以不如理作意故。欲斷我見者，應須於三界五蘊中現觀色我心我之緣生緣滅―其性是空，以此能斷我見，此即小乘初果人之斷我見也。

大乘初果菩薩則於三界五蘊中，依於大乘禪法觀行，親見空性如來藏心，以如來藏體性而現觀色我及覺知心我之緣生緣滅，因此而斷我見，入菩薩七住、成菩薩初果。我見斷已，疑見及戒禁取見隨斷，是名三縛結斷。我見斷已，邊見、邪見、見取見及戒禁取見隨斷，是名五利使惡見斷。此乃斷見惑。

斷見惑者皆必於三界五蘊中斷，若離三界五蘊，無有能斷見惑者。

見惑斷已，應斷思惑；斷思惑者，謂聲聞人於三界五蘊中斷除五下分結及五上分結，斷此十結者不得離於三界五蘊而斷。大乘菩薩斷思惑者，謂斷我執—執覺知心我；欲斷我執者須斷根本煩惱—貪、瞋、痴、慢、疑。此五於斷我見已，猶不能斷；久熏習故，執我而起，必須藉三界五蘊歷緣對境方漸斷盡。若不見道而斷我見，終不能於歷緣對境中斷除我執，唯能藉修四禪八定具足而降伏之。我執伏已若得見道，則我見我執一時俱斷，頓成俱解脫無學，此即佛世聞佛開示頓成俱解脫大阿羅漢之緣由。今人無有具得四禪八定者，故不能於見道時頓斷我見我執，唯能斷我見；尚須於見道後歷緣對境次第修斷五根本煩惱，方斷我執而成無學。此五難斷，故名五鈍使。以上說明修証解脫果者，必須依於三界五蘊而修，方能具証。

解脫果如是，大菩提果亦復如是，不離三界五蘊而修。何以故？謂大菩提果之修証，乃是法無我之無生法忍修証。法無我之無生法忍，即是依於如來藏心及七轉識，現觀七轉識無我，現觀色法等無我，現觀五十一心所有法無我，現觀心不相應行法等無我，現觀如來藏空性心之無爲性無我性，此中函蓋一切世間及出世間法—戒定慧學、三界六道、四聖六凡一切法界無量無數那由他法，悉皆該羅，無所不盡，能斷變易生死諸異熟果種。

阿羅漢唯能斷見思二惑，故唯能斷分段生死—入無餘依涅槃。若迴心大乘，行菩薩行時，猶不免往世行因所致異熟果報，以未斷盡異熟果種故。今者菩薩復歷第三阿僧祇劫，修証一切種智無上菩提，漸斷異熟種子之變易流注，直至斷盡，方成佛道。而此一切種智大菩提智，皆須於三界五蘊中修証，非於界外有法可修。於三界中修証圓滿大菩提果及解脫果，具足此二轉依果者，方名出世間上上法；以此出世間上上法具足了知世間一切法，故名世出世間無上法，故名佛爲一切智人。

「聖慧眼，入自共相建立；如所建立，不與外道論惡見共。」此謂七種性自性及七種第一義境界心，是佛所親証圓滿後，依聖智慧眼所見，觀察有情悉有此二種七法之現行或種子，而依此二種七法之自相共相觀察，施設建立七種性自性及七種第一義心，方便開示顯明，令諸佛子次第得証。此種佛法法相之次第建立，不與外道論議諸惡見相同。

如來所說七種性自性及七種第一義境界，唯有內道方能知之；必須悟明如來藏後，方能依於如來藏之空性、無我性、寂滅性、涅槃性、清淨性、恒常性……等體性之証驗而漸了知，非未悟及錯認空明覺知之意識者所能知之；不入內明法故，悉於外門轉故，故名佛門外道。

以不証不解如來藏體性，唯能對空性想像臆想，依於善知識之說明而強記及思惟，非能如實証解，是故不能發起聖智慧眼；若有所說，偶或正確，多非眞實；如人暗夜射箭，偶或中的，多分虛發。故說佛子學佛既已累積福德資糧、降伏性障、修慧加行，則應懇切一心尋覓如來藏空性，速求親自証驗如來藏心，方能如實了知空性，不墮想像猜測，方能如實入內門修菩薩行，此乃具足福慧資糧之佛子所應修行第一要務。若是福德智慧資糧二俱欠缺，又復我慢深重、性障未伏之人，見取見深重難除者，則不應強求；此法不共外道論議故，與惡見、見取見不相容故。

「大慧！云何外道論惡見？所謂自境界妄想見，不覺識自心所現，分齊不通。大慧！愚痴凡夫性，無性自性第一義，作二見論。」

疏：《「大慧！如何是外道論議之惡見？就是說：他們對於自身境界產生虛妄之想，不能察覺識知彼諸自身境界皆是自心所現，於自心及能取所取之分際不能通達。大慧！愚痴性及凡夫性之衆生，沒有性自性第一義之修証，而作二見論議。」》

外道論議皆名惡見；以其所見不正，令人流轉生死，故名惡見。外道惡見者，謂於自身境界不如實知，以爲六塵乃是外法，以爲六塵實有，不知皆是自心所現。又亦不知靈覺之我乃是自心—如來藏—所現，以爲靈覺心實有不滅、能通三世往來；皆是依於自身境界妄想所見，於實際正理不能通達。

「愚痴凡夫性」謂二種人：愚痴者謂二乘有學無學，凡夫謂一切未見道者，此二種人不知不見一切萬法皆唯自心如來藏之所顯現，錯執實有六塵外法；然實一切有情所觸所見所知，皆唯內六塵，不曾觸外六塵。此等正理，對於愚痴性之二乘人及凡夫性之未見道者，實難令彼証解。以不能証解故，此諸人等悉皆不能証得性自性第一義見地，凡有所說皆墮二見論中，不入中道般若。

其二見論者：或以常見爲中道，如諸錯認靈知心爲不生滅心者，亦如藏密四大派古今法王共以空明覺知心爲空性心者。或以斷滅見爲中道，如諸否定第八識而說無餘涅槃是中道者。凡此皆是依於自身境界妄想而起邪見，不覺不知空性眞心，不能証入性自性第一義心，凡有所說中道之理，悉墮二見論議，而猶辯稱已知已解中道正義。

「復次大慧！妄想三有苦滅，無知愛業緣滅，自心所現幻境隨見；今當說。」

疏：此段是直譯之倒裝句，依中國語法不易瞭解；今依中國語法排列：「復次大慧！自心所現幻境隨見，無知愛業緣滅，妄想三有苦滅；今當說。」

《「復次大慧！能取境之見聞覺知及作主心，與所取之六塵境，皆是自心所現，佛子若能隨於能取所取中現見其爲自心所現之幻境，則將使無知所生之

渴愛及造業之緣消滅，虛妄想所產生之三界有中種種苦便隨之滅除；這個道理應當為你說明。」》

佛子若能如實証知一切境界皆是幻化—皆由眞如所化現，暫時而有；則因無知而生之渴愛貪著及虛妄攀緣隨即消滅，妄想隨後亦滅，則捨壽後即可不再受後世三界有，則滅三界有之苦。

未悟及錯悟者不能信受「一切境界皆是眞如所幻化而有」，然實如此。既有一切境界為有情所攀緣貪著，則必有所緣境界相分及能緣境界見分。茲且先述能緣之見分：有情之見分即是前七識—眼耳鼻舌身意識及末那識。此七識能見能緣所知境—六塵，故名見分。見分即是了別之意—於六塵中見聞覺知之剎那即已了別其粗相，故名了別。

見分七識有逕依眞如阿賴耶識而生者—如意根末那識；有輾轉依眞如阿賴耶識而生者—如前六識須依六根之有，方能由阿賴耶識而生。見分七識生已隨滅，由後識種踵接其位而現；念念生滅變異，故能成其了別之作用；既非常住不易之心，即是幻有—暫時而有、依他而有，故名幻化。由是之故，六識於五位時斷而不現：眠熟時、悶絕時、正死位、滅盡定時、無想定時。

意根—末那識—雖無始世來未曾間斷，於眠熟等五位亦不間斷，然二乘無學聖人皆可斷之—入無餘涅槃時永滅不現。故阿羅漢之定性聲聞者，入無餘涅槃已，永遠不再受三界有，出離三界分段生死輪迴。既是可斷可滅者，復是有作用者，即是念念變異無常之心，故亦屬於幻化而有之心。

又因意根故，因其念念變異故，能於眠熟等五位中具了別性，故被殺被扼頸者能提前捨命；捨命已，能生中陰身；故眠熟者能醒覺，故悶絕者能蘇醒，故入二無心定者能出定。皆因末那念念變異、具了別性，故於眠熟等五位中雖無意識見聞覺知，而能有用；由是故知意根亦是無常變異、念念生滅之法，由阿賴耶識所變現而有。由是說諸有情能緣境心乃由自心—阿賴耶識—幻現而有；二乘現觀意根及六識依他而起，非本自在，証識蘊空，故斷分段生死。

能緣之見分如是幻有，所緣之一切境—相分—亦是幻有，皆是自心所現—由阿賴耶識所現行。

相分有二：外相分及內相分。外相分謂山河大地日月星辰地水火風及欲色界之色身。《楞嚴經、楞伽經、解深密經、……》等大乘方廣經典悉謂山河大地等無量無數三千大千世界皆由共業有情阿賴耶識之業種共同變現，非由某神所造，由此山河大地等外相分故有六塵相。

六塵相之前五塵—色聲香味觸—亦是外相分。吾人之五根亦是外相分，然由各各有情之各自別業所感，以致各各不同。譬如往世所造善惡染淨業別，今世或受天報、人報、畜生報，乃至餓鬼地獄報，導致六根互別，受報六塵隨之互別；此謂有情依於業種差別，所受六塵有異。

然同屬人法界，各人所受相分亦異。譬如二人同年同月同日同時出生，於一處住，同受外六塵；外六塵雖同，而其所受相分互有差異：一人見色明了，一人見色不了；一人聞聲了了徹知，一人聞聲不了了知；……乃至一人聞法了了而知，一人聞法不了了知。此謂相分有二：外及內。二人所受外六塵相無二無別，以其業報六根有別，遂致所領納之內相分隨之亦別。若無內相分，唯有外相分者，則一切人同時同處聞法，所領納之法味必同；乃至一切人同時同處聞聲，所領納之聲塵韻味必同；而實各各不同，故知有外相分、有內相分。

外相分由共業有情眞如業種共同變現，而此外相分非有情之前七識所能接觸；何以故？謂前七識是心，非色；然前五塵皆是色法，云何非色法之心而能觸色法之五塵？故須由五色根—眼耳鼻舌身—觸外五塵，眞如依五色根所觸外五塵相，變生似色非色之內相分，方能由前七識所觸知領納。由此証知有內相分是心所現。

見分與外內相分既皆自心—眞如—所變，故云「自心所現」。既是自心所現，隨起隨滅，念念變異，應名幻境。佛子既已証知能見所見一切境界皆自心現，幻有不實，則離無知，智慧現前；智慧現已，貪愛隨滅；貪愛滅故，不造感生後有之業緣；業緣滅故，心無願求；無願求故，妄想則滅；妄想滅已，三有苦種不集於心；三有苦種不集故，後有永滅，不受「三界有」一切苦，得慧解脫。得慧解脫者，雖無神通，不爲世間俗人所重，然捨壽後必定能取涅槃；形如凡夫，心是聖人，非諸樂求神通境界之佛子所能知也。

「大慧！若有沙門婆羅門，欲令無種有種因果現、及事時住，緣陰界入生住，或言生已滅，大慧！彼若相續、若事、若生、若有、若涅槃、若道、若業、若果、若諦，破壞斷滅論。」

疏：《若有沙門婆羅門想要將一切法實有、一切法實無、因中無果、因中有果的錯誤理論示現與人；及主張一切事相皆是時節因緣所成；此等正理常住世間不壞，緣於五陰六入而生而有；或說生已後滅；大慧！他們或依相續繼起而說、或依事相而說、或依法生而說、或依法有而說、或依涅槃而說、或依其所修道而說、或依其所見業而說、或依受果報而說、或依其所謂眞理而說，皆是破壞正理之斷滅論。》

「無種」者：謂有一類計無外道，誤計一切法皆是緣起緣滅，無有一法是恒不壞滅者；此諸外道舉諸事相之緣起性空，主張一切法皆無不滅之體性，即是斷見外道也。

「有種」者：謂有一類計有外道，主張一切法中皆有不生滅心，隨於其中運作，而誤計見聞覺知心、空明覺知心、一念不生之覺知心……等，以爲實有不滅，即是常見外道也。

「無種有種因果現」：謂諸常見斷見外道，依於常斷二見而說因中有果、因中無果、因中非有果、因中非無果、因中非有非無果……等，欲令其道理顯現。

「事時住」：謂諸外道計有計無，或誤計世間一切法皆是時節因緣所成；一切法有生滅，時節不生滅，常住世間，故名涅槃。或諸計有計無外道，舉世間事相及時節因緣爲喻，欲明示其因中有果、因中無果……之理常住。

「緣陰界入生住，或言生已滅」：或有外道誤計一切法唯緣五陰十八界六入而生，依陰界入而住，或說一切法生已隨滅。

「大慧！彼若相續、若事、若生、若有、若涅槃、若道、若業、若果、若諦，破壞斷滅論」：彼諸外道，於彼所說相續不斷、作用、出生、諸有、涅槃、法道、作業、果報、眞理等，皆是破壞眞實正理的斷滅論。

「所以者何？以此現前不可得，及見始非分故。」

疏：《云何言此諸外道所說道理，皆是破壞眞實正理之斷滅論？謂諸外道所說諸理，皆不能現前証驗，故說此諸外道所說者，皆是破壞眞實正理之斷滅論。而且，此諸外道等人之全部見解，都是一開始就錯了，是思惟想像所得，而非親自証驗的緣故。》

舉凡眞實正理，皆必須是可以重複証驗者；某甲証驗此理，訴之於某乙，某乙亦可依其指示而予証驗。猶如科學實驗檢驗，可以重複再三再四証驗，方屬正理；涅槃之本際—生命之實相根源—亦復如是，必須可使第二第三人乃至衆多佛子証驗無誤，方是正理。

佛所說理，一切七住以上菩薩皆可多分少分現前証驗如實，故名爲諦。此諸外道所說諸法理論，皆非現前可得，故名破壞斷滅論。何以故？謂此諸外道所說，皆不能令人証得不生不滅之理故。或說時節、因緣能成一切法，或說空明覺知心之根源—冥性、靈性—能生一切法而不壞滅，或說一念不起之靈知心乃至四禪中之靈知心爲涅槃心，或說……等爲不生滅心；然諸有智佛子欲驗証其不生滅者，現前皆不可得，皆是生滅變異法；或是兔無角想像法，欲証驗彼等法道諦理之眞實法體者，亦皆不可現証。

法界中，可以現前証驗之不生不滅法體，唯有世尊所說之如來藏—阿賴耶識；可以親自現前証驗故，此即菩薩見道明心也。若佛子見道明心，親自証驗如來藏之不生不滅不斷不常，非有行非無行、非有因果非無因果、與蘊處界非一非異、離見聞覺知、本來自性清淨涅槃而有染汙種子……等體性，能親領受，是名現前可得。

一切未入大乘見道之佛子及一切外道所說不生滅法，皆是意識思惟、揣摩想像所得，據以建立修行法門；彼諸見解皆名「見始非分」，皆未親証生命之根源，不解一切法生滅之根本，墮於見聞覺知心之想像思惟中。此等依靈知心而生之九十六種見解，皆名外道見，心外求法故。以初始所見即非正理，故云「見始非分」。

「大慧！譬如破瓶不作瓶事，亦如焦種不作芽事；如是大慧！若陰界入性，已滅、今滅、當滅，自心妄想見無因故，彼無次第生。」

疏：《譬如破瓶，不能成就瓶諸事業；亦如燒焦之種子，不能成就長芽之事業；若修行者所說之道之諦，係因於五陰十八界六入之體性而說者，現見陰界入之性有已滅者，非爲不滅；現見陰界入性有於現今正在念念生滅者，非爲不滅；現見陰界入性雖未滅盡，而念念生滅，當來必定斷滅者，非爲不滅。凡此皆是未悟凡夫自心妄想錯誤見解，以未証得一切法之眞實因故，則墮斷見；既墮斷見，則彼等外道應無陰界入諸法能次第生起。》

破瓶不作瓶事，焦種不作芽事；陰界入猶如破瓶焦種，生已變易不斷，念念生滅，非是不滅不壞之法，云何可爲諸法根本之因？凡外每執色身爲我，佛子每執受想行識爲我；修行之佛子每執無妄想之靈知心爲我，藏密四大派古今諸祖每執空明覺知心爲我，認爲此心不取不執諸五塵境，即是涅槃實相妙心，而不知此乃佛於四阿含中所說識陰；佛爲破諸執識陰爲不生滅心之外道，方便引入佛法中，已曾廣破，四阿含中具說分明，說爲常見外道法，不離陰界入性故，必入斷滅故。

陰界入之體性有三世滅性：已滅―過去世陰界入已滅；今滅―現在世陰界入正在趨向壞滅；當滅―未來世陰界入，於未來世亦當壞滅。既是已滅、今滅、當滅之法，必非能生一切法之因，而是修道者所應滅之法；既是所應滅之法，云何有一切法能因陰界入而次第生起？若執空明覺知心爲不生滅心，則是自心妄想見，非根本因，名爲非因計因。非第一因，非解脫因，故名無因。

無因故，彼諸外道及佛門中之外道見者，皆無眞實正修行法次第生起；亦必無諸流轉生死之法次第生起，以非能生之因故。

「大慧！若復說無種、有種、識，三緣合生者，龜應生毛，沙應出油；汝宗則壞，違決定義。有種無種說，有如是過，所作事業悉空無義。」

《入楞伽經》譯：「大慧！若本無、始生，依三法生種識者，龜毛何故不生？沙不出油？汝之所立決定之義是即自壞。汝說有無、說生，所成因果亦壞。」

疏：《若說種子識（阿賴耶）是本來非有，依此世五陰之出生方才生起；是依於能知能覺的識、加上父母爲緣和飲食之緣，三事和合能生種子識（阿賴耶）的話；亦應能知覺的意識加上父母飲食之緣，能使一切龜殼上生毛；亦應沙、人工、火等三法和合，壓沙能生油脂；何故龜毛不生？沙不出油？則你所建立、認爲決定正確之道理，也就不攻自破了。一切外道主張種子識是本無、始生者，或主張去來現今皆無種子識者，都有這種過失；若無種子識，一切有情於三界中所作一切善惡染淨事業，皆悉墮於斷滅空；一切所爲，皆無意義，無因無果故。》

若無執持種子之心，應一切人不能熏習染淨諸法，則一切佛子豈唯不能熏習佛法？亦必不能熏習世間一切法；則應一切人出生以來熏習一切法皆不能成就—以無持種識故，則意識今日所學隨忘，明日不復記憶；亦應如白痴之人，隨學隨忘，以無種子識能持所學法種故；則應一切人自生以來，不論年歲若干，皆同甫生時之不分父母、不別屎尿淨染，靈知心永遠保持於甫生一日之狀態；以熏習無用故，無種子識執持熏習善染法種故。以此故知必有持種識，以不分善惡之無記性故，收藏一切善染法之種子，方能成就熏習及因果業報。

然藏密自西天月稱、寂天以來，傳至蓮花生、阿底峽，乃至後來之宗喀巴、土觀等人，悉不承認有種子識，而認爲空明覺知之意識是不生滅心，貫通三世，永不斷滅。然空明覺知之意識心日日斷滅，一切人皆可現前觀察驗証之。夫斷滅無法，不能自起，須依他法方能現起；若無種子識持意識種，加以末那作意令意識起，則人甫生一日睡已即永不能覺知，何況能生活及學習佛法？由是故知必於意識之外別有作主之末那及持種之種子識—阿賴耶識；若無此識，意識尚不能現起，何況能有見聞覺知諸法？若無持種識，一切人尚且無能覺知，何況能熏習染淨業？若無種子識，則一切佛子熏習佛法所修淨行，悉皆無有善淨果報，以無種子識執持善淨法種去至來世故，故云「所作事業悉空無義」。而意識—空明覺知心—乃是生滅之法，依種子識及意根而有，是名依他起性，非不生不滅之心；以諸外道不曉此心無常、不曉此心是陰界入法，執爲實有不生滅法，是故佛說此諸人等墮於破壞及斷滅論中，不意藏密應成派諸中觀師反而否定種子識阿賴耶，認定意識永不生滅，同諸常見外道墮於斷滅法中，誠可憐憫。

「大慧！彼諸外道說有三緣合生者，所作方便因果自相；過去未來現在有種、無種相，從本以來成事相承，覺想地轉；自見過習氣，作如是說。」

《大乘入楞伽經》別譯：「大慧！三合為緣，是因果性可說為有—過現未來，從無生有。此依住覺想地者所有理教及自惡見熏習餘氣，作如是說。」

疏：《「大慧！那些外道們所說『三緣和合能生種子識』者，此一因果性之道理可以成立—三緣和合而生之法，可以在過現未來三世中從無生有；但這並非不生滅法，是本無而今始有，這是能作與所作之因果自相，是有生之法，終歸還滅，不是佛法中不生不滅本來自在之因果主體。於三世中或有或無之意識心，從本以來都是三緣和合而生—種子識、末那、色塵五法所生法塵和合而生—是所作法，一向都在覺知妄想之法中運轉；這都是外道們自己的邪見過失以及邪見熏習，而產生了這樣的錯誤說法。」》

彼諸外道為避無種之譏，主張三緣和合生種子識；然此說法有大過失，謂此等種子識既是三緣和合所生，則非本來自在，是所作方便因果相；既三緣和合而生，將來緣散—譬如父母緣所生五根壞及眠熟等五位中靈知心斷時—則種子識亦必隨之散壞，不能持種去至來世，則一切善染業因果不復成立，一切佛道修証熏習悉皆唐捐其功－學佛無用。

彼諸外道如是建立種子識，皆因邪謬知見及邪謬教導熏習所致，墮於靈覺心之臆想思惟之中，未能親証本來自在、非本無今有之如來藏識所致。然彼諸外道雖有此過，亦知必須有持種識－如來藏－方能成就此世自生至死之熏習業用，未敢否定有種子識；不意標榜為佛教中至高無上之藏密應成派諸中觀師，竟敢否定種子識阿賴耶之存在，墮於斷滅論覺想境界－主張意識靈知心能去至來世－不知意識靈知心日日斷滅。應成派古今諸中觀師，尚不如彼諸外道之建立種子識之知見，云何自我高推聖境為至高無上之佛法？謂之狂密，不亦宜乎？

「如是，大慧！愚痴凡夫惡見所噬，邪曲迷醉無智，妄稱一切智說。」

疏：《「就像是這樣：大慧！那些愚痴無智而無修証的凡夫俗人，被邪謬惡見所緊緊地咬住了，歪曲不正，昏昧痴醉，沒有智慧；卻妄稱他們的說法是一切智者所說。」》

愚痴謂二乘—南傳佛法諸修行者—不知不証種子識阿賴耶；亦謂定性聲聞阿羅漢雖知有種子識阿賴耶，而不能証得，不証大乘無生智。

凡夫謂諸外道，及佛門中未入三乘見道位諸佛子，未破惡見故，未斷三縛結故，於諸大師有疑未斷故。

惡見有五：身見我見、邊見、邪見、戒禁取見、見取見，合稱五利使；使謂結使，利謂速易斷除，見道能斷故。

三縛結有三：我見身見、疑見、戒禁取見。佛於阿含中，有時說斷疑見者於諸方大師不疑。謂已見道者，於諸方大師之已否見道，悉能如實知之；能於諸方大師之開示中確實判定其曾否見道，心中無有懷疑故。若於諸方古今大師之曾否見道，不能於讀聽其開示後，加以判定者，皆名未斷疑結之人，不名見道佛子。

佛有三智：一切智，道種智，一切種智，故名一切智智，或名一切智者。二乘無學唯得一切智，証解脫果。菩薩六住以下，三智皆無；七住見道位起，至十迴向位，熏習一切種智，若得通達，得道種智，名爲初地菩薩；初地發起聖性，分証無生法忍，道種智地地增上，又復分斷修所斷惑，至六地滿心同於二乘無學解脫，亦得一切智，証解脫果；八地起地地增上道種智，若得滿足，即名一切種智—成究竟佛。是故佛具三智，諸佛所說方名一切智說。

「大慧！若復諸餘沙門婆羅門，見離自性浮雲、火輪、揵闥婆城無生，幻、燄、水月及夢，內外心現妄想無始虛偽，不離自心；妄想因緣滅盡，離妄想說所說、觀所觀，受用建立身之藏識；於識、境界、攝受及攝受者，不相應。無所有境界，離生住滅，自心起隨入分別，大慧！彼菩薩不久當得生死涅槃平等、大悲巧方便、無開發方便。」

疏：此段以下乃說佛子依集性自性修集一切法門：

《「大慧！若諸外道以外的出家在家修行者，能現前觀見一切法皆無自性，如浮雲變幻不定、如火輪所見是虛妄見、如海市蜃樓非眞有生，猶如魔術師之幻化、猶如陽燄所照非眞有水、如水中月非是眞月、猶如夢中所受幻境不實，皆是自己內外心現之妄想境界；由於無始以來之虛妄熏習，取諸外法以爲實有，其實皆是自心所現，不離自心―自心取自心。若能如此現前觀見，則能斷除分別心及攀緣外法實有之心，遠離妄想心所取名相及離言說；亦能遠離能觀之心及所觀之境，不取諸境界法以爲實有；能親受用建立爲如來藏名之身中阿賴耶識；於能取境之分別識、所取之境界，及於能取所取二法，皆能遠離，不生執著。於如來藏之無所有境界及不生不滅、不住六塵體性，於自心中現起隨順意樂，深入思惟分析了別，大慧！這樣的菩薩不久就能証得生死涅槃平等境界，發起大悲心及善巧方便，並能善知無功用行諸方便法。」》

如來藏有自性，眞實不虛：有涅槃性，本來具足，故三乘無學修除煩惱，令涅槃性顯現無遮，証解脫果。有雜染性，集諸無始劫來一切善惡業種，故令有情輪轉三界六道生死。有能生性，具足無缺，故令有情能生二十五有身，具足十八界功能。有能滅性，故令三世諸佛能滅無始無明，究竟了知一切所知境。

一切法皆由如來藏所生，旣是所生之法，必有生住異滅四相，凡夫有情不明此理，因此不能解脫諸法貪愛―不離能取所取，導致世世死已中陰相續，不出三界。

云何言一切法皆無自性？舉例言之：眼見色之法無自性。譬如眼見桌上盆花，有青黃赤白諸種顯色，亦有長短方圓諸種形色；吾人眼見是能取心—能攝境界者；所見是境界—所攝受者；是即二法合生，方有眼見色之法；既是二法和合緣起之法，即非無始本有，是本無、始有，則非本來自己已在，非有眞實不壞之自體性。

又如眼見色而生名相建立—語言音聲文字—亦無自性，依眼見色之法，而施設青黃赤白長短方圓及諸花名；漢滿蒙回藏苗各族所說同一種花之名相音聲各各不同，文字書之亦各不同，衆緣所成故，非有眞實不壞之自體性。

三如能攝之法無自體性；譬如眼能攝色法，眼根係由種識阿賴耶、父母緣及四大緣、往世無明業種等合生；眼根能攝色法者，須是有根身，若離命根即不能成其用；尚須持種識流注眼識種於根塵觸處，尚須意根末那作意及意識同時現起，方能成眼識攝色之用，眼見色之法，既是衆緣所成，即非本來自在，即非有眞實不壞之自性。

四如所攝之法無自體性；譬如外色塵，乃由共業有情之業種共同感生，有情之業種變易生滅，故外色塵世界變動不居，無常不定，此謂外相分非有不壞之自體性。內相分亦如是，隨於外相分之變動而改易，非有不變之自體性。又內相分於夢境中亦是念念變異，非不生滅者。又內相分非能自有，須依種子識阿賴耶方能現有，乃至入於非非想定中之定境法塵，亦依種子識及能取境之意識末那方能現前領納，故是緣起之法，其性是空，非有眞實不壞自性。

是故眼見色之法無眞實不壞之自性，依於虛空及諸緣而起，非本來自在，而彼諸緣悉由阿賴耶識所生—能見之見分及所見之相分皆由阿賴耶識所生，故云皆是自心所現，不離自心。

耳聞聲、鼻嗅香、舌嚐味、身受觸、意知法（含定境中之法塵境）亦復如是，莫非皆由阿賴耶識輾轉出生；衆生不知此等諸法悉皆幻有幻滅，執以爲實，遂起貪染，輪迴生死；佛子則迷於能取之心實有—錯認能知能覺之心爲實有不壞之心，是故不知不証涅槃，永沉生死。

乃至涅槃之法亦非實有，唯有涅槃之本際方是本來自在之不生滅法。涅槃之法可說，涅槃之本際不可說，說時已非本際。

涅槃本際乃依眞如而說，若離眞如而說涅槃，即墮斷滅見，非佛法也。涅槃者謂：七轉識心能了別世間出世間法，依於此能了別性，隨善知識學，証知七轉識心之依他而起，非有眞實不壞自性，從而斷除末那遍執三界有法，令眞如阿賴耶識所含七識種之三界有遍計執性斷除，捨壽後不復能令七識心現行，唯餘眞如阿賴耶識不復受生於三界，是名涅槃；此謂無餘依涅槃乃依生空眞如而立，非謂離於眞如阿賴耶識而有涅槃可得。

本來自性清淨涅槃、有餘依涅槃、無住處涅槃亦復如是，皆依第八識眞如立名，非離眞如而有涅槃可得；是故四種圓寂之體即是眞如——一切有情各自本具之自心——離見聞覺知而恒不壞滅之心，即是涅槃之本際；此心不可說，說時即非本心。然能藉諸言說，令未証者証之，令未悟者悟之；故諸言說猶若指月之指，雖指非月，而指能令人見月。雖第一義經教非是眞如，而能令人依之証得眞如。

涅槃之法亦復如是，雖諸經教所說涅槃法非即是涅槃，而能令人依之解悟涅槃、証得涅槃；是故涅槃之法雖可言說，而所說言句文辭唯能示現涅槃修証之法，不能示現涅槃之本際，本際即是有情自心眞如故，唯証與証，乃能知之。

一切証悟阿賴耶空性之賢聖，依所証阿賴耶空性而起心觀待三界有法—包括非想非非想定中之微細靈知心—便見色身及能知能覺能作主之七識心與受想行蘊，悉無自在不壞體性，猶如浮雲變幻不定，如旋火輪非眞火輪，如揵闥婆城非眞有生，猶如幻化、陽焰、水中月及夢相，皆因能見能覺之外心及能持種之內心，由於無始劫來之不如理作意妄想而隨起隨滅，執著爲眞實有外五塵及諸法塵，而其實能取之心及所取之境皆是自心阿賴耶所顯現，非有外塵可得，此即眞見道者之無間心也。

從此以後，觀諸三界世間如夢如幻，現觀自心阿賴耶識從無始來皆無所得，皆無所失，現觀人生唯是一場大夢而已，此即見道者之解脫心也；以住此心者於三界有已無願求故，無願求則無作，無作則求有諸務皆息，心止於內而不外緣，此即佛說「妄想因緣滅盡」；漸漸遠離因於虛妄想像—不如理作意思惟—所引生之能說與所說、能觀與所觀；能親自領納受用佛法名相建立之身中如來藏識。對於七轉識（知覺作主之心）及其所觸六塵境界，以及能取性、所取性，皆能漸漸不相應；以此功德便能出離三界生死。

「無所有境界，離生住滅，自心起隨入分別」：菩薩以親領納眞如之行相故，現觀身中眞如住於無所有無所得境界。現觀一切有情之五陰四陰有生住滅，眞如無生住滅—永不壞故無滅，無滅故無生；於外六塵中現有內六塵，如鏡現像而不生分別，不分別故無執，無執故無所住。

菩薩因眞見道故，七六二識起根本無分別智；由此智故於四威儀中隨入分別，以眞見道所領納之眞如行相，現觀眞如於四威儀陰處界一切法中，皆無所得無所失，皆不墮於生住滅行相中；隨之發起後得無分別智，入相見道位，能現觀眞如之安立諦及非安立諦十六心差別，是名「自心起隨入分別」，永離不如理作意思惟所生一切邪見、見取見……等。

「大慧！彼菩薩不久當得生死涅槃平等、大悲巧方便、無開發方便。」彼菩薩如是修行，必依眞見道及相見道之無上功德，由後得無分別智而漸漸通達八識心王之五法三自性、七種性自性、七種第一義；復依此等智慧而捨凡夫性，發十無盡願而起聖性，成初地心—生如來家。

以通達楞伽眞義故，由其增上意樂—十無盡願—而勇猛修習百法明門及廣大施；精研戒旨，細持不犯；心清淨故入於三地修習增上心學及五神通，發起四無量心而增上五神通，能親自具足領受三界中之眞如行相，依四地心復於三十七道品起諸無生法忍觀慧，復於五地心中觀生死涅槃平等眞如；於六地心中細觀十二因緣中之眞如行相，証取滅盡定而不入涅槃，証得大乘盡智，轉入七地心；於七地心中依於大般若而起大悲，修習無量方便善巧，因此証得念念入滅盡定三昧，非二乘俱脫無學所知也；此菩薩地地升進，至於七地滿心時，必逢釋迦世尊加持，授予「引發如來無量妙智三昧」，而入八地，此後於自身解脫道一切行皆無功用，已圓滿解脫道故，是名無開發方便。

菩薩如是修証，由初地入心，地地增上而入八地，度第二無量數劫。然諸佛子欲度此劫者，先須求度第一無量數劫；欲度第一無量數劫者，當須先求眞見道。眞者簡別見道後觀行眞如於諸法中行相之相見道，故名眞見道；眞者亦簡別凡夫外道之錯悟，所以者何？謂諸凡夫外道錯以能知能覺之心爲眞如，或錯以知覺心住於無妄想中爲眞如，成爲假名見道，故名眞悟者爲眞見道。

一切凡夫外道及二乘愚人，不知不見眞如，不能親自領受眞如之無量行相。凡夫外道執知覺心爲不滅者，二乘無學羅漢曉了知覺心乃是識蘊，曉了作主心乃是十八界內意根，亦是識蘊攝，故脫生死輪迴，而猶未能領納眞如諸般行相；於諸凡夫外道，言彼二乘無學爲聖人；於大乘菩薩道中，說彼二乘無學未入七住賢位，不証無生法忍，唯得二乘無生忍，於七住菩薩無生智慧懵無所知，何況初地無生法忍智慧？故名爲愚。

七住不退菩薩能親領受《金剛般若波羅蜜多經、心經》意旨，不能領受《楞伽經、金剛三昧經、菩薩瓔珞本業經、成唯識論》意旨，唯得眞見道之根本無分別智故，未得相見道之後得無分別智故，唯名見道賢位菩薩，不名大乘別教聖人；若無善知識攝受，其中性障重者、福慧未具足者，仍將退入凡夫不善，造諸誹謗三寶、破壞正法惡業，墮於三途。其中性障輕微者、福慧具足者，設使無有善知識攝受，亦不退失，唯不能速入初地爾。

一切未悟及錯悟佛子聞道修入初地需時一大無量數劫，便生畏懼，縮足不前，恐懼菩薩道之長遠難修。然諸佛子有所不知者：謂佛早曾開示：「善男子！經於三大不可數劫或無量劫，所謂年、月、半月、晝、夜、一時、半時、須臾瞬息、剎那量劫不可數故。」此說有佛子以一劫為一劫，如是三大無量數劫斷二障隨眠；有佛子以一年為一劫，如是三大無量數劫斷二障隨眠；有佛子以一月為一劫，乃至以須臾瞬息為一劫、以剎那剎那為一劫，如是三大無量數劫而斷二障隨眠，成究竟佛。是故三大無量數劫者，因人因法而異，非必定以一劫為一劫而度三大無量數劫也。

然不論以劫為劫，或以剎那為劫，要須先得眞見道功德，若未入眞見道位，不能修入初地，不度第一無量數劫；眞見道者—菩薩明心，親領納眞如法身，能於四威儀中領受眞如一切行相，復因性障輕微、福慧雙修、得眞善知識攝受而不退者，斯可名為眞見道者。

大乘見道之眞偽，須依大乘方廣諸經律論檢覈，完全契符，方得名為眞見道菩薩，位階七住。此後方入內門修菩薩六度萬行，經一大無量數劫而入初地，名爲通達位。六住以前皆是外門修六度萬行，唯名修集資糧及與加行；是故大乘佛子當以破本參—明心—見道爲首要之務。若不破參見道，尚不能知眞如總相，何況能知相見道之初地智慧？何況能知五地生死涅槃平等？何況能知七地方便善巧波羅蜜多？何況能得八地相土自在任運化現？是故菩薩應速求見道明心，現觀能取之心及所取之境皆是自心阿賴耶識所變現，無外境界；依此方能於能觀所觀、能取所取等一切境界中，親身領受藏識之行相，而得次第進入修道聖位。

「大慧！彼於一切衆生界皆悉如幻，不勤因緣；遠離內外境界，心外無所見，次第隨入無相處。次第隨入從地至地三昧境界，解三界如幻，分別觀察，當得如幻三昧；度自心現無所有，得住般若波羅蜜；捨離彼生所作方便，金剛喻三摩提，隨入如來身；隨入如如，化、神通、自在、慈悲、方便、具足莊嚴，等入一切佛剎、外道入處；離心意意識，是菩薩漸次轉身，得如來身。」

疏：《「像那樣修行的菩薩，當他觀察一切衆生法界時，都會看到衆生界猶如幻化，都不眞實，從此以後再也不會對衆生界起貪著而殷勤造作貪取之因緣。從此遠離內外境界之執著，發覺一切皆唯自心所現，無有心外之境可見可得，因此一步一步地隨此現觀之智慧而進入無相境界，至於初地。復由初地起修升進上地之各地應修法門，次第証得初地乃至十地所應証得三昧境界；於其中間，能如實証解三界境界皆如幻化而有，無有恒住不滅之三界境界，以此眞實觀察分別，將會証得八地如幻三昧，於相於土皆能任運自在化現。超越自心所現境界，住於純無相、無所有境界，獲得安住於般若波羅蜜之智慧─得『引發如來無量妙智三昧』；此菩薩捨離一切導致受生之業行及方便行，証無生法，永不再受後有；復能以般若波羅蜜多及方便波羅蜜多，發起願波羅蜜多，次第修進，乃至最後金剛喻定現前，隨之進入如來法身境界，成究竟佛，恒住如如之境，顯現變化作業、大神通、究竟自在、大慈大悲、無量方便善巧、具足莊嚴之廣大報身，能平等同時於一切佛刹示現化身，能至一切佛刹，能入一切外道至處而爲說法；如是遠離心、意、意識之執著，修習轉依，這樣的菩薩地地次第証十眞如，分証法身，將會証得如來三身具足圓滿。」》

「大慧！彼於一切衆生界皆悉如幻，不勤因緣；」此謂菩薩証得阿賴耶識空性之後，証知唯有祂是常住不壞者，依阿賴耶不壞心而觀見聞覺知心、觀無妄想之靈知心、觀空明覺知心、觀處處作主之心、乃至觀於山河大地、觀於十方虛空無量世界，皆無常住不壞者；唯有眞如法界常住不壞，遂於衆生界証得如幻現觀—現前觀見一切衆生界皆悉由眞如空性假藉衆緣幻化而有，或一二小時而亡，或月或年而亡，或如人之八十歲而亡，乃至如非想非非想天之八萬大劫而亡，悉皆無有常住不壞之法，唯有阿賴耶空性常住不壞。佛子以此現觀故，轉而著重於生生世世永續修行之菩薩道業，於衆生界諸有爲法有漏法，不勤貪著造業。

衆生界者謂四生六道、三界九地，此皆有漏有爲凡夫境界。界者謂功能差別而生阻隔，故名爲界；如人不知不行餓鬼境界，如地獄有情不知不行天人境界……乃至色界天人不知不行無色界有情境界，是故名界。此諸四生六道、三界九地有情界，皆名衆生界；四聖境界非是衆生，非非衆生；已離三界輪迴法故，非是衆生；於三界六道中度化有情時，現有衆生五陰故，非非衆生。

「遠離內外境界，心外無所見，次第隨入無相處。」菩薩由於証得大乘見道—明心，能親領受內外一切境界皆是自心阿賴耶空性藉緣而現；離於自心，欲覓外六塵及內六塵者，皆不可得—離心之外皆無一法可見其有，菩薩因此遠離內外一切境界之執著，漸漸地隨順此一見地而次第深入無相無住境界，以此而入初地，名爲生如來家。

菩薩入於此地，能斷盡煩惱障而不勤斷；唯伏三界煩惱永不現行，如阿羅漢，已離異生性障，發起聖性，故名聖人；而猶不離隔陰之迷，示同凡夫，亦無神通及禪定修證，故諸性障較重之三賢菩薩悉皆不信此菩薩已入初地；唯有性障微薄之三賢位菩薩，依於如理作意之思惟觀察，能信此菩薩已入初地。以信受故，隨於其後見聖思齊，乃勤學種智、發十無盡願、離凡夫性而隨入初地，住無相處，而亦不斷盡煩惱障，留微薄三界惑而潤來世受生種子，不取涅槃，不証慧解脫無學境界，名爲留惑潤生。

無相處者乃是眞如阿賴耶識境界，離見聞覺知，本來自性清淨涅槃，方是眞無相處。十餘年來海峽兩岸乃至全球顯密大師，悉皆教人認取無妄想之覺知心，以之爲無相實相心，悉墮有相處，不得至無相處。

何故作如是說？謂無妄想之覺知心，無有一時不對六塵：定外一切時，恒對六塵而起覺知；定中一切時，恒對定境法塵而起覺知；覺知即是分別，六塵即是境界，境界皆悉有相—色相聲相…乃至定境法塵相。既墮色聲香味觸法相中，即非無相處，是有相處。

藏密古今四大派祖師悉認「空明覺知心」爲不生滅心，應成派諸中觀師復主張：「空明覺知心入於定中、無形相故空，能了知定境或觀想境故明，有無盡之覺知故不生滅」，悉墮有相處而自謂無相。空明覺知心既墮觀想所得像中，即是色相，云何主張空明覺知心無形相而謂爲無相？既墮定境法塵相中，即是有相，云何自謂無相？既於六塵乃至定境法塵相清楚了知，則墮分別，有能取境相及所取境相，云何可謂無相？

唯有眞如阿賴耶識，不於六塵起於了知分別，離三界六塵之了知，方得名爲無相者；菩薩以証悟此心故，能親領受此心「遠離見聞覺知、不了知六塵、不墮六塵、能生六塵萬法而任運隨緣」之體性，以此安住，方名入無相處。此非藏密四大派古今諸祖諸師所知，非藏密應成派古今諸中觀師所知，亦非現今全球諸錯悟大師所知也；謂彼諸人悉墮「無妄想之覺知心」處，執以爲眞，而不知此心念念生滅、刹那變異，又復有五時斷而不起—眠熟、悶絕、正死位、無想定、滅盡定—故非常住不滅之無相眞心。認此妄心爲眞者，永遠不能隨人無相處；此心唯於有相處相應故。

何以故？謂此心有証自証分，能於六塵及定境法塵中反觀自己故。然眞如阿賴耶識不唯不住六塵境中，亦離見聞覺知，亦不返觀自己，亦不了知自己之存在與不存在，方是無相心；如是安住，名爲隨入無相處。住於定境法塵境中之明覺心，以有明故能知定境，則必有欣厭之心，故能轉捨可厭境、轉取可欣境，則墮定境法塵相，不離能取定境之能取心相及所取定境法塵相，不入無相處；乃至修得非想非非想定，住於定中，仍是住於有相處。

若入於眠熟…乃至滅盡定中，於此五位中則是斷滅—空明覺知心斷而不現，非是空明覺知心住於無相處；斷而不現故。至應現行時，方由意根末那之作意，而由眞如阿賴耶識現起空明覺知心，是故三藏中處處說之爲了境識，屬於第三能變識，說此心有三俱有依故方能現行，非是本來自在不滅之心。眞如阿賴耶識則於眠熟等五位中亦恒自在不滅，而離見聞覺知，於自己之存在與不存在亦不加以了知，離一切六塵相故不起憎愛，方是眞實住無相處；菩薩以眞見道而了知此理，生起智慧，令空明覺知之意識心轉依眞如無相境界而自安住，是名「隨入無相處」。

「次第隨入從地至地三昧境界，解三界如幻，分別觀察，當得如幻三昧。」菩薩以於七住位眞見道故發起智慧─後得無分別智─隨眞善知識熏習《楞伽經》等佛法，漸漸通達而發起聖性，永伏性障令不現行如阿羅漢，是名見道通達之初地菩薩。既至初地，復隨大善知識聞熏百法明門，發十無盡願，地地升進，隨學千法明門乃至萬億法明門；一切十地菩薩所應證得者，悉皆求証；一切十地菩薩所應斷除者，悉求斷除；証得諸地所應証之增上慧學無量三昧，亦証三地所應証得之增上定學一切三昧，是名「次第隨入從地至地三昧境界」。

此菩薩於從初地至十地之修行過程中，必定如實體驗領受：「三界九地境界皆是自心阿賴耶識依於父母及業緣種子而輾轉化現，乃是暫時而有，猶如幻化，終歸壞滅，無有恒住不滅之三界境界。」如實了知《心經》所說「諸法空相」眞義，如實了知二乘修証境界悉依蘊處界法而說－皆說諸法空相而不及法界實相－唯說緣起性空而不能及實相空性；皆依蘊處界之緣起性空、苦空無常無我而說，不知不曉無我空性實相之心，所說非第一義諦。

以雙照二邊故住於中道：親領受蘊處界萬法空相，亦親領受能生蘊處界法之無我空性阿賴耶心；親領受三界有爲法之生死變易，亦親領受生死變易中之不生死壞滅之空性阿賴耶心；親領受阿賴耶心主體永無生死壞滅而其中蘊藏無量無數生死煩惱種子變易及所知障隨眠之可變易；親領受阿賴耶心之離見聞覺知、不自知我、不自執我，而能生七轉識見聞覺知心能自知我、恒執內外一切法爲我我所；能親領受……；能親領受一切種智等等。以能雙照二邊故能不住二邊而住中道，住中道者則無所住。

菩薩以依如是無生法忍智慧三昧，眞實証解三界一切法皆悉如幻如化，無有一法而可常住；復見一切三界有法皆悉如幻之中，有常住不滅之空性心阿賴耶識永恒不壞，因此能離生死之厭及涅槃之欣，不同二乘厭惡生死求趣涅槃，是故不入涅槃。如是依於無生法忍所得三昧，分別觀察，雖於六地証得滅盡定而不入涅槃，雖於七地証得「念念入滅盡定」而不入涅槃，勇猛進修而証如幻三昧，復依佛之加持傳授「引發如來無量妙智三昧」而入八地，於相於土皆能任運變現，隨意自在。

然而如幻三昧，非唯八地有之，菩薩七住眞見道後，過無間心而起解脫心時已分証之，唯至八地具足圓証如幻三昧。依善知識緣而悟入者，若悟後心疑不信而退轉者，不能分証如幻三昧。若如藏密之錯執「空明覺知心」爲眞者，或如顯教諸師錯執「無妄想之覺知心」爲眞者，唯能証知三界物質—色蘊—之如幻，不能証知能取心—無妄想之覺知心—如幻，不名分証如幻三昧；能取境心是三界有法故，無妄想之覺知心一向不離定境法塵故。

「度自心現無所有，得住般若波羅蜜；捨離彼生所作方便，金剛喻三摩提，隨入如來身；隨入如如，化、神通、自在、慈悲、方便、具足莊嚴，等入一切佛刹、外道入處；離心意意識，是菩薩漸次轉身，得如來身。」菩薩如是修十地行，得度自心所現一切所知境—無有一法是由心外所現而可得者；次第領受體驗而漸轉進，入於十地，圓滿智慧波羅蜜多，十度圓滿，大法智雲遍覆世間，名法雲地。

此菩薩復得十方諸佛手灌頂神力建立而得滿心，入等覺地；至最後身，頓斷所餘極微細所知障隨眠，及頓斷因地故意所留一分煩惱障種，金剛喻定現前，隨金剛三昧入証如來法身，以此具足証得如來三身—究竟地眞如法身、三十二大人相廣大莊嚴報身、遍十方界隨緣示現應身化身。

「隨入如如」者，謂入佛地後，不唯七識聚悉皆純淨，其眞如頓現大圓鏡智，並與五遍行、五別境、善十一等心所法相應，非如等覺以下菩薩之眞如唯與五遍行心所法相應；故佛地眞如非唯能與前七識共同運作，亦能獨自運作，逕與有緣衆生相感而應，非等覺以下菩薩之所能知，是故佛地眞如獨名常樂我淨，非餘地可以名之。是名隨入如如。

「化」者謂變化所作，大神通也；依於如如之境，起諸神力變化，懾攝大力外道神天。及以前五識所得成所作智，隨意於十方無盡世界化現應身化身而度有情。依十度波羅蜜多圓滿功德，能同時平等示現於一切佛土及與無佛之外道世間，神通自在，具足莊嚴、慈悲、方便而度有情。此菩薩次第轉依，漸次修証十眞如，最後具足圓滿轉依，証得佛地圓滿三身。

「大慧！是故欲得如來隨入身者，當遠離陰界入心因緣所作方便生住滅妄想虛偽，唯心直進，觀察無始虛偽過妄想習氣因——三有；思惟無所有佛地無生，到自覺聖趣；自心自在，到無開發行。」

疏：《「大慧！由這緣故，想要証得如來隨順而入之法身等三身的人，應當遠離五陰十八界六入心相應之各種因緣所作生住滅法諸虛妄戲論分別；只須依所証『一切唯心所現』之証量與現量，而觀察無始劫以來，導致有情虛偽分別過失諸習氣之原因——三界有——欲界粗重色陰及覺知心、色界微妙色身及覺知心、無色界之微細覺知心；深心思惟佛地無相無所有、無生境界，進入佛地自証聖法境界，能令自身八識心王皆悉自在，究竟無功用行。」》

「陰界入心」：謂依於五蘊而現有之心。陰者色受想行識，此五法遮蔽衆生智慧，執見聞覺知心及色身爲我，覆障衆生不能証得眞如，不能得慧解脫，故名爲陰；陰者陰蔽也。入謂六入：眼入色法，耳入聲法……乃至意根入一切法；六根所入之法，即名六塵；故名六入。界謂十八界—六根六塵六識；眼根唯入色法，不入聲等五法，故眼根獨名一界；色塵唯入眼根，不入耳等五根，故色塵獨名一界；眼識唯辨青黃赤白等顯色，不辨聲等五塵，故獨名一界；耳根……乃至意根末那唯入法塵一法—譬如能入五塵所生之法塵諸法—不入色等五塵相分，故獨名一界；五塵等所生法塵唯能入意根末那，不入其餘五根，故法塵獨名一界；意識能細辨法塵之功能，不共餘五識及意根末那，譬如末那雖能觸內五塵相及法塵，而不能細膩了別，唯有意識能之：如意識能了別色塵之形色、表色、無表色、及顯色中之微細處，非意根末那及眼識所能，是故別立一界。

然十八界不能獨立於有根身而有，故須依有命根之色陰而有；以有命根(阿賴耶住身)有壽有暖，故有十八界；有十八界故，得有清清楚楚明明白白處處作主之心—識陰；有識陰故，得有受陰；有受陰故，得有想陰；有想陰故，得有行陰；五陰具足故，得名爲人爲我；有人有我故，得以受報及造業。而此清清楚楚明明白白處處作主之心—空明覺知心或無妄想之明覺心—即是五陰十八界六入之心，此心之體性自無始來，唯與陰界入法相應，一向墮於身覺境界；身壞，則一切境界隨壞，不能攝受境界，不能去至來世，故名陰界入心。

一切凡夫、外道、未見道佛子，及見道後不能忍於眞如之無生，而不認眞如、改認無妄想之覺知心者，皆因不明白無妄想之覺知心虛妄，不知此心依他而起、非能自在；不知此心依陰界入法而有，同於數論外道之認定此覺知心能受胎持身而生萬法；悉皆不能忍於眞如之無生—於此覺知心外別有離見聞覺知之眞如—於此見地不能安忍，而堅執覺知心捨棄妄想及分別之後可以轉變成眞如、可以去至來世。如此類人悉墮「陰界入心因緣所作方便生住滅妄想虛僞」之中，拙著《眞實如來藏》中已有詳細辨正，佛子閱之可解，此處勿煩贅言。

佛子以親証如來藏阿賴耶識故，能親領受其涅槃體性及能生萬法體性後，確認其眞實不虛，便知清清楚楚明明白白處處作主之自己乃是我，此我依他而起，幻起幻滅，非能常住，亦非本來自有，遂証得無我見。

佛子熏習無我見，而未能証得阿賴耶心者，必墮二乘見，以緣起性空、無我無常而解大乘法。常見外道以未能証得阿賴耶心故，執取清清楚楚明明白白處處作主之心爲不生滅心，欲以此心而住涅槃，故名常見外道；復有外道如實觀察此心生滅，死已永斷，遂認一切有情無有過去未來世，一切皆依色身而有，唯有一世，故名斷見外道。

凡此皆因未能親身証得法界實相心—空性阿賴耶識—而墮「陰界入心因緣所作方便生住滅妄想虛僞」中；欲証如來圓滿法身者，應速遠離之，求証法界實相心—阿賴耶識；証已復應深入驗証、親自領受一切境界皆唯自己之阿賴耶心所現—七轉識及所識一切境界皆是阿賴耶自心所現—一切唯心造；如此唯心直進，精勤觀行，便能了知無始劫以來之虛僞戲論妄想習氣之根源，都是從三有而來。因於欲界有、色界有、無色界有之執著，是故不能出離生死。

每見佛子習禪，唯求一心入定，而不斷欲界五塵之貪；乃至藏密四大派之無上瑜伽，貪男女欲之細滑觸，以彼粗重樂觸之能遍身與長久住身爲証得究竟佛果，而不知其爲欲界粗重有；執能一心不亂住於其中名爲俱生大樂，名爲究竟佛地境界；無知若此，甚可憐憫。乃竟有諸顯教法師不知其底蘊，爲「無上瑜伽」美名所惑，攀緣狂密法王，藉以自抬身價、炫惑徒衆，故名此時爲末法也。

中焉者，以色界定—初禪乃至四禪定境中之覺知心爲不生滅心，期待死後入住禪定境界中，常住不出，以爲涅槃；而不知其爲初禪乃至四禪定境；遂令徒衆修學禪坐，欲令住於心一境性，以証入一至四禪定境爲証得空性心，不知此乃色界之有，名爲外道涅槃心，實乃意識境界。合此四禪定心及欲界定中粗住定心，名爲外道五現涅槃心，《楞嚴經》中具說分明，不意如今全球顯密諸師，悉墮外道五現涅槃見中，皆不離欲界有及色界有，而云已經開悟見道，悉名大妄語也。

上焉者，以無色界定—四空定—中之定心爲眞如。然我世尊已於四阿含中遍破，開示彼定中之心乃是意識；外道目犍連、迦葉三兄弟、舍利弗……等人，以聞世尊此一開示，除去非非想定中意識覺知心之自我執著，能滅此心而証得滅盡定，成俱解脫阿羅漢，云何大乘菩薩法師智慧深利，而不知此？此謂佛世諸大阿羅漢於遇佛之前，皆因不知此是無色界有，故難出離生死；以謁佛聞法，知此定心是無色界有，故能棄捨而証滅盡定，出離三界分段生死。若有菩薩能了知三界有，便能於証得眞心阿賴耶識之後，唯心直進，觀察了知無始虛僞過失妄想習氣之因，皆因不了三有而生；而能依於阿賴耶心無生法忍，思惟佛地眞心—廣大阿賴耶—眞如之無所有、無所得無生，修入佛地自証聖法究竟覺悟境界；能令自身八識心王之每一識聚、乃至每一心所法皆能隨緣任運，利樂一切有情；而於自身悉離功用，完全自在。

「自心自在，到無開發行」者，謂菩薩三地滿心者，能得自在而未究竟；唯至佛地究竟：離於作意，任運而行，一切行皆於自身無有功用，所應斷者皆已斷盡、所應証者皆已証盡故。三地滿心菩薩云何亦得一分自在？後自當敘，此勿先舉。

「如隨衆色摩尼，隨入衆生微細之心，而以化身隨心量度；諸地漸次相續建立；是故大慧！自悉檀善，應當修學。」

疏：《「菩薩漸次修學至佛地已，應當猶如摩尼寶珠隨意變色一般，隨意化現各類有情身，依諸有情所應度身而現其身像，爲彼說法，令彼種種有情開悟—隨入衆生微細之心—阿賴耶識空性。凡夫衆生不能見知佛之莊嚴報身，故應以諸化身應身，隨諸衆生之心量大小深淺而度入菩薩道中；並須善巧方便建立諸地，令其漸次修行，方能次第圓滿佛地功德。由於這個道理，大慧啊！自身內法之成就現觀，是善淨的，一切菩薩應當要修學。」》

「衆色摩尼」：如《解深密經》佛云：若有清淨透明無色摩尼寶珠，與青色合，則現似帝青或大青摩尼寶珠像，有情不知，執爲帝青、大青摩尼寶珠；若此清淨寶珠與紅色合，則似琥珀摩尼寶珠像現，有情不知，執爲琥珀摩尼寶珠；若與他色合，則似他種摩尼寶珠像現，有情不知，亦起邪執。而實彼珠乃是清淨無色摩尼寶珠，有情不知，爲彼諸色所惑，不見彼珠透明無色之清淨相。

佛子未見道時亦爾，執著覺知心之無形像以爲性空，執著覺知心之能分別性以為性明，執著覺知心之眠熟已次日復起、以為永無止盡、永不斷滅；以此緣故，執著空明覺知心—意識—之相應境界，起心取著，是則墮於依他起性上；於依他起性之意識相應境界生心取著，名為墮於遍計執性。

若人能知摩尼寶珠眾色虛妄，所現眾色影像亦妄，則能了了知見彼摩尼寶珠之清淨無色透明本性，則能遠離眾色所現影像之惑亂。佛子亦如是，若能了知空明覺知心之依他起性，於此依他起心之相應諸境則能了知其性虛妄，離遍計執性—於一切有境界法有所得法不復遍計貪著，則能依於依他起性心及遍計執性心而尋覓証得「不離二性之行相微細心—阿賴耶識」。

猶如有人不離青色及青色所現影像，而了知摩尼寶珠之本來無色清淨透明本體；佛子亦如是，有智之人能依善知識教，於依他起性空明覺知心及其所顯遍計執性心上，驗証其本源心阿賴耶識之無染著性、不作主性、不貪不厭六塵等清淨涅槃性，是人即名大乘見道七住菩薩。地地進修，次第升進，發起智慧，亦能於未來漸成佛道。

如人能於了知眾色功能差別後，以各種差別色而隨意變易清淨摩尼寶珠色像，以及改變彼寶珠所顯影像；成佛之後亦復如是，能於具足了知七轉識功能差別之後，將其眞如隨意化現四生二十五有之不同色像，依於有情心量，觀其應以何身得度，隨緣示現化身度之；並爲有情方便建立十地相續修進之次第。

「自悉檀」：悉檀有四—世界悉檀、爲人悉檀、對治悉檀、第一義悉檀。自悉檀即是第一義悉檀，即是自身內明之學也。若人能入自悉檀，則能轉入內門修學佛道；若不能入自悉檀，唯能外門修學佛道，則不入見道位。若人欲入自悉檀，必須破參—覓得本心阿賴耶識。若能覓得自己本心，便能同時見得他人本心，如在目前；從此漸漸能依本心阿賴耶識而通達大乘方廣諸經，通達已，即入初地發起聖性。

若人悟後，得少爲足，不思通達方廣諸經，則不能入通達位，常住七住，不入初地，名爲懈怠新學菩薩。若能悟後殷勤修進，通達方廣諸經，則能發起增上意樂以及聖性，次第邁向八地，不久得成佛道。而此內門修道進階，悉皆必以眞見道之根本無分別智爲基礎，方能依之次第完成，是故一切佛子應以破本參、眞見道爲第一要務。凡此熏習禪法、破參見道、通達、修道、成佛等事，皆是自悉檀─內明之學；依於自悉檀爲根本，方能圓滿外論四明，具足了知餘三悉檀，是故佛云：「自悉檀善，應當修學。」

而今末法，邪說充斥，密教佛子多被誤導；以先入爲主觀念，反而排斥末學所說，迷信大名聲之名師，不信無名聲之明師；又復不肯依經依論檢覈末學及諸方名師所說，執迷不改，何能見道証解領受方廣諸經？則將隨諸名師永墮常見，迷執依他起性之意識覺知及遍計執性之末那作主心，見道尚且無期，何況能入通達位初地乃至成佛？而妄言果位修行、即身成佛，悉墮大妄語業中，來世尚且人身不保，地獄有份，何況成就佛道？悲歟夫！

以上依集性自性之體性，教導佛子修集功德、修集正知正見；修集自悉檀：見道、通達、次第深入如幻三昧，地地升進至於八地圓滿如幻三昧，而後能達佛地。此下則爲佛子說「性自性」：

爾時大慧菩薩復白佛言：「世尊所說心、意、意識、五法、自性相，一切諸佛菩薩所行，自心見等所緣境界不和合；顯示一切說，成眞實相一切佛語心，爲楞伽國摩羅耶山海中住處諸大菩薩，說如來所歎海浪藏識境界法身。」

《大乘入楞伽經》譯云：《爾時大慧菩薩摩訶薩復白佛言：「世尊！唯願爲我說心、意、意識、五法、自性相衆妙法門。此是一切諸佛菩薩入自心境、離所行相、稱眞實義諸佛教心。唯願如來爲此山中諸菩薩衆，隨順過去諸佛演說藏識海浪、法身境界。」》

疏：《大慧菩薩又向佛懇求說：「世尊所說如來藏心、意根末那、意識覺知心、五法、七種性自性等法相，証入自己的如來藏心之後，遠離所取境界及能取境之自心意識末那等行相，不與所緣境界和合；這是一切諸佛菩薩所行心境，也是諸佛所說、符合眞實道理之心。唯願世尊爲此楞伽寶山中之諸大菩薩，宣說十方如來所讚歎之猶如海水能生海浪及七轉識浪所顯如來藏識境界之法身—阿賴耶識。」》

《楞伽阿跋多羅寶經》屬於直譯，其中多有天竺語法直譯者，故倒裝句甚多；若不知其故，復未見道，則往往錯會，是故本詳解中有時並列別譯經文，令諸佛子易於暸解。

「心、意、意識」：謂阿賴耶識，意根末那識，空明覺知之意識。阿賴耶識乃是一切有情本具之根本心，本來自在，非因他有，是一切佛菩薩乃至一切有情之根本。意謂意根，即是末那識，亦即一切有情隨時隨處乃至夢中以及眠熟無夢時亦皆恒審思量之心，遍計執識是也。凡夫胡思亂想之心即是意識，修行者修定所成之「清清楚楚明明白白之心」即是意識，乃至修入非想非非想定中之微細了知心仍是同一意識，能出定入定、能了別之心即是意識；與別境五心所法—欲、勝解、念、定、慧—相應，《瑜伽師地論》及諸唯識方廣經中，說之爲了境識，恒依境界風而現起運作，依於心、意、意識種子及境界相分等緣方能現起，不能自起現行，故名依他起性心。

「五法」爲相、名、覺想、正智、如如；後自當說，勿煩先解。「自性相」即是第一輯中所說「集性自性」等七種自性之法相，上來已說「集性自性」相，今者正說「性自性」相，餘五亦當漸次而說，不勞先舉。

心、意、意識、五法、七種性自性，是一切諸佛菩薩所應觸証領受，此諸法相須依觸証領受心—阿賴耶識—之法相以後，方能如實觸証領納其餘諸法之法相，能如實領受通達此諸法相已，方能發起般若慧，依般若慧而生大悲，不入涅槃，圓成佛道。通達此諸法相者，方能証知一切相分以及見分—能取所取—皆是自心所現，無有眞實外境可得；方能漸漸遠離能取所取，圓成究竟解脫果及大菩提果。不能通達心、意、意識、五法、七種性自性，而云能成、已成佛道者，無有是處。

「海浪藏識境界法身」：大海之水，因風所吹，故生海浪，前後相逐，恒無休止。阿賴耶識亦復如是，因於無量境界風吹，起七轉識種種波浪，恒無休止；醒時乃至眠熟無夢時，末那於諸五塵相所生法塵中恒審思量，永不斷絕；藏識阿賴耶因此現起一識二識乃至七識，和合一識乃至七識共同運轉，恒無休止，而不於諸境界塵相起於分別執著或生厭惡，始終遠離見聞覺知、不生分別。如是能生有情我與我所，而自住於無我、不自知我之清淨境界，即是「海浪藏識境界法身」。若有佛子能親觸証領受此諸正義，即入見道乃至通達位，大悲般若漸漸生起，則不能忍於廣大佛子之被誤導，乃攘臂而起，奮不顧身而摧邪顯正，欲救廣大佛子回歸正道故。

爾時世尊告大慧菩薩言：「四因緣故眼識轉；何等爲四？謂自心現攝受不覺，無始虛僞過色習氣，計著識性自性，欲見種種色相。大慧！是名四種因緣水流處、藏識轉識浪生。」

疏：《世尊向大慧菩薩開示：「有四種原因使得眼識現行運作；爲何說有四種呢？也就是說：第一、色相乃是自心所現，而有情不知是自心所現，不能証實，所以起心攝受色相。第二、由於無始劫以來，虛妄執取色相實有的習氣熏習，導致眼識現起取諸色相。第三、錯誤地執著能見的心識是常而不滅之心，不願此心斷滅，所以常令能見之眼識現行運作。第四、樂於攀緣色相，不願遠離覺觀，時常升起作意—欲見種種色相。由於這四種原因現起爲緣，猶如水流不斷，使得如來藏阿賴耶識運作現行，流注眼識種子於眼根與色相接觸之處，相續流注不斷故，眼識現行運轉的波浪便出生了。」》

「自心現攝受不覺」：別譯爲「不覺自心現而執取故」。此句謂衆生不知不覺內外一切境界相，乃至能取境界之心我，皆是自己之如來藏心所現，而不信佛所說，迷於此理，不能証實，遂以爲所取外內相分及能取境之意識心爲眞實有，因而執著不捨，是故不唯流浪生死，亦不能打破所知障，唯於外門修菩薩行。

俗人每執外五塵境實有，不知外五塵是共業有情所有阿賴耶識共業種子所現。二乘人及新學菩薩則不信佛說有內相分，執外相分實有而生滅變異；不信有內相分故，則於佛語「一切唯心造」生疑，便疑非是佛說。

內相分實有，拙著《眞實如來藏》中已有敘述，此處勿煩重解。多有佛子不信佛曾說有內相分者，然實佛於《解深密經、楞伽經、金剛三昧經》及餘唯識系方廣經中已曾開示，彼諸佛子閱之不解，便謂爲無；今此經文亦謂「自心現攝受不覺」，亦証爲有。

試問：「一切凡夫有情，有不作夢者否？」若悉有夢，試問：「夢中五塵相是有是無？」悉有五塵相也。既有夢中五塵相，云何言無內相分？故知內相分是自心阿賴耶所現也。

醒時之內相分則與外相分合一，由阿賴耶依於五根所取外五塵相，如鏡影現，顯現完全相同之內相分；五根若有瑕疵，所取外相分隨生瑕疵，自心隨依有瑕疵之外相分而對現有瑕疵之內相分；能知覺之六識心，遂於五塵內相分境及其法塵境中起心分別；意根末那隨於其中處處作主，或取或捨。

若人質云：「汝雖舉夢中相分，謂非外相，我猶不信；汝復何言？」今則請問：「汝能攝取外境之心爲是色法？爲非色法？」若云是色法，則色法自是色法，云何能了相分？了相分者必能與相分和合故。若云能取境心雖是色法，亦能與外相分色法和合，猶如水之與乳；其義不然，謂能取境心既是色法，則析之乃至極微，其色仍存，永不壞滅，則應阿賴耶心亦是色法，能取境心由阿賴耶生故，則有多過，此暫不述。

若能取境心是色法故，能與外相分相觸和合者，則應能取境心可由吾人捫摸把捉，如喝牛乳、如吹空氣……等。而實不能，故知能取境心非是色法。既非色法，云何能觸外色法五塵相分？猶如飲水，必須色身方能飲之；能取境心不能觸水，何能飲之？是故能取境心不能觸外五塵。既不觸外五塵，云何能知能覺外五塵？故知必定由於自心阿賴耶，能持五根色法，藉以攝取外五塵相，對現內相分—似有物質色而非有物質色之相分，方能被能取境心所觸及了知。

此中尚有極多種智明門，如余於《成唯識論》詳解課程中所說，今以篇幅所限，不能一一詳舉。若有佛子能信有內相分，並能如實証解者，當知是人非新學菩薩，亦非二乘種性；其慧利故，不畏深妙法故，如理作意思惟故。

凡夫外道及二乘愚人，以不知不覺（覺則是証）內相分法，故執有外五塵相；不知有情無始以來未曾以取境心取外五塵；亦未曾以意識心取外法塵，法塵唯是內相分所顯故；是故不能証入「一切法皆自心現」智慧，故生貪著，輪轉生死；是名佛說「自心現攝受、不覺」。由斯理教，故說一切有情無始劫來之世世取境心，皆唯能取自心阿賴耶所現內相分六塵，所取一切境界皆是自心所現，非是外法；是故《金剛三昧經》云：「所見諸境唯所見心，心不幻化，則無所見。」有情以不知不証此理故，不能向自心阿賴耶境界安住，故令能取境心時時現行，故說「自心現攝受、不覺，令眼識轉。」

「無始虛僞過色習氣」：佛子証知阿賴耶自心已，復學一切種智，証知一切唯心所造，唯自心所現內相分法，欲向阿賴耶境界中安住，不欲觸外境，而一時不能成辦，以此緣故不入二禪等至；斯即「無始虛僞過色習氣」所致。謂此佛子雖非新學菩薩，而無始劫來同於凡夫外道二乘知見，不知不証能生萬法之自心阿賴耶、不知不証取境心唯能取內相分境之理，相續熏習內相分一切境界，計爲外境實有；以此過失之色法熏習所成習氣，致令眼識時時現起，欲取外色塵境，不知其性虛僞，唯自心現，而生貪著，時時取境，故云「無始虛僞過色習氣爲因，令眼識現行運轉」。

「計著識性自性」：計謂錯誤之認知，著謂執以爲實而不能棄捨。此謂凡夫外道不知能取境心虛僞，念念生滅，非能自在常住，依他而起；以不知故，執其能「識」之自性恒不壞滅，無窮無盡。此如藏密所崇奉之月稱、寂天二人所宗應成派中觀思想，以及阿底峽……宗喀巴、土觀等人，乃至晚近一切應成派中觀學者，於他人所說「無妄想之覺知心」或「能見能聞能覺知心」隨應取破已，復主張應將覺知心入於定中起觀，遣除名相，謂此即名住於中道；亦有應成派中觀師主張：不唯應於定中遣除名相，尚應於定中遣除覺知心對於自我之執著，謂能於定中如是安住者，名爲入証中道；自謂此爲究竟佛法，超勝一切宗派。

凡此皆是常見外道知見，不知不証中道，不得名爲中觀。何以故？謂彼等所說若是中道，則彼中道是變異法—入定名爲中道，出定即不住中道；覺知心出定時必與名相、法相、五塵相相到故，是則住於六塵相中，非是中道。中道心自無始劫來，不曾於六塵相中動心故，非有時動心、有時不動心故。

又：能入定出定之心乃是意識，意識之識性善能了別故；《瑜伽師地論》中，彌勒菩薩說之爲了境識，玄奘菩薩《成唯識論》及西天世親菩薩《攝大乘論釋》、無著菩薩《顯揚聖教論》等，悉說此心名爲第三能變識—意識，亦皆說此心刹那變異生滅，依他而起，非是常住自在心，云何藏密應成派諸古今中觀師及顯教中諸應成派中觀師執以爲實？而反否定佛及諸大菩薩所說有末那及阿賴耶識？竟因自身不能証得而否定末那及如來藏心阿賴耶識？凡此皆因計著意識之識性自性，不了其幻；復因不能証得藏識，便因恐墮斷滅見中，故執意識覺知心爲實有常住之法，謂爲「無盡之覺知」；悉墮常見外道法中，非佛法也；於眠熟等五位中斷滅不起故，不能去至來世故。

至於藏密自續派諸古今中觀師，雖承認有藏識阿賴耶，然因未能眞悟，未証得阿賴耶心，錯將「空、明、覺知」之意識心誤認爲即是如來藏阿賴耶識，亦墮於常見外道法中，而自以爲已悟眞如而成佛，如寧瑪派、薩迦派古今祖師仁波切法王等，莫非如是，悉墮常見外道法中。凡此皆因誤計意識之識性自性，尚不能知解末那及與賴耶之識性自性，何況能証賴耶藏識？不知不証，云何能知遠離及修道？

近年台灣大陸多有顯教法師，住持佛法，而悉同以意識覺知心離於妄想，謂之爲証眞如；大陸之代表人物者，譬如四川義雲高、河北淨慧法師、浙江王驤陸、安徽元音老人等，莫不以此爲悟，而不知世尊早於四部阿含中，經經皆說此心名爲十八界中之意識，乃是識蘊所攝，是無常生滅法，說爲外道常見法。台灣則有中〇山之惟〇禪師於此「能見能聞、清清楚楚明明白白之靈知心」上，再加上「處處作主之心」，則是於意識上再加意根末那識，說能處處作主；是則於意識之依他起性上，再加遍計所執性，更加悖離解脫道。當知處處作主之心即是恒審思量之末那識，於種智中及四部阿含所攝諸經中，佛說此乃十八界六根中之意根，識蘊所攝；生死有爲乃至一切名相之執著，皆因此識而起，云何大禪師教人執此「遍計所執性之末那心」爲不生滅心？爲解脫心？此等法師，遍佈海峽兩岸，處處皆有，居士亦然；皆因計著識性自性所致。此等出家在家諸師，於阿賴耶識之識性自性—離見聞覺知、不別善惡、於三界萬法中悉不作主等自性—尚不能知，誤執意識末那識自性爲眞如，云何能有悟緣？何況能遠離意識末那識自性？竟敢以諸誤計貪著之意識末那識自性說爲眞如阿賴耶自性？背解脫道已，復更印行開示錄，於海峽兩岸廣泛誤導佛子，將外道見說爲佛門第一義法，聚斂佛教資財而弘外道常見之法，反而排斥及破壞宗門第一義諦法門，誣爲「出偏」，禁止徒衆攝取眞正第一義諦之正知正見，悉不畏懼世尊警告將來惡果：「身未証法而在高座，身自不知而教人者，必墮地獄。」今者大陸台灣諸師，未証藏識眞如，而處高座，以自己所不知之眞如用以教人，以「常見外道所說不生滅之心」—意識，而教人者，名爲弘揚佛法，實是以外道法轉易佛法，本質乃是破壞佛法，名爲「不淨說法」。此事若不加以辨正，未來佛教悉將質變爲常見外道法，終將名存實亡，唯餘教相名相，猶如昔年天竺佛教之滅於密宗手中，如出一轍。

欲令佛法中興者，唯有一途：廣令佛子了知八識心王之「識性自性」；了知之後，或能得証藏識阿賴耶、或不能得証，皆有正見，能辨諸方所說是否爲常見外道法。則不爲邪法所惑，則佛法復興可期；若諸佛子迷於諸方大師名聲及出家表相，情執不捨，不肯冷靜思惟、依經依論導正知見，反依錯悟之名師指示，抵制弘揚正法者，其破法共業重報，寧不畏懼？更有愚痴無智之人，破我第一義正法已，反認爲其所說所行爲護持正法，心中法喜充滿；殊不知來世尤重純苦之長劫果報，即將於捨壽之後現行，眞乃可憐憫者。

「欲見種種色相」：謂因前三緣故，令眼識種子由於末那之習氣作意而時時現起，欲見種種色相，不肯歇息。眼識如是不斷現行，耳鼻舌身識乃至覺知之意識亦復如是，恒欲覺知一切法，不肯歇息。而此諸識及與末那之不斷現行，則有萬法恒現不休；猶如海浪前後相繼，恒不斷絕。

「是名四種因緣水流處、藏識轉識浪生」：以上所說，即是四種令眼識乃至意識現行運作之因緣；猶如瀑流水急流之處，各種水浪恒現不息，藏識生七轉識之浪，亦復如是，常常現行。

「大慧！如眼識，一切諸根微塵毛孔俱生；隨次境界生，亦復如是：譬如明鏡現衆色像，大慧！猶如猛風吹大海水，外境界風飄蕩心海，識浪不斷。」

此段經文應如是譯：「大慧！如眼識，一切諸根微塵毛孔俱生，譬如明鏡現衆色像；大慧！猶如猛風吹大海水，外境界風飄蕩心海，識浪不斷。」

《大乘入楞伽經》別譯：《如眼識，餘亦如是：於一切諸根微塵毛孔，眼等轉識或頓生──譬如明鏡現衆色像；或漸生──猶如猛風吹大海水。心海亦爾──境界風吹，起諸識浪，相續不絕。》

疏：《「譬如眼識，於眼根頓時生起，餘四識耳鼻舌身識亦如是，於耳鼻舌身根頓時生起，並且遍於五根之微塵毛孔中俱生；猶如明鏡顯現青黃赤白長短方圓一切色像，皆是頓時全部顯現。頓時現起之後則有漸生，後眼識種隨於前眼識種之後現前生起，連續不斷，……乃至後身識種隨於前身識種之後生起，連續不斷，是名漸次生起；猶如猛風吹大海水，一陣接連一陣，掀起連續不斷之海浪。衆生心海也是如此──一陣又一陣的境界風吹，便使藏識中的五識種子不斷現前生起，現有五識波浪運行，相續運作而不間斷。」》

「俱生」：謂頓時現起。譬如睡醒：眼識於眼之勝義根頓時生起；耳鼻舌身識亦然，頓時於彼四勝義根生起。眼識頓起時，係於眼根之勝義根中遍一切微塵毛孔頓生；非於其中小處現起後漸漸擴散至全部勝義根；耳鼻舌身識亦然，各於其勝義根之全部遍時頓生。眼勝義根謂大腦中掌管視覺之部份，……乃至身勝義根謂大腦中掌管身觸感覺之部份，非謂全身之根；全身五根乃扶塵根故。

「隨次境界生」：謂漸生也—後眼識種子踵接前眼識種子之位現起—前眼識種滅謝時，由後眼識種繼於其位現行；非有二眼識種同時現起，乃是前後相繼不斷；猶如電影膠卷，前一格畫片過去時，引導後一格畫片繼於其位現起，是名漸次生。前識種須開避其位，方能引導後識種繼於其位現行，故云前識種爲後識種之開導依。又名等無間緣依：前識種與後識種間，不容第三識種間於其中生起，故名無間；亦不得有二後識種同時現起，故名爲等；又前後識種必須同爲眼識種，不許他類識種—耳鼻舌身—繼於前眼識種之位現行，故名爲等；是謂前眼識種爲後眼識種之等無間緣依。眼識現起後，色塵境界隨生；此謂眼識現起後，方有能了境心，故名境界隨次生；然實色塵境界相分一直存在眼勝義根中，唯除眼根壞及捨報後；然以眼識未現起故，無有能見色塵相分者，是故心中無有境界，非謂彼時無色塵相分也。眼識如是，耳鼻舌身識亦復如是，皆有頓生及與漸次生。

眠熟時非無五塵相分於勝義根中示現，然因五識未曾現行運作，無有了知心能予分別；不知不覺故，無有境界現前。若眠熟時之外五塵相分有突然重大改變，譬如身遭蛇鼠螫咬，則內相分亦因而顯現其螫咬之相分，意根末那能知此相異常，然其了別性劣，無能分明知其相分究為何事？亦無能力分別判斷應作何事？乃起作意，令阿賴耶識現起身識及意識種子，是名頓生；二識頓生已，則境界隨之現起，便知其相分之重大改變究為何事；意根便依身意識之了別，而作主決定採行某種處置行為。是故境界之現前，乃是隨於見聞覺知心之生起而現前；見聞覺知心及境界未現起時，於眠熟位之五勝義根中仍有內相分依於外相分而不斷現起，然無境界—見聞覺知心斷而不現，無有領受內相分之我，故無境界相。以上說五轉識頓生之相性及生已相續之相性。

「因所作相，異不異；合業生相，深入計著，不能了知色等自性，故五識身轉。大慧！即彼五識身俱，因差別分段相知，當知是意識因。彼身轉，彼不作是念：『我展轉相因』。自心現，妄想計著轉；而彼各各壞相俱轉—分別境界分段差別；謂彼轉。」

疏：《「一切法之根本因—阿賴耶識，與所作相—眼見色、耳聞聲、鼻嗅香、舌嚐味、身受觸等法相，非一非異；和合五根五識之業習及所作之相生起，深入其中，錯誤的貪著，不能徹底明白色聲香味觸之自性，所以五識現行運作。大慧！於五識現行運作之同時，爲欲分別五塵境界之現起與消失之間的分段法相而起覺知，當知即是意識生起現行之原因。這六個識現行運作之時，他們並不這樣想：『我們同時現行運作，展轉互相作爲現行生起之因』。而其實都是阿賴耶自心所現，因爲沒有智慧，虛妄分別而作錯誤的自我貪著與運轉。而此六識各自於生滅變異相中同時運作—各自了別不同的境界差別；這就是六識的運作。」》

「因、所作相，異不異」：因謂一切萬法之根本因—阿賴耶識；無爲法依於心不相應行法、色法、五十一心所有法及八識心王而顯現出來；心不相應行法則依色法、五十一心所有法及八識心王之三位差別而有；色法則是由五十一心所有法及八識心王方能出現，而由有情運作接觸；五十一心所有法，其實乃是八識心王之相應行法—是八識心王之功能體性；而八識心王之前七識，則是由第八識阿賴耶藉緣而生起運作；由此道理，應知三界萬法之根源即是阿賴耶識；前六識於人間見色聞聲……乃至覺知諸法，悉皆輾轉由阿賴耶而生，故說阿賴耶是一切法之根本因。

眼識了別色塵……乃至意識覺知諸法，皆是有為有作之相；此等了別六塵之法，即是六識之所作相—六識為能作者，了別六塵為所作法，此二和合而生所作相。

而所作相—有情於六塵中之了別執取相—與能生所作相之因（阿賴耶識）非一非異。云何非一？此說所作相與阿賴耶識因若一，則所作相即是阿賴耶識；所作相有生有滅，則阿賴耶識亦應有生有滅；若有生，則阿賴耶識應非本有，非本來自在；若有滅，則阿賴耶識應是斷滅法；若是斷滅法，則不應能生六根六識諸法；若阿賴耶識非爲本有常住法，而能忽然生起現行、轉生六識等所作相，則阿賴耶識應別有能生之因體，不應無法能忽生諸法故。若謂阿賴耶識因於無明而忽然生起現行，則能令阿賴耶識生起現行之無明應有其所依之體，不應無明依於無法而存在故。以此故知阿賴耶識是無明所依之主體識，以無明業力故，令六識生起六類萬法諸所作相；此諸所作相有生住異滅，然阿賴耶識主體無有生住異滅，本來常住而亦永不壞滅，故云非一；若二者是一，則所作相滅已，阿賴耶識因亦應滅，則成斷滅見，一切染淨業行悉無因果。

云何非異？此謂所作相―六識了別六塵萬法―乃由阿賴耶識爲因而生，則所作相即是阿賴耶識之一分功能體性，故名非異。若所作相異阿賴耶識，則所作相非由阿賴耶識生，應所作相於無法中忽然而現，現已自滅，則應一切有情悉皆無因而有、無因而滅，則成外道無因論。則一切有情出生已，應唯有六根六識，皆無阿賴耶識，死已斷滅，無有阿賴耶識持種，則應一切有情於成長乃至死亡之過程中，不能熏習諸有爲無爲法，悉應以甫生之嬰兒智慧、猶如白痴一般過其一生，無阿賴耶識執持熏習諸法之法種故。由是故知阿賴耶識因與所作相非異，所作相是阿賴耶識輾轉而生，亦是阿賴耶識之一分功能體性故，是故佛云：「因、所作相，異不異。」異者非一，不異者非異也。

「合業生相，深入計著，不能了知色等自性，故五識身轉」：此謂一切所作相，皆由自心阿賴耶識所生，藉無始世來每一世之五根五識熏習所成業種，而現起五識，欲了知六塵，而有所作相生起；凡夫有情於此「合業生相」之理不如實知，反而深入所作相中，錯誤地認爲見聞覺知心與所作相皆是實有法，因此生起貪著；無智慧故，不能了知色等六塵皆是自心所現，皆是無常生滅之法，無有常住不壞之自性，所以五識現起運作；若能了知色聲香味觸等五塵皆是自心所現，則能漸漸修除五識欲知五塵之習氣，便能修得二禪等至，証得無覺無觀三昧。

「即彼五識身俱，因差別分段相知，當知是意識因」：身者，謂五識功能差別有異，各各不同，故名爲身；五識非爲一識故，名五識身。於眼耳鼻舌身識運作之同時，另有一識與五識同時存在，分別五塵相互相之間有所差異，亦於五塵相之生起與消滅之分段相而作了知，這就是意識生起運作之原因。

意識即是禪宗內錯悟諸師所說之眞心—無妄想之覺知心，即是藏密自蓮花生大士以下諸祖所說之眞如—空、明、覺知之心；然此二心皆是意識心，非是眞心眞如。意識能分別色塵不同於聲塵……乃至分別味塵不同於觸塵；然眼識唯能分別色塵，不能分別聲等四塵，不觸聲等四塵故；……乃至身識唯能分別冷暖細滑等觸塵，不能分別色等四塵，不觸色等四塵故；而意識能分別色等五塵相分差別，故不同於眼等五識。

又意識能分別五塵細相，五識唯能分別五塵粗相。譬如眼識能分別顯色—青黃赤白，而不能分別形色、表色、無表色，故意識有別於眼識。

形色者，謂長短方圓粗細高下；表色者，謂屈伸俯仰去來進止；無表色者，謂由顯色、形色、表色等三，而顯示出法塵，譬如人之氣質神韻，亦如受戒所得戒體。

意識不唯能於顯色中詳細了別，勝於眼識；復能於顯色中了別眼識所不能了別之細相及形色、表色、無表色，是故有別於眼識。如於色塵，意識亦能了別聲香味觸四塵之細相及其中所顯法塵，非耳等四識所能。由於此故，眼等五識非能自起，須與意識（覺知心）俱起，方能具足了別色等五塵，是故意識爲眼等五識之俱有依。

意識於此五塵法中因於五塵相之差別而起了知，而此意識之了知五塵法相，皆是分段相中之了知。謂意識於睡寤已，與前五識俱起而生分別，連續運轉直至夜間眠熟而斷；此世之意識日日如是，未來世世別生之意識亦復如是，故說意識是於五塵差別相中作分段相之了知；此分段相之了知，當知即是意識生起現行之原因。

「彼身轉，彼不作是念：『我展轉相因』。」：眼等六識身各各於自身法界內運轉時，六識都不如此想：「我不是自在的，我是展轉依於他識爲因而現行。」有情衆生都不覺知自身有眼等六識，唯覺自己爲一心，不知有六心；六識和合似一故。然實六識各有所司；不唯如此，尚須有意根末那識及持種之阿賴耶識，方能使得六識現行運作；而此六識之運轉，必須展轉爲因，方能運作。衆生不知不覺此理，是故輪轉生死六道；大乘佛子不覺阿賴耶識，是故不入見道位；見道佛子不知不覺此理，是故不起無生法忍、不得道種智；藏密四大派古今諸師不知不覺此理，是故否定唯識了義究竟佛法，錯認意識為本有自在之心，是故不入見道位。

「自心現，妄想計著轉；而彼各各壞相俱轉—分別境界分段差別；謂彼轉。」前六識依於阿賴耶自心所現內相分境界，而由阿賴耶識現起運轉—能取境及所取境皆是自心阿賴耶所現，而產生分別及執著等運轉。而這六識都是於分別境界中，各各生滅不斷地同時運轉。

壞相俱轉者，謂六識皆是依他起性—依於意根、五根及阿賴耶識而現起，起已刹那生滅變壞—前識種子現已隨壞，引生後識種子繼於其位而起；後識種子起已亦復隨壞，復引後後識種隨起；以無有一識種常住故，名為壞相。若非生滅壞相連續不斷，則不能成就分別之功能作用，是故六識必須有變異生滅，方能成就分別作用，此理已於第一輯中敘述，茲不重述。眞如本體非生滅變異法—非壞相—故於六塵法中如如不動，不起分別，不生執著，離見聞覺知；唯能依五根攝取外相分而對現內六塵相分，如鏡映像而不分別，是故眞如阿賴耶識本體非生滅變異法，是不壞相；以體非壞相故，常住不滅，故能持諸識種業種來往三世，現起六識種而生分別執著。

六識現起後即不斷刹那轉易，故名轉識；現起後能有分別作用，故名轉識，於六塵中不斷分別轉變故。復次，意識不能單獨了別五塵相分，唯除夢中純內相分；須與眼識俱起，方能了別色塵相分……乃至須與身識俱起，方能了別觸塵相分；前五識亦然，必須與意識俱起，方能了別各自所對相分；由是故說眼等六識壞相俱轉。皆是依於六塵相中，分別諸種境界生起與消滅之差別，而說六識名爲轉識。

「如修行者入禪三昧，微細習氣轉，而不覺知，而作是念：『識滅，然後入禪正受。』實不識滅而入正受，以習氣種子不滅，故不滅；以境界轉，攝受不具故滅。」

疏：《「譬如修行者進入禪定正受之中，仍有微細之習氣在定中運轉，而修行者未能覺知，而作如此的想法：『識消滅，然後進入禪定正受中。』其實不是因爲識消滅後而入禪定境界中，由於習氣種子不滅，所以識不滅；由於識

在三昧境界中運轉時，没有攝受境界的心存在，不攝受境界，所以說識滅了。」》

「入禪三昧」：謂入定也。禪謂禪定，非是禪宗之禪；禪宗之禪乃是般若，不是禪定。三昧謂正受，正受定境也。正受有二：等持及等至。正受之前爲等引位，能引正受故名。等引者：謂修行者以數息隨息止觀之法，繫心一緣，令意識定於一境，不緣外五塵，亦不於心中起諸妄想，用功加行而未入定之際，名爲等引；此諸功行能引禪定正受現前，故名等引。

等至者：謂修行者依於等引功行，漸漸入於定境中，正受三昧境界，名爲等至。等至境界之正受有四種：一爲有覺有觀三昧，於等至位中仍有三塵與心相應，而心不動故不生妄想；身中有五支功德－一心、覺、觀、喜、樂－受身樂之觸。二爲無覺有觀三昧，於等至位中，仍有三塵與心相應，而心不欲覺五塵，唯有被動之觀照；此爲初禪與二禪之中間定，異於初禪之有覺有觀，復異二禪以上之無覺無觀，故立爲另一三昧。三爲無覺無觀三昧，於此等至位中，離於五塵相分，故名無覺無觀三昧；心中具有四支功德：一心、內淨、喜、樂，離於聲刺，不被五塵覺觀所牽引而動，故名無覺無觀三昧。二禪以上皆有無覺無觀等至。四者二無心定中之無想定亦有等至，然亦有人不說無想定有等至者；謂無想定中意識已滅，定中無有覺知，非如二禪以上等至位中有意識覺知不滅、離於五塵，是故不說無想定有等至。然亦有說爲有者，謂此定中仍有末那安住，故名等至；二說並陳，讀者明之。

等持者：謂修定者証得等至已，熏習純熟，不令定力退失；而後依彼所得定力，入於心一境性，然不離三界九地五塵三塵等，發起辦事靜慮—五神通等，是名等持。等持境界之高低，依其所証三界九地定境等至之高下而差別，亦依有漏所得定及依無漏所得定而有差別；無漏所得定復依聲聞、緣覺、菩薩、佛菩提之差異而有別。

等引尚未入禪三昧，等至及等持皆名入禪三昧。古來多有外道認爲識滅之後，方入禪三昧正受，遂有諸多外道將無想定錯認爲滅盡定或涅槃。

今時多諸佛子誤會打坐時一念不生之欲界定粗住、或認一念不生之未到地定細住境界爲無想定；然無想定之想字，非謂語言妄想之想，乃謂意識覺知之想。凡意識有知，即墮於想；豈不見貓狗魚鳥心中雖無語言妄想，而仍舊有想？心若有知，即是想也；是故二禪乃至無所有處定，悉名爲想，謂定境中仍有覺知心能作觀察故也。乃至非想非非想定中亦非完全無想，故名非非想。

無想定者，謂四禪等至中，息脈俱斷；而以錯誤知見，謂若能除此知，即入涅槃，而不於歷緣對境中修除欲界色界身之貪執煩惱及修除自心對於三界煩惱之貪著，欲以色界身入涅槃，乃以涅槃想而入此定，以爲已住於涅槃或滅盡定之正受。以無想定中無覺無知故，出定後便以爲滅盡一切識之後，方能入於禪定正受中。然實無想定中並非滅盡一切識，唯滅意識而離覺知，猶如眠熟無夢，仍有七八二識繼續現行運轉；只因此二識之現行運轉極爲微細，外道不知不証，入於定中復無意識能予觀察修証，故以爲彼所誤解之涅槃或滅盡定中無一切識，以爲須滅盡一切識之後方能入禪定正受。

「實不識滅而入正受，以習氣種子不滅，故不滅；以境界轉，攝受不具故滅。」其實並非滅一切識以後，因而入於禪定正受等至位中；那些外道們以及錯悟之佛子們，因爲三界愛之習氣種子不滅，所以前六識不可能永滅，入無想定一段時間之後，仍將使六識種子現行而生起六識，又復出於無想定，故說彼諸人等各各六識皆悉不曾滅除。而彼諸人等，卻以為意識入於四禪八定中不取外境，便說是滅盡定；或以為不離欲界色界身愛，而滅卻意識覺知，即名為涅槃正受，而其實只是不取境界受而說之為識滅盡。

古來禪宗証悟之祖師常云：「莫道無心便是禪，無心猶隔萬重山。」此謂古來即有佛子誤會般若諸經，以為將一切法遣之又遣，最後將覺知亦遣除，以為住於無覺無知之中，即是証得般若空性；雖能知曉一般人所執以為實之覺知心虛妄，更勝應成中觀師一籌，而猶未是大乘見道也。

此謂諸人不覺不証如來藏識，然已知曉佛於四部阿含諸經廣破覺知心為意識、作主心為意根末那，故不取著。然欲實証般若空性時，卻因不知般若空性所說者乃是如來藏識阿賴耶眞如之體性，誤會「遣除一切法後將自己亦遣除」即是般若空性，卻成斷滅空。此諸人等入於無想定中，覺知心滅已，無覺無知，無有我人住於定中，便以為是「識滅，然後入禪正受」，然而半日一日、半月一月後又復出定，於住定出定過程及境界中，不覺不証末那及藏識，便自認無有他心可証可依，唯此覺知心爲最後心，若滅此心便得入於涅槃；然以身見不斷故，終不能取涅槃。

而此無心狀態之無想定中，云何名爲「無想定」？而不名爲「滅盡定」？爲此定中並非無心，實仍有末那及如來藏具五遍行心所有法（觸、作意、受、想、思）繼續運轉；惟因定中意識暫滅猶如眠熟無夢，無有覺知之我，定中雖仍有外內相分照常現行，而因無有覺知之心攝受境界，故以爲一切識皆滅盡。然因意識末那之身見習氣種子不滅，住定多時後又復現行，遂令覺知作主之心再起，不能取涅槃。

此諸人等悉皆無智，應作此思：我既入於無想定而滅失，滅失已，即成無有之法、斷滅之法；既已非有，云何非有之法能復自起？既不能自起，當知必有能令我覺知心再起之法；此法是何？窮究至底，便知非是自己覺知心能自起，非色身令覺知心再起，非虛空能令覺知心再起，便知非是究竟，非是解脫，便入禪宗重新參禪覓心。

此人雖未見道，而已超勝應成派及自續派諸中觀師多矣！亦超勝當代顯密大法師大居士大法王大活佛仁波切多矣！何以故？謂此諸顯密大師猶不知「消除妄想後之覺知心」乃是妄心，佛說此心乃是識陰，五陰所攝依他起性無常斷滅之法，而執爲不生滅常住之法。更依此見，教令徒衆隨時隨處須能作主，更墮意根末那識之遍計執性中，永遠不能超脫生死；而悉不覺不証行相微細之如來藏識，不知藏識遍於定中定外、五陰十八界中常住不滅、運轉不斷。

「大慧！如是，微細藏識究竟邊際，除諸如來及住地菩薩，諸聲聞緣覺外道修行所得三昧智慧之力，一切不能測量決了。」

疏：《「就像是這個道理一樣，行相微細之如來藏識阿賴耶心，其體性之究竟邊際，極爲深奧微妙；除了十方諸佛及已入初地以上之住於十地中之菩薩們以外，一切聲聞阿羅漢、緣覺辟支佛、外道修行者，他們修行所得三昧及智慧之力量，沒有一個人能測量或了知初地以上菩薩及諸佛之智慧境界。」》

修學佛法者，若學南傳佛法，但教放下煩惱，如實觀照陰界入之虛妄，如實斷除身見我見——斷下二界身愛及無色界覺知心愛，如實現觀已，我執即斷，亦得出三界輪迴；然唯証二乘菩提，不証不知般若實相智慧，永遠不能成佛。

欲証般若實相智慧者，必須親証如來心—阿賴耶識；証已即得通達《大般若經、金剛經、心經》，然唯得總相智、別相智，不得別相智之細相—道種智。若未証得如來藏識而廣說般若實相者，悉名戲論，所言皆不能觸及第一義故，名爲言不及義。

証得藏識已，復須親近大善知識，習《楞伽經》宗旨。大善知識者，非謂擁有大道場、大名聲者；乃謂已經實証藏識，並已通達本經五法、三自性、七種性自性、七種第一義者；此善知識以見道通達故，名爲生如來家、住於初地，故名爲大。

未覓得眞正藏識者，不名大乘見道；未通達五法三性等者，不名通達；未見道未通達者，悉不能眞知成佛之道，而廣著《成佛之道》諸書，悉名戲論，非是了義佛法。是故佛子修學大乘法者，應以大乘見道—覓得如來藏—爲第一要務；如若不然，縱能宣說唯識妙義如雲如雨，皆名戲論，唯外門思惟而轉，不入大乘內門修道，不能觸証及領受諸方廣經所宣唯識正義；唯能領受虛妄唯識門之理，不能領受眞實唯識門正義。

「微細藏識究竟邊際」：藏識之所以名爲微細，謂其覺知之性極爲微細，不同於三界心之覺知也。三界心之覺知者，謂能見能聞能嗅能嚐能觸冷暖細滑、及能知如上五塵細相及其法塵之心，即是前六識，名爲妄心；人間有情同皆有之，唯除根壞；此六識心之見聞覺知性極爲明顯，故說此心之行相粗顯。

末那行相則較微細，然須依於見聞覺知心而於醒時處處作主；夢中則依於獨頭意識而處處作主。佛子今聞余說，已能知曉末那之行相；若能讀盡全部拙著，則能多諸解了。此心亦有覺知，然已非如六識行相之明顯，非諸佛子所知；乃至眠熟無夢時，此末那心亦恒審思量，永不斷滅，是故意識能依之而起，故名意根。若此心完全無有覺知之性者，則不應能處處作主，則不應能於眠熟中忽因外境突變而令意識等六心突然現起醒來，故說此心亦有覺知，而其行相微細，佛子少有知之者。

藏識之覺知行相更加微細，是故當今全球顯密大師，迄未見有實証之人；以其覺知之性極爲微細，不似衆生所知之心；是故佛子觀覓此心，覓得之人若能安忍此心者，即非凡夫外道，名為大乘見道賢人，漸漸邁向通達位，乃成初地聖人。以其覺知之行相微細極微細，故名「微細藏識」。

藏識有其眞實體性，非如虛空之無，故名非有非無；菩薩以已親証，故離有無二邊；未悟此識之人，必墮有無，則入斷常二見。藏識雖離見聞覺知，隨時隨處皆不作主，然而有其眞實功能體性：能持無量法種業種，能生五位百法千法萬億法，亦有許多功能差別得為已証之人親自領受，故非如虛空之無，非冥漠空洞之無，是故藏識應名有性。藏識無形無色，不執三界萬有所生六塵，亦不作主，本具自性清淨涅槃體性；復能依於大乘見道之修行道，令其本有之有餘依涅槃、無餘依涅槃、無住處涅槃顯現而成佛道，以具此諸緣，藏識應名空性。

藏識既已本具有性及空性，應名空有性，二性雙具故；然因衆生不知不曉藏識之有性，墮於三界有中，諸佛菩薩恐諸有情錯會為識蘊有，故名之為空性，不名之為有性；為治衆生多病於有，方便說為空性，非如虛空無法之空無也，亦非如二乘無常空、緣起性空之空無也。

然因有諸有情觀察蘊處界緣起性空、無常故空，觀察應有另一不生滅心；以無福德智慧故，久遠觀察而不可得，便謂無有不生滅心，遂墮斷見；諸佛菩薩爲救此諸衆生，故說唯識系諸多方廣經典，謂藏識有眞實體性，實有此心永不壞滅故無生死；並述其眞實體性，欲令有緣衆生悟入，得明眞如，眼見佛性。

觸証領受藏識之人，雙照藏識之有性及空性，便離三界有及斷滅空，不墮常見斷見，入於非有非無見地而修佛道；後復捨離大乘見道非有非無之無間心，而入解脫心，遠離有、無、亦有亦無、非有非無四句，名爲菩薩摩訶薩。依此漸修一切種智，未滿足者名爲道種智，直至佛地了知微細藏識之究竟邊際，圓滿具足而生四智，極圓極明故名一切種智，唯佛與佛乃能知之。

「…除諸如來及住地菩薩，諸聲聞緣覺外道修行所得三昧智慧之力，一切不能測量決了。」此謂藏識之有性及空性，行相微細，唯有大乘見道佛子能知，名爲七住賢位菩薩；見道通達之初地菩薩能於有性深入了知，而不能廣知其有性，亦不能具知其空性，須待親近諸佛及大善知識修學增上慧學而後能知，故說地上菩薩唯得道種智，不得一切種智，於藏識之全部種子功能差別仍未具足觸証領受故。

已入初地以上菩薩，其般若慧深妙，諸阿羅漢辟支佛以及一切外道修行者、以其修得三昧神通及智慧之神力，亦皆不能了知，不能測量地上菩薩之妙慧（雖然初地菩薩無有神通，狀如凡夫）。莫道二乘不知初地所得妙慧，一切七住不退轉位之賢位菩薩所得空性總相智（根本無分別智），已非聲聞羅漢、緣覺辟支佛、及一切外道修行者所能揣測；徒有四禪八定乃至滅盡定，徒有五神通他心通而爲世間俗人崇拜恭敬供養，然聞初地菩薩說三乘法時，茫然不解，不知所趣；而此初地菩薩既無四禪八定，亦無五神通，貌同凡人，爲諸喜樂有爲法、崇拜大名聲之廣大佛子所棄，何況俗人外道能樂親近？

余亦如是，出道十年所傳所述，唯能化度少數學人，不能令諸廣大佛子信受；余之表相不能令廣大佛子信受故：無大道場故，無大名聲故，未示現出家相故。是故唯有少數佛子依於往昔多劫修習般若及福德資糧，能入我法；稍有慢心、執著表相者，悉不能入。

「餘地相智慧，巧便分別決斷句義，最勝無邊善根成熟，離自心現妄想虛僞；宴坐山林，下中上修，能見自心妄想流注，無量剎土諸佛灌頂，得自在力神通三昧。」

疏：《唯有佛法中，已証得藏識阿賴耶之人，能修如實行之人，能以智慧力，了知初地乃至十地修道內容及法相、了知諸地境界；能以善巧方便分別佛所開示關於十地境相之經典文句，決了斷疑；此是佛子往昔無量世來，於無量諸佛廣種最勝無邊善根已成熟者，唯有離於自心所現妄想虛僞而能了知一切皆是自心所現者之智慧，方能知之。此佛子以初地智慧，於山林閑靜處，下中上修，漸漸能見自心分別流注，得証四禪八定、四無量心、五神通，復証滅盡定、引發如來無量妙智三昧，得証相土自在，起於大願，証四無礙辯得大威德力，復得大神通，住大寶蓮華宮殿中，諸佛手灌其頂，十方佛剎大菩薩衆圍繞。》

「餘地相智慧」：謂佛子入初地（通達位）已，善能了知十地菩薩各地境界相，亦能了知十地菩薩地地所修佛道內涵，名爲知餘地相智慧。

「巧便分別決斷句義」：謂初地菩薩具備善巧方便，能自行分別諸經意旨，能決斷諸佛及諸大菩薩所說名句文身眞實之義。

「最勝無邊善根成熟，離自心現妄想虛僞」：謂佛子等，凡能具足上述初地智慧者，皆是因於往昔多劫，於無量諸佛廣種最殊勝之無邊善根福德及般若熏習，已經成熟；並由於觸証領受藏識之能生諸法自性－了知一切法皆是自心所現，而能離於妄想分別及虛僞知見，由此功德方能了知二地乃至十地境相，並具善巧方便，善能分別決斷句義。

「晏坐山林，下中上修，能見自心妄想流注」：佛子以初地百法明門慧學成就、及二地滿足戒行清淨，入於三地，修學四禪八定、四無量心、五神通故，能見自心妄想流注，三地滿足，是名下修。此則須於見道通達後，歷緣對境修正身口意行，令心清淨，自然不犯於戒；戒行圓滿，心清淨已，則須離諸憒鬧，晏坐山林，修習四禪八定、四無量心、五神通。至此階段則能照見自心妄想流注，尚須地地進修，斷愚圓智。

「無量剎土諸佛灌頂，得自在、力、神通、三昧」：此二句是直譯倒裝句，《大乘入楞伽經》譯爲：「得諸三昧、自在、力、通，諸佛灌頂，菩薩圍繞。」

菩薩三地滿足已，尚須漸修進入六地，証滅盡定；入第七地証得「念念滅盡定」，此時於相於土仍未能自在，須起作意功行方現，不能任運而現，是故由佛加持授予「引發如來無量妙智三昧」，入於八地，於相於土皆能任運而現，不由作意加行，故名「自在」，是名中修。

菩薩復依八地智慧，進修四無礙辯，發起廣大智慧威德力；於法無礙─得一切法總持，於義無礙─於一切法眞實義得無礙解，於詞無礙─具足聲明宣說無礙，以及樂說無礙─恒樂宣說一切佛法而無障礙。是名菩薩得「力」波羅蜜多。

此佛子以九地滿心故，甫入十地，坐於大寶蓮花王寶殿，十方諸佛發動十方十地菩薩率其眷屬來此世界圍繞此佛子，爾時十方諸佛共同遙灌此佛子頂，成法王子而授佛職，起大神通，紹繼佛位。是名「諸佛灌頂，得自在力神通三昧」，即是上修。

「諸善知識、佛子眷屬，彼心、意、意識—自心所現自性境界虛妄之想、生死有海業愛無知—如是等因悉以超度，是故大慧！諸修行者應當親近最勝知識。」

疏：《「佛法中諸善知識、十地菩薩及其法眷屬，他們對於心、意、意識—自心阿賴耶所顯現自性境界不如實知而生之虛妄想、及於三界有之生死海中之業因貪愛及無智慧—像這一類的虛妄因，已經全部加以超越度過；由於這個道理，大慧！修行求証解脫與智慧的人們，應當親近最殊勝的善知識—諸佛及菩薩。」》

「諸善知識」：善知識一詞自六祖以來，即被濫用，壇經中之六祖甚至稱呼一切聽受他開示之大眾為善知識。然善知識者實唯佛門中七住以上，得位不退者方可名之；若因善知識緣得証藏識，後不信受，翻認覺知心為眞如者，即成退回六住之菩薩，非是大乘法中善知識。

善知識者謂七住以上，九地以下菩薩。此諸菩薩已親証藏識阿賴耶，入實相中；或復証得道種智而入初地，或復次第漸修而入三地五地乃至九地；皆能爲人開示大乘實相法義，宣說般若，令人証入，是故名爲善知識。若是未悟錯悟之人，強不知以爲知，誤導衆生修學佛法方向；以定爲禪－不知禪宗之禪即是般若－教令廣大徒衆修除妄想，以不觸五塵境之覺知心爲眞如者，即名惡知識；陷諸衆生於大妄語業中，未來無量世將受地獄尤重純苦故，故名惡知識。七住以上菩薩反此，能令人悟入法界實相般若，漸生智慧，遠離不如理作意所生之六十二外道見，故名善知識。

「佛子眷屬」：佛子謂十地菩薩，是佛眞子故，即將紹繼佛位故。十地菩薩親受十方諸佛灌頂，猶如王子受王灌頂，成爲太子，未來紹繼王位，是故十地菩薩名爲佛子。又十地菩薩能眞學佛一切行，故名學佛，得名佛子；九地以下佛法未圓，唯能修學佛法，不能學佛一切行，不名學佛，故非佛之眞子。

佛子眷屬者，謂十地菩薩有廣大眷屬－世間眷屬繁多，大富自在；以及法眷屬無量－佛法無量無邊，弟子衆亦無量無邊、圍繞聞法，於法自在。

「心、意、意識－自心所現自性境界虛妄之想、生死有海業愛無知」：如前所述能覺能知之意識、恒審思量之意根末那識，皆由自心阿賴耶識所生；由此三心而有眼等五識依於五塵相而現前，展轉能生萬法、生一切境界。而一切境界既是自心所現，無外境界，故名「自心所現自性境界」。

於六塵中起見聞覺知境界，乃至於定境法塵中起定中境界，皆是第三能變識境界；凡墮於覺及知，不論如何微細，皆是意識所變。往往有大善知識，令人於一切時中觀照妄想之起滅，而心不隨之，謂此不隨妄想起滅之寂照心即是常住眞心，而不知此心仍是意識，墮於大妄語業中。此謂能觀妄想之心乃是依於別境心所法而起觀照之用，不離五別境之心所法作用，道種智中說之爲意識；諸方廣經中悉說：「第一義諦離諸覺觀，無覺觀者是名心性。」凡能觀照之心，不離覺觀，覺觀之心即是意識，依他起性，易起易滅，是故每日現起，每晚眠熟斷滅，非是本來自在之心。

亦有人謂處處作主之心爲眞如；殊不知此心恒與我貪我見我痴我慢而共相應，我執極重，處處作主，是故覆障眞如不執我、不作主、不起慢、不貪五塵……等清淨性；一切有情有貪瞋痴慢等境界，悉是此處處作主之心所變，道種智中說之爲第二能變識—我執末那識—一切有情皆有之意根也。而今埔里惟〇法師教令徒衆認取此心爲眞，欲於死時作主，不受輪迴；殊不知此心之存在不滅，正是輪迴之根本，此心隨同覺知心滅已不現，方是圓証涅槃寂靜；有智佛子努力修除作主心我之執自不滅，此師則教人執取此心不捨，嚴重違背涅槃知見。猶如嬰兒牙牙學語，而愚痴人迷之信之，隨之修學，廣聚資財，建大道場，以佛教名義，共弘常見外道邪法，將外道法置於佛法中，共同成就破法地獄重罪，令人哀愍。

意根末那恒與相分相應，無有中斷時。白日醒時恒藉內相分而與外相分相應，眠時夢中俱與外內相分相應，眠熟無夢時則藉內相分與外相分相應，無始劫來恒常運轉，未曾有一刹那間斷，故說此心恒、審、思量；若無此心，一切人不能於睡眠中醒覺，一切修行者不能於無心定中出定，乃至一切有情雖能分別覺知，而悉不能造作一切事業，將如植物人能覺知痛癢而不能自行搔撫，亦不能向人表示意思請求協助處理；必須有意根刹那刹那作主思量，方能有一切行爲故。

意根末那雖自無始劫來恒未間斷，然非自在之心，有作用故，有變異故，念念生滅故，處處作主故，體是生滅有為之法，非能自在，亦是依他而起—依阿賴耶識所藏末那種子而起，恒不斷絕；有情不知，執為永不生滅之本來自在心。此心雖亦依他而起，然因恒具遍計執性，處處執我—執其自己永不生滅、執阿賴耶識自性為己自性、執前六識自性為己自性；乃至佛子修得非非想定已，不能出離三界生死，正墮此心不滅所致，故名我執識。依於此性，恒遍計執三界一切法；依此而說末那為遍計執識，有別於意識之唯能分別思惟細觀而不作主，建立為第二能變識—能變四種修所斷煩惱一切境界。

心謂一切有情之根源—阿賴耶識。一切法—意根末那、能覺能觀之意識、了別五塵之前五識、八識心王所顯所生一切法—皆由此心而變現，名為第一能變識。若無此心，一切有情入胎已，胎不增長；若無此心，一切兒童不能生長成熟；若無此心，一切有情不老不死，不能熏習一切世間及出世間法，三界死寂，無諸有情。故說此心是一切法之根本，能覺知觀照之意識及處處作主之末那，悉皆由此眞心變生，故名第一能變識。

此心自性清淨，不分別三界中一切法，離諸覺觀，不生憎愛，體無生滅老死，故名本來自性清淨涅槃。然於體無生死、自性清淨中，因含藏七轉識種及七轉識相應有漏法種，故令此心為七轉識所牽而輪轉生死；是故《勝鬘經》中說：「如來藏者是法界藏、法身藏、出世間上上藏、自性清淨藏；此性清淨如來藏，而客塵煩惱、上煩惱所染；」此理甚深，一切崇尚二乘法及服膺藏密應成中觀思想之人悉不能揣測，不能信受；唯有大乘眞見道者方能知之，是故《勝鬘夫人說是難解之法問於佛時，佛即隨喜：「如是！如是！自性清淨心而有染汙，難可了知。有二法難可了知：謂自性清淨心難可了知，彼心為煩惱所染亦難了知。如此二法，汝及成就大法菩薩摩訶薩乃能聽受，諸餘聲聞唯信佛語。」》

若有佛子能觸証領受此二法：一為觸証領受自性清淨心，二為了知此心為煩惱所染而不改其自性清淨體性，則能了知及信解領納上開余所說法，則將漸漸通達，斷除種智中見所應斷之所知障隨眠，証得初地，名為生如來家，成就佛種性。

以証道種智而入初地故，對於心、意、意識所現一切境界，皆能了知唯是自心阿賴耶所顯所變而有，知悉一切善染萬法皆是自性境界，無有眞實外法可得；而此諸法依於自心阿賴耶變現之時，阿賴耶心始終住於本來自性清淨之涅槃境界中，本無生死，今無生死，後無生死；能於此境界觸証領受而不懷疑，並斷盡所知障中見所應斷一切隨眠者，名爲証得初地無生法忍，生如來家，離於虛妄之思惟作意。菩薩至此，方名「離心、意、意識境界」，名爲「於心、意、意識秘密善巧菩薩」，証已知已而不生執著故。若人不知不証此妙理趣，而云能離心意意識執著者，無有是處；何以故？謂二乘無學唯能離於三界有之執著，不能離於如來藏之執著，以不知不証故，執著佛說有如來藏不生不滅不墮斷滅故。

「生死有海」者，謂一切有情輪迴生死，頭出頭沒，猶如住於生死大海，不能得登解脫彼岸。生死者皆依三界有—欲界有、色界有、無色界有。欲界有者即是欲界及欲界定中五塵及法塵中之領納心及貪著心；色界有者即是色界及色界定中，領納初禪境至四禪境中之領納心及貪著心；無色界有者即是四空定及四空天中領納四無色定境界法塵之領納心及貪著心；執著此三界有，故於生死有海中，死此生彼，死彼生此，輪轉不斷，是故三界有即是生死有之大海也。

「業愛無知」：衆生以不知不証三乘法故，於三界諸有不知其幻，不知唯是自心所現，故生貪著；以此三界愛而生染業墮三惡道，或生禪定善業升上二界；三界輪轉之由，皆因無知，不了皆唯自心所現故。

「如是等因悉以超度，是故大慧！諸修行者應當親近最勝知識。」如是無知業愛之因，生死有海之果，十方諸佛及諸大菩薩，悉皆予以超越，度至生死海彼岸，所以諸方修行者應當親近最殊勝之善知識而隨學佛法。

知識有善及與不善；令人行善、孝養父母師長者，是善知識；令人習諸惡法，巧取豪奪，忤逆父母師長者，是惡知識。佛法中亦然，以常見外道法所說之覺知心（詳見拙著《眞假開悟簡易辨正法》），誑人爲佛所說之眞如阿賴耶識者，名爲惡知識，令人輕易墮入大妄語業中，害人無量世受苦故；以佛所說之阿賴耶識，令人如實証驗領受者，名爲眞善知識，不唯令人不墮大妄語業中，更能令人得入七住賢位乃至初地通達位，故名爲眞善知識。

眞善知識之最勝者，厥爲十方諸佛及諸大菩薩，能令人修入十地圓滿乃至成佛故。次爲能度有情入於八地者，次爲能度有情入於初地者，次爲能度有情入於七住者。今值末法，「邪師說法如恒河沙」，爲掩蔽其法之邪，故意剃頭著染衣，往受三壇大戒，現出家相而傳常見外道法；外現大師之相，內懷疑見，否定如來藏識；或以常見覺知之心，錯認爲眞如，用以授人；「猶如獵師，身披法服」而說佛法；佛子多著表相，不具慧眼法眼，迷爲眞實佛法，反而不信眞善知識所授眞正了義佛法，誣爲邪說。

尤其末法之時，人根陋劣，信慧福德三皆欠缺，眞善知識所傳諸法又復陳義極高，一般佛弟子聞所未聞法，每生疑心，疑爲不可能修証者。復因往昔多年依於假善知識熏習錯誤知見，今朝忽然推翻原習知見，先入爲主故不能信受眞善知識所說，故難改易原有邪知邪見。

最難轉變者，乃是已經公開宣示証悟之人，多年來皆以証悟聖者之身份弘法及攝受眷屬；今朝忽閱余諸著作，不原彼等先前所悟，頓失宗旨，臉面無存，乃於私下謗訕余法，不敢公然具眞姓名形諸文字；猶如古時冒名竊占官職之人，一朝忽逢籍沒，宛轉失怙，乃於私下與其家屬訕謗國王，而不敢公然爲之。此名佛法中依草附木精靈，禪宗門内說爲無主白衣，誠可哀哉！若無超乎常人之大勇大智，不能翻前所說邪法而自認未悟錯悟，難可救拔；若有能速翻然修正，公開承認以前錯悟，當衆懺悔，改依了義微妙正法者，斯人必具大智大勇，不久亦當可得悟入；若有此人，平實當往親近禮拜讚歎供養；極難得故，非是新學菩薩故，有大智及大勇故；非必俟其悟入而後前往禮拜供養。

今此娑婆適逢末法，若有能度佛弟子親証藏識阿賴耶，復能教授令入初地，通達見地者，即可名爲最勝善知識；然余迄今猶未見有眞實觸証藏識之人，未得見道，何況能有通達之人？此乃末法佛之弟子業重障深所致，不能怨怪祖師不來下生。然今寶島多有佛弟子勤修福慧，假以時日，福慧資糧滿足之時，必有多人得入我法，証阿賴耶，得眞見道根本無分別智；復入相見道位，發起後得無分別智，次第修學種智……等，必可發起聖性而入初地；三十年後，法當西傳，廣益世尊所遺末法弟子。

今者寶島佛弟子衆，當除表相崇拜，捨棄對於名師大師之情執，依於實義，探究眞實。然而十方諸佛以及我佛能仁寂靜所宣說法，其眞實義甚深微妙，難可得証，當依佛示：「應當親近最勝知識」，一世便超第一無量數劫，何必畏首畏尾、妄自菲薄？

爾時世尊欲重宣此義而說偈言：

譬如巨海浪，斯由猛風起，
洪波鼓冥壑，無有斷絕時；
藏識海常住，境界風所動，
種種諸識浪，騰躍而轉生；
青赤種種色，珂乳及石蜜，
淡味衆華果。日月與光明，
非異非不異。海水起波浪，
七識亦如是，心俱和合生。
譬如海水變，種種波浪轉，

七識亦如是，心俱和合生。
謂彼藏識處，種種諸識轉；
謂以彼意識，思惟諸相義。
不壞相有八，無相亦無相，
譬如海波浪，是則無差別，
諸識心如是，異亦不可得。
心名採集業，意名廣採集，
諸識識所識，現等境說五。

疏：《彼時世尊欲再一次宣說法義，遂以重頌方式而宣說之：

譬如大海裡的波浪，這是由於雄猛的海風吹襲而生起；廣闊的波浪鼓動不可見的深海，沒有斷絕的時候。

如來藏識大海是常住不壞的，由於六塵境界大風所吹動的緣故，所以眼等七識不同種類的識浪，各自騰躍而起，又轉生下一個識浪。

青黃赤白與種種物質之間，珂與珂中乳之間，石蜜與濃味之間，衆花果實與淡味之間，日月與光明之間，是非異非不異的；海水會生起波浪，七轉識也是像這樣，是與阿賴耶心同在一起，並且和合生起、如似一心。這也就是說：在阿賴耶識所在之處，眼等七種不同種類的識方能運轉。也就是說：以彼阿賴耶識所現起之意根末那及意識，思惟各種法相之義理。識具有不受他人毀壞的體性，名爲不壞相；這不壞相的識共有八種，這八個識其實沒有能識與所識相；

譬如海水與波浪，這二者其實並沒有差別；七轉識與阿賴耶心也是如此，說二者不同，亦不可得。

阿賴耶心名爲採集保存業種者，意根末那名爲能廣泛採集業種的作業者，前六識各自了別其所能了別之六塵；但因六塵中之前五塵是面對不同的現量境界的，所以分別說有五識。》

「譬如巨海浪，斯由猛風起，洪波鼓冥壑，無有斷絕時」－：譬如大海之水本應無浪，而現見有大浪小浪，這是由海上之大風所引起：猛風則現大浪，微風則現小浪；海浪無邊廣闊故名洪浪，洪浪鼓動深不見底的大海巨壑，自古以來不曾有停歇的時候。

「藏識海常住，境界風所動，種種諸識浪，騰躍而轉生」：藏識阿賴耶本體猶如大海水一般常住不滅，由於六塵境界猛風所吹動的緣故，便有眼耳鼻舌身意六識及末那識等不同種類的識浪生起，猶如大海水生起波浪；此波浪翻騰躍進後，又轉生下一個波浪，七轉識也是一樣：前識浪現起壞滅後又轉生後一識浪現起。

「青赤種種色，珂乳及石蜜，淡味衆華果，日月與光明，非異非不異；」猶如各種物質上之青黃赤白等顏色，不可說物上色彩與物異，亦不可說物上色彩與物同；猶如牡蠣（生蠔，亦名鹽貝）身中之乳，不可說其乳與牡蠣異，亦不可說其乳與牡蠣同；猶如石蜜中之甜膩濃味，不可說其甜膩濃味與石蜜異，亦不可說其甜膩濃味與石蜜同；猶如衆花果中之淡甜味，不可說其淡甜味與衆花果異，亦不可說其淡甜味與衆花果同；猶如日月與其所生之光明，不可說日月光與日月異，亦不可說日月光與日月同；是故色質與青赤、珂與珂乳、石蜜與甜膩、花果與淡味、日月與光明，皆是「非異非不異」。

「海水起波浪，七識亦如是，心俱和合生。譬如海水變，種種波浪轉；七識亦如是，心俱和合生。」依於海水，所以有波浪生起，與海水共同運轉；七轉識也是一樣的道理，因爲有自心阿賴耶在，所以能與阿賴耶識和合在一起而生起。譬如海水變化的緣故，所以有種種大小波浪運轉；七轉識也是像這樣，因爲有阿賴耶識同在，所以八識和合似一而生起運行。

「謂彼藏識處，種種諸識轉；謂以：彼、意、識，思惟諸相義。」此意謂：必須於彼阿賴耶識所在之處，不同種類的七識方能運轉，若離阿賴耶識則不可能有七轉識運作；也就是說：衆生都是以彼—阿賴耶識、意—末那識、及識—前六識，和合運作，而能思惟三界一切法相之義理。

「不壞相有八，無相亦無相；譬如海波浪，是則無差別，諸識心如是，異亦不可得。」識之不壞相有八種：眼識必能辨色，一切人所不能壞；耳識能辨聲，一切人所不能壞；鼻識能辨香……乃至意識能辨法，一切人所不能壞；末那恒審思量，一切人所不能壞；阿賴耶識能了七轉識及五蘊等，一切人所不能壞。此八識體性，無人能以自力外力而壞其功能，故名不壞相；八識功能差別各各不同，故云不壞相有八。這八個識其實都是一心所現—唯阿賴耶識之所現行，是故七識之能取及八識之現相分成為所取，本來都是自心阿賴耶之所示現—自心取自心，所以沒有能取與所取之差別（《入楞伽經》譯為「諸識無別相，非見所見相」，《大乘入楞伽經》譯為「八識無別相，無能相所相」）。這八個識雖然現有八種不同之法相，卻都是同一阿賴耶識所現行，可以說皆是阿賴耶之相，故說「無能相所相」。

譬如海水與波浪，其實都是同一海水，並沒有差別；八識心也是這樣，要說七轉識不是阿賴耶、異於阿賴耶，是說不通的。因為七轉識既是阿賴耶所變現，則七轉識體性也就是阿賴耶體性之一部份，是故不可說七轉識異阿賴耶識，亦不可說七轉識能離於阿賴耶而運作。

「心名採集業，意名廣採集，諸識識所識，現等境說五。」阿賴耶心，名為能夠採集收藏一切業種，以無覆無記性故，不分別人我善惡是非好壞，不起憎厭，故能採集七轉識所造作之一切業種，不揀擇善惡業種，悉皆採集收藏。意根末那名為廣泛採集業種之造業者，以意根是有覆無記性故；以有覆故，恒內執阿賴耶性爲內我，恒外執六識性爲自我，處處作主，起遍計執性而造一切業行；以無記性故，恒採集一切業行種子—不揀擇善惡業種—悉付阿賴耶識集藏，故名廣採集。其餘六識各自有其識別功能：前五識各自依其功能差別而各自了別五塵之一；意識能遍通六塵，不唯法塵。此六識之了別相極爲明顯，故說爲「心意識」之識；識名了別故。

而此六識中之前五識，皆依相分之現量境界而運轉；非如意識於法塵及餘五塵相中，有時爲現量、有時爲比量、有時爲非量；是故依此現量運作之體性，別立前五識名。

爾時大慧菩薩以偈問曰：青赤諸色像，衆生發諸識，如浪種種法，云何唯願說。

疏：《彼時大慧菩薩以偈請問說：

由於青黃赤白香臭……等等色像，而使得衆生發起七轉識，如似波浪恒不斷絕一般，出現種種法相，其中眞實道理究竟如何？唯願世尊爲佛子們開

示。》

此乃大慧菩薩爲衆生問佛：由於有六塵相分，而使得七轉識發起運作；若無七轉識現行運作，則住無餘涅槃，永離分段生死；大慧欲令佛子永離生死，故以此問佛，諮請世尊開示如來藏與生死輪迴之關係。

爾時世尊以偈答曰：青赤諸雜色，波浪悉無有，採集業說心，開悟諸凡夫；

疏：《彼時世尊以偈答覆說：

由於青黃赤白、樂音噪音……等等色相，都是自心之所幻現；猶如波浪是由海水所幻現一般，全部都沒有眞實不滅之自體性；所以爲諸衆生說「採集業種的就是自心」，以此開悟凡夫衆生等人。》

此四句偈乃是爲佛子開示：一切衆生輪迴三界六道之原因，都是由於有一個能採集業種之自心—阿賴耶識。若無此心，則一切衆生在世間所造業種悉皆無有保存者，則無來世因果，死已即成斷滅—緣起性空、無常故空；意識末那能造業者亦皆歸於斷滅。是故緣起必有緣起之因，緣滅必有緣滅之因，無常有爲諸法之現起必有現起之因，壞滅亦必有其根本之因，此諸法之因即是持種識；由有持種識採集往昔世之業種來至此世，故有此世蘊處界法之緣起性空及無常空，否則「緣起性空、無常故空」之法即成斷滅法，非是佛初轉法輪所說之二乘菩提也。

阿賴耶識有執藏、能藏之體性；自無量劫以來，不斷採集一切七轉識所造作之業種；釋迦世尊降生人間之唯一大事因緣，就是爲有緣衆生指示這個採集業種之心，令衆生悟得此心，便不會再誤認妄心爲不生滅之常住心；也因了知有此心之採集業種體性—若造有漏業行，必致後有輪迴—便會漸漸遠離有漏有爲業行之造作，漸能出離生死，並且發起般若慧。

彼業悉無有，自心所攝離。所攝無所攝，與彼波浪同。受用建立身，是衆生現識；於彼現諸業，譬如水波浪。

疏：《彼業種現行導致生死輪迴之現象，其實並非眞實有；因爲那是緣起緣滅的七轉識所取之法，而自心阿賴耶離三界見聞覺知，於三界六塵萬法皆無所取。眾生在三界內之一切所取六塵與能取之七轉識，其實皆是於阿賴耶心之表面幻起幻滅，而阿賴耶自心於其中悉無所取，亦不起心取六塵境；猶如海水因風所吹，現起波浪；風譬六塵，波浪譬七轉識；七轉識浪因於六塵境界風吹而起，追逐六塵境界風，然阿賴耶海水卻不取著境界風—不於六塵相起心覺知分別，仍然保持海水之性不失不壞、不起不滅。有情眾生於人間之六塵受用，資財國土名相眷屬之建立，乃至色身之生成增長，皆是眾生之現識（末那識）中遍計執性所導致；由於現識之遍計執性，所以有彼國土世間六塵……等成就，隨於其中顯現諸種業行—由自心阿賴耶現起七轉識，猶如海水現起波浪般。》

「彼業悉無有，自心所攝離」：彼諸有情之業種現行，便有入胎受身及身長養；有身已，便有覺知心及作主心現起，七識具足，識陰圓成；識陰色陰圓成便依覺知心而起三受，緣六塵相，受陰圓成；受陰現已，便有人想、鳥想、魚想、狗想、天想……無量想，此諸人鳥魚狗天……等有情各各有想（或依語言而想，或離語言而想），想陰圓成；想陰成已，便有思；因思之故身口意行成就，行陰圓成，五陰具足。有五陰故，成就正報身及造業身，遂有受業及造業諸行；而此諸業非眞實有，悉是緣起緣滅，其性非實，故名緣起性空。衆生不知此眞實理—不知五陰能取心與所取境中之一切業行皆是自心阿賴耶所現—皆以自己（能取心）爲永不滅壞之心，執爲實有；復執所取六塵境爲心外實有，不知亦是自心所現；以此二緣故，我執及相執連綿不斷，輪轉生死有之大海。

有情依於自心阿賴耶所現之我—能知心，及依於自心阿賴耶所現之六塵相，而知六塵韻味；受味故則有三受，因於三受（苦、樂、不苦不樂）便有欣厭取捨分別現前；然而有情我—能取境之覺知心及作主心—於六塵中欣厭取捨時，與「我」同在之自心阿賴耶卻不起心攝取諸境而生貪著憎厭，不取諸境，故名「自心所攝離」。

「所攝無所攝，與彼波浪同」：《大乘入楞伽經》譯爲「能取及所取，與彼波浪同」，《入楞伽經》譯文意同。衆生在三界中生活，每日之現量境界，即是所取之六塵相及能取之我—七轉識—能覺能知而又處處作主之心。然此能取及所取之「我與六塵相」，皆依於阿賴耶自心而幻起幻滅；阿賴耶現起能取心及所取相分境界時，於其中間不起心念貪著或厭惡，離一切能取所取，不取諸境。猶如海水雖然因風所吹而起諸浪，然於諸浪追逐海風時，海水仍舊不逐海風，本然安住；阿賴耶亦復如是：外境界風吹，自心阿賴耶便依五根現起內五塵相，七轉識浪隨之現起，追逐五塵及其所生法塵，相續生滅不斷；然阿賴耶於其中間猶如明鏡現諸色等，而如明鏡不生分別取捨；雖然現有能取所取之七轉識及六塵相之生滅變易，而自心始終於諸六塵如如不動，猶如海水現有波浪逐於海風，而海水自身不隨風去。

「受用、建立、身，是眾生現識；於彼現諸業，譬如水波浪」：有情眾生於人間受用六塵，必須依於國土資財及色身。國土世界於虛空中之形成，必須依於共業之無量數有情之阿賴耶識中所含藏之共業種子，方能感應而生世界國土，非某人某神獨力能造世間。世間成已，此諸共業有情遂依別業受生於此世間，分成四生六道二十五有之身，各各受其別業之報。受別業之報時，便有各各別異之六塵果報，皆是自作自受。以有國土及身故。眷屬資財名聲及與世間名相，依之建立受用。

而此世界國土資財色身及六塵諸報，非唯阿賴耶識自心所能現起，自心離見聞覺知故，一切時地皆不作主故，一切時地皆不起分別故；是故必須別有能令自心阿賴耶現起世界……乃至六塵諸報之心，以促令阿賴耶現起如是諸事，此一能促成之心即名現識，即是末那識——十八界中之意根也。意根以具遍計執性故，恒、審、思量故，處處作主，時時作主，不肯令自己消失，無始劫來一向如是，故令自心阿賴耶隨之受諸生死。然意根之分別慧極劣，若離意識，即拙於分別；而意識不能觸阿賴耶所藏業種，唯有意根方能觸之；意根雖能觸及業種，而分別慧極劣，若離意識時，唯能執有，不能分別，遂隨惡業境界風作主，而牽自心阿賴耶受傍生等身，得劣慧之報；若造善業之人，正死位中則現善業境界，末那即於其中作主，受生三善道；共業世界國土之形成壞滅亦復如是，須有末那方能示現。凡此皆須依於末那之功能，方能有此三界有之現起，是故意根名為現識，是故佛云：「受用、建立、身，是眾生現識。」

依於自心所藏業種及現識體性，使於彼阿賴耶識現起身口意三業而成就此世之造業諸行種子，成爲再受後有之業種；於造諸業行之時亦受往昔業因應受之果報。凡此皆由自心阿賴耶識之所變現而起，非「緣起性空」無因而有，非「無常故空」無因而有；何以故？以「緣起性空、無常故空」乃是蘊處界法之空，空已斷滅，斷滅無法不復能有緣起，既無緣起則無「無常空」，一切斷滅，同於斷見外道。是故現識及業種雖有能現「國土資財色身受用建立」之能力，要因持種之自心阿賴耶爲根本因，方能現起；猶如波浪雖因風起，要因海水方能起浪；猶如巧婦善能炊飯，要因有米方能善炊；是故三界萬法皆唯自心，因於自心阿賴耶而起，現識及業種則是能起之緣；此諸能起之緣無眞實不壞之自性，終歸無常，其性是空，故名緣起性空，名爲無常空。緣起性空無量諸法現起，乃依阿賴耶而起，猶如海浪無量無邊，悉依海水而起，是故佛云：「於彼現諸業，譬如水波浪。」

爾時大慧菩薩復說偈言：大海波浪性，鼓躍可分別；藏與業如是，何故不

覺知？

疏：詳後第三輯中分述。

佛教正覺同修會〈修學佛道次第表〉

第一階段

＊以憶佛及拜佛方式修習動中定力。
＊學第一義佛法及禪法知見。
＊無相拜佛功夫成就。
＊具備一念相續功夫—動靜中皆能看話頭。
＊努力培植福德資糧，勤修三福淨業。

第二階段

＊參話頭，參公案。
＊開悟明心，一片悟境。
＊鍛鍊功夫求見佛性。
＊眼見佛性〈餘五根亦如是〉親見世界如幻，成就如幻觀。
＊學習禪門差別智。
＊深入第一義經典。
＊修除性障及隨分修學禪定。
＊修證十行位陽焰觀。

第三階段

＊學一切種智真實正理—楞伽經、解深密經、成唯識論…。
＊參究末後句。
＊解悟末後句。
＊透牢關—親自體驗所悟末後句境界，親見實相，無得無失。
＊救護一切眾生迴向正道。護持了義正法，修證十迴向位如夢觀。
＊發十無盡願，修習百法明門，親證猶如鏡像現觀。
＊修除五蓋，發起禪定。持一切善法戒。親證猶如光影現觀。
＊進修四禪八定、四無量心、五神通。進修大乘種智，求證猶如谷響現觀。

佛菩提二主要道次第概要表——二道並修，以外無別佛法

佛菩提道——大菩提道

遠波羅蜜多

資糧位

十信位修集信心——一劫乃至一萬劫

初住位修集布施功德（以財施爲主）。

二住位修集持戒功德。

三住位修集忍辱功德。

四住位修集精進功德。

五住位修集禪定功德。

六住位修集般若功德（熏習般若中觀及斷我見，加行位也）。

外門廣修六度萬行

七住位明心般若正觀現前，親證本來自性清淨涅槃。

八住位起於一切法現觀般若中道。漸除性障。

十住位眼見佛性，世界如幻觀成就。

見道位

一至十行位，於廣行六度萬行中，依般若中道慧，現觀陰處界猶如陽焰，至第十行滿心位，陽焰觀成就。

一至十迴向位熏習一切種智；修除性障，唯留最後一分思惑不斷。第十迴向滿心位成就菩薩道如夢觀。

內門廣修六度萬行

初地：第十迴向位滿心時，成就道種智一分（八識心王一一親證後，領受五法、三自性、七種第一義、七種性自性、二種無我法）復由勇發十無盡願，成通達位菩薩。復又永伏性障而不具斷，能證慧解脫而不取證，由大願故留惑潤生。此地主修法施波羅蜜多及百法明門。證「猶如鏡像」現觀，故滿初地心。

二地：初地功德滿足以後，再成就道種智一分而入二地；主修戒波羅蜜多及一切種智。滿心位成就「猶如光影」現觀，戒行自然清淨。

解脫道：二乘菩提

→ 斷三縛結，成初果解脫

→ 薄貪瞋癡，成二果解脫

→ 斷五下分結，成三果解脫

入地前的四加行令煩惱障現行悉斷，成四果解脫，留惑潤生。分段生死已斷，煩惱障習氣種子開始斷除，兼斷無始無明上煩惱。

近波羅蜜多
大波羅蜜多
圓滿波羅蜜多

修道位

三地：二地滿心再證道種智一分，故入三地。此地主修忍波羅蜜多及四禪八定、四無量心、五神通。能成就俱解脫果而不取證，留惑潤生。滿心位成就「猶如谷響」現觀及無漏妙定意生身。

四地：由三地再證道種智一分故入四地。主修精進波羅蜜多，於此土及他方世界廣度有緣，無有疲倦。進修一切種智，滿心位成就「如水中月」現觀。

五地：由四地再證道種智一分故入五地。主修禪定波羅蜜多及一切種智，斷除下乘涅槃貪。滿心位成就「變化所成」現觀。

六地：由五地再證道種智一分故入六地。此地主修般若波羅蜜多——依道種智現觀十二因緣一一有支及意生身化身，皆自心眞如變化所現，「非有似有」，成就細相觀，不由加行而自然證得滅盡定，成俱解脫大乘無學。

七地：由六地「非有似有」現觀，再證道種智一分故入七地。此地主修一切種智及方便波羅蜜多，由重觀十二有支一一支中之流轉門及還滅門一切細相，成就方便善巧，念念隨入滅盡定。滿心位證得「如犍闥婆城」現觀。

七地滿心斷除故意保留之最後一分思惑時，煩惱障所攝色、受、想三陰有漏習氣種子全部斷盡。

八地：由七地極細相觀成就故再證道種智一分而入八地。此地主修一切種智及願波羅蜜多。至滿心位純無相觀任運恆起，故於相土自在，滿心位復證「如實覺知諸法相意生身」故。

九地：由八地再證道種智一分故入九地。主修力波羅蜜多及一切種智，成就四無礙，滿心位證得「種類俱生無行作意生身」。

十地：由九地再證道種智一分故入此地。此地主修一切種智——智波羅蜜多。滿心位起大法智雲，及現起大法智雲所含藏種種功德，成受職菩薩。

煩惱障所攝行、識二陰無漏習氣種子任運漸斷，所知障所攝上煩惱任運漸斷。

究竟位

等覺：由十地道種智成就故入此地。此地應修一切種智，圓滿等覺地無生法忍；於百劫中修集極廣大福德，以之圓滿三十二大人相及無量隨形好。

妙覺：示現受生人間已斷盡煩惱障一切習氣種子，並斷盡所知障一切隨眠，永斷變易生死無明，成就大般涅槃，四智圓明。人間捨壽後，報身常住色究竟天利樂十方地上菩薩；以諸化身利樂有情，永無盡期，成就究竟佛道。

斷盡變易生死
成就大般涅槃

圓滿成就究竟佛果

佛子蕭平實　謹製
（二〇〇九、〇二　修訂）
（二〇一二、〇二　增補）

佛教正覺同修會 共修現況 及 招生公告　2023/11/29

一、共修現況：（請在共修時間來電，以免無人接聽。）

台北正覺講堂 103 台北市承德路三段 277 號九樓 捷運淡水線圓山站旁
Tel..**總機** 02-25957295（晚上）（**分機：九樓**辦公室 10、11；知客櫃檯 12、13。 **十樓**知客櫃檯 15、16；書局櫃檯 14。 **五樓**辦公室 18；知客櫃檯 19。**二樓**辦公室 20；知客櫃檯 21。）
Fax..25954493

第一講堂 台北市承德路三段 277 號九樓

禪淨班：週一晚班、週三晚班、週四晚班、週五晚班、週六下午班、週六上午班（共修期間二年半，全程免費。皆須報名建立學籍後始可參加共修，欲報名者詳見本公告末頁。）

增上班：成唯識論釋：單週六晚班。雙週六晚班（重播班）。17.50～20.50。平實導師講解，2022 年 2 月末開講，預定六年內講完，僅限已明心之會員參加。

禪門差別智：每月第一週日全天　平實導師主講（事冗暫停）。

菩薩瓔珞本業經　本經說明菩薩道六度、十度波羅蜜多之修行，要先修十信位，於因位中熏習百法明門，再轉入初住位起修六種瓔珞，總共四十二位，即是十住位、十行位、十迴向位、十地位、等覺位、妙覺位，方得成就六種瓔珞成爲一生補處，然後成就佛道，名爲習種性、性種性、道種性、聖種性、等覺性、妙覺性；連同習種性前的十信位，共爲五十二階位實修完畢，方得成佛。於本經中亦說明大乘初見道的證眞如、發起般若現觀時，若有佛菩薩護持故，即得進第七住位常住不退，然後向上進發，速修佛菩提道。如是實修佛菩提道方是義學，而非學術界所說的相似佛法等玄學，皆是可修可證之法，全都屬於現法樂證樂住並且是現觀的佛法，顯示佛法眞是義學而非玄談或思想。本經已於 2023 年十二月中旬起開講，由平實導師詳解。每逢週二晚上開講，第一至第七講堂都可同時聽聞，歡迎菩薩種性學人，攜眷共同參與此殊勝法會現場聞法，不限制聽講資格。本會學員憑上課證進入第一至第四、第七講堂聽講，會外學人請以身分證件換證進入聽講（此爲大樓管理處安全管理規定之要求，敬請諒解）；第五及第六講堂（B1、B2）對外開放，不需出示任何證件，請由大樓側門直接進入。

第二講堂　台北市承德路三段 267 號十樓。

禪淨班：週一晚班。

進階班：週三晚班、週四晚班、週五晚班、週六早班、週六下午班。禪淨班結業後轉入共修。

增上班：成唯識論釋：單週六晚班，影音同步傳播。雙週六晚班（重播班）

菩薩瓔珞本業經：平實導師講解。每週二 18.50~20.50 影像音聲即時傳輸。

第三講堂　台北市承德路三段 277 號五樓。

增上班：成唯識論釋：單週六晚班，影音同步傳播。雙週六晚班（重播班）

進階班：週一晚班、週三晚班、週四晚班、週五晚班、週六下午班。

菩薩瓔珞本業經：平實導師講解。每週二 18.50~20.50 影像音聲即時傳輸。

第四講堂　台北市承德路三段 267 號二樓。

進階班：週一晚班、週三晚班、週四晚班（禪淨班結業後轉入共修）。

菩薩瓔珞本業經：平實導師講解。每週二 18.50~20.50 影像音聲即時傳輸。

第五、第六講堂

念佛班　每週日晚上，第六講堂共修（B2），一切求生極樂世界的三寶弟子皆可參加，不限制共修資格。

進階班：週一晚班、週三晚班、週四晚班。

菩薩瓔珞本業經：平實導師講解。每週二 18.50~20.50 影像音聲即時傳輸。第五、第六講堂為**開放式講堂**，不需以身分證件換證即可進入聽講，台北市承德路三段 267 號地下一樓、地下二樓。每逢週二晚上講經時段開放給會外人士自由聽經，請由大樓側面梯階逕行進入聽講。**聽講者請尊重講者的著作權及肖像權，請勿錄音錄影，以免違法；若有錄音錄影被查獲者，將依法處理**。

第七講堂　台北市承德路三段 267 號六樓。

菩薩瓔珞本業經：平實導師講解。每週二 18.50~20.50 影像音聲即時傳輸。

正覺祖師堂　大溪區美華里信義路 650 巷坑底 5 之 6 號（台 3 號省道 34 公里處 妙法寺對面斜坡道進入）電話 03-3886110　傳真 03-3881692 本堂供奉 克勤圓悟大師，專供會員每年四月、十月各三次精進禪三共修，兼作本會出家菩薩掛單常住之用。開放參訪日期請參見本會公告。教內共修團體或道場，得另申請其餘時間作團體參訪，務請事先與常住確定日期，以便安排常住菩薩接引導覽，亦免妨礙常住菩薩之日常作息及修行。

桃園正覺講堂（第一、第二講堂）：桃園市介壽路 286、288 號 10 樓（陽明運動公園對面）電話：03-3749363（請於共修時聯繫，或與台北聯繫）

禪淨班：週一晚班（1）、週一晚班（2）、週三晚班、週四晚班、週五晚班。

進階班：週三晚班、週四晚班、週五晚班、週六上午班。

增上班：成唯識論釋。雙週六晚班（增上重播班）。

菩薩瓔珞本業經：平實導師講解。每週二晚上，以台北正覺講堂所錄 DVD 放映；歡迎會外學人共同聽講，不需出示身分證件。

新竹正覺講堂　新竹市東光路 55 號二樓之一　電話 03-5724297（晚上）

第一講堂：

禪淨班：週五晚班。

進階班：週三晚班、週四晚班、週六上午班。由禪淨班結業後轉入共修

增上班：成唯識論釋。單週六晚班。雙週六晚班（重播班）。

菩薩瓔珞本業經：平實導師講解。每週二晚上，以台北正覺講堂所錄DVD 放映。歡迎會外學人共同聽講，不需出示身分證件。

第二講堂：

禪淨班：週一晚班、週三晚班、週四晚班、週六上午班。

菩薩瓔珞本業經：每週二晚上與第一講堂同步播放講經 DVD。

第三、第四講堂：裝修完畢，已經啓用。

台中正覺講堂 04-23816090（晚上）

第一講堂 台中市南屯區五權西路二段 666 號 13 樓之四（國泰世華銀行樓上。鄰近縣市經第一高速公路前來者，由五權西路交流道可以快速到達，大樓旁有停車場，對面有素食館）。

禪淨班：週四晚班、週五晚班。

進階班：週一晚班、週三晚班、週六上午班（由禪淨班結業後轉入共修）。

增上班：**成唯識論釋**。單週六晚班。雙週六晚班（重播班）。

菩薩瓔珞本業經：平實導師講解。每週二晚上，以台北正覺講堂所錄DVD 放映。歡迎會外學人共同聽講，不需出示身分證件。

第二講堂 台中市南屯區五權西路二段 666 號 4 樓

禪淨班：週一晚班、週三晚班。

第三講堂台中市南屯區五權西路二段 666 號 4 樓

禪淨班：週一晚班。

第四講堂台中市南屯區五權西路二段 666 號 4 樓。

進階班：週三晚班、週四晚班、週五晚班、週六上午班，由禪淨班結業後轉入共修

菩薩瓔珞本業經：每週二晚上與第一講堂同步播放講經 DVD。

嘉義正覺講堂 嘉義市友愛路 288 號八樓之一　電話：05-2318228

第一講堂：

禪淨班：週四晚班、週五晚班、週六上午班。

進階班：週一晚班、週三晚班（由禪淨班結業後轉入共修）。

增上班：**成唯識論釋**。單週六晚班。雙週六晚班（重播班）。

菩薩瓔珞本業經：平實導師講解。每週二晚上，以台北正覺講堂所錄DVD 放映。歡迎會外學人共同聽講，不需出示身分證件。

第二講堂 嘉義市友愛路 288 號八樓之二。

第三講堂 嘉義市友愛路 288 號四樓之七。

禪淨班：週一晚班、週三晚班。

台南正覺講堂

第一講堂 台南市西門路四段 15 號 4 樓。06-2820541（晚上）

禪淨班：週一晚班、週四晚班、週五晚班、週六下午班。

增上班：**成唯識論釋**。單週六晚班。雙週六晚班（重播班）。

菩薩瓔珞本業經：平實導師講解。每週二晚上，以台北正覺講堂所錄DVD放映。歡迎會外學人共同聽講，不需出示身分證件。

第二講堂　台南市西門路四段15號3樓。

菩薩瓔珞本業經：每週二晚上與第一講堂同步播放講經DVD。

第三講堂　台南市西門路四段15號3樓。

進階班：週一晚班、週三晚班、週四晚班、週五晚班（由禪淨班結業後轉入共修）。

菩薩瓔珞本業經：每週二晚上與第一講堂同步播放講經DVD。

高雄正覺講堂　高雄市新興區中正三路45號五樓 07-2234248（晚上）

第一講堂（五樓）：

禪淨班：週一晚班、週三晚班、週四晚班、週五晚班、週六上午班。

進階班：週六下午班（由禪淨班結業後轉入共修）。

增上班：**成唯識論釋**。單週六晚班。雙週六晚班（重播班）。

菩薩瓔珞本業經：平實導師講解。每週二晚上，以台北正覺講堂所錄DVD放映。歡迎會外學人共同聽講，不需出示身分證件。

第二講堂（四樓）：

進階班：週三晚班、週四晚班（由禪淨班結業後轉入共修）。

菩薩瓔珞本業經：每週二晚上與第一講堂同步播放講經DVD。

第三講堂（三樓）：

進階班：週四晚班（由禪淨班結業後轉入共修）。

香港正覺講堂

香港新界葵涌打磚坪街93號維京科技商業中心A座18樓。

電話：(852) 23262231

英文地址：18/F, Tower A, Viking Technology & Business Centre, 93 Ta Chuen Ping Street, Kwai Chung, N.T., Hong Kong.

禪淨班：單週六下午班、雙週六下午班、單週日上午班、單週日下午班、雙週日上午班

進階班：雙週六上午班（由禪淨班結業後轉入共修）。

增上班：每月第一雙週日下午及晚上班，以台北增上班課程錄成DVD放映之。

增上重播班：每月第二雙週日下午及晚上班，以台北增上班課程錄成DVD放映之。

不退轉法輪經詳解：平實導師講解。每週六、日19:00～21:00，以台北正覺講堂所錄DVD放映；歡迎會外學人共同聽講，不需出示身分證件。

二、招生公告　本會台北講堂及全省各講堂、香港講堂，每逢四月、十月下旬開新班，每週共修一次（每次二小時。開課日起三個月內仍可插班）；各班共修期間皆爲二年半，全程免費，欲參加者請向本會函索報名表（各共修處皆於共修時間方有人執事，非共修時間請勿電詢或前來洽詢、請書），或直接從本會官方網站(http://www.enlighten.org.tw/newsflash/class)或成佛之道網站下載報名表。共修期滿時，若經報名禪三審核通過者，可參加四天三夜之禪三精進共修，有機會明心、取證如來藏，發起般若實相智慧，成爲實義菩薩，脫離凡夫菩薩位。

三、新春禮佛祈福　農曆年假期間停止共修：自農曆新年前七天起停止共修與弘法，正月 8 日起回復共修、弘法事務。新春期間正月初一～初七 9.00～17.00 開放台北講堂、正月初一~初三開放新竹、台中、嘉義、台南、高雄講堂，以及大溪禪三道場（正覺祖師堂），方便會員供佛、祈福及會外人士請書。

密宗四大派修雙身法，是外道性力派的邪法；又以生滅的識陰作為常住法，是常見外道，是假的藏傳佛教。

西藏覺囊已以他空見弘揚第八識如來藏勝法，才是真藏傳佛教

佛教正覺同修會　弘法行事表　2023/11/29

1、**禪淨班**　以無相念佛及拜佛方式修習動中定力，實證一心不亂功夫。傳授解脫道正理及第一義諦佛法，以及參禪知見。共修期間：二年六個月。每逢四月、十月開新班，詳見招生公告表。

2、**進階班**　禪淨班畢業後得轉入此班，進修更深入的佛法，期能證悟明心。各地講堂各有多班，繼續深入佛法、增長定力，悟後得轉入增上班修學道種智，期能證得無生法忍。

3、**增上班 成唯識論釋**　詳解八識心王的唯識性、唯識相、唯識位，分說八識心王及其心所各別的自性、所依、所緣、相應心所、行相、功用等，並闡述緣生諸法的四緣：因緣、等無間緣、所緣緣、增上緣等四緣，並論及十因五果等。論中闡釋**佛法實證及成就的根本法即是第八識，由第八識成就三界世間及出世間的一切染淨諸法，方有成佛之道可修、可證、可成就，名爲圓成實性**。然後詳解末法時代學人極易混淆的見道位所函蓋的眞見道、相見道、通達位等內容，指正末法時代高慢心一類學人，於見道位前後不斷所墮的同一邪謬處。末後開示修道位的十地之中，各地所應斷的二愚及所應證的一智，乃至佛位的四智圓明及具足四種涅槃等一切種智之眞實正理。由平實導師講述，每逢一、三、五週之週末晚上開示，每逢二、四週之週末爲重播班，供作後悟之菩薩補聞所未聽聞之法。增上班課程僅限已明心之會員參加。未來每逢講完十分之一內容時，便予出書流通；總共十輯，敬請期待。（註：《瑜伽師地論》從 2003 年二月開講，至 2022 年 2 月 19 日已經圓滿，爲期 18 年整。）

4、**菩薩瓔珞本業經**　本經說明菩薩道六度、十度波羅蜜多之修行，要先修十信位，於因位中熏習百法明門，再轉入初住位起修六種瓔珞，總共四十二位，即是十住位、十行位、十迴向位、十地位、等覺位、妙覺位，方得成就六種瓔珞成爲一生補處，然後成就佛道，名爲習種性、性種性、道種性、聖種性、等覺性、妙覺性；連同習種性前的十信位，共爲五十二階位實修完畢，方得成佛。於本經中亦說明大乘初見道的證眞如、發起般若現觀時，若有佛菩薩護持故，即得進第七住位常住不退，然後向上進發，速修佛菩提道。如是實修佛菩提道方是義學，而非學術界所說的相似佛法等玄學，皆是可修可證之法，全都屬於現法樂證樂住並且是現觀的佛法，顯示佛法眞是義學而非玄談或思想。本經已於 2023 年十二月中旬起開講，由平實導師詳解。不限制聽講資格。

5、**精進禪三**　主三和尚：平實導師。於四天三夜中，以克勤圓悟大師及大慧宗杲之禪風，施設機鋒與小參、公案密意之開示，幫助會員剋期取證，親證不生不滅之眞實心——人人本有之如來藏。每年四月、十月各舉辦三個梯次；平實導師主持。僅限本會會員參加禪淨班共修期滿，報名審核通過者，方可參加。並選擇會中定力、慧力、福德三條件皆已具足之已明心會員，給以指引，令得眼見自己無形無相之佛性遍佈山河大地，眞實而無障礙，得以肉眼現觀世界身心悉皆如幻，具足成就如幻觀，圓滿十住菩薩之證境。

6、**阿含經**詳解　選擇重要之阿含部經典，依無餘涅槃之實際而加以詳解，令大眾得以現觀諸法緣起性空，亦復不墮斷滅見中，顯示經中所隱說之涅槃實際—如來藏—確實已於四阿含中隱說；令大眾得以聞後觀行，確實斷除我見乃至我執，證得**見到**眞現觀，乃至**身證**……等眞現觀；已得大乘或二乘見道者，亦可由此聞熏及聞後之觀行，除斷我所之貪著，成就慧解脫果。由平實導師詳解。不限制聽講資格。

7、**精選如來藏系經典**詳解　精選如來藏系經典一部，詳細解說，以此完全印證會員所悟如來藏之眞實，得入不退轉住。另行擇期詳細解說之，由平實導師講解。僅限已明心之會員參加。

8、**禪門差別智**　藉禪宗公案之微細淆訛難知難解之處，加以宣說及剖析，以增進明心、見性之功德，啓發差別智，建立擇法眼。每月第一週日全天，由平實導師開示，僅限破參明心後，復又眼見佛性者參加（事冗暫停）。

9、**枯木禪**　先講智者大師的《小止觀》，後說《釋禪波羅蜜》，詳解四禪八定之修證理論與實修方法，細述一般學人修定之邪見與岔路，及對禪定證境之誤會，消除枉用功夫、浪費生命之現象。已悟般若者，可以藉此而實修初禪，進入大乘通教及聲聞教的三果心解脫境界，配合應有的大福德及後得無分別智、十無盡願，即可進入初地心中。親教師：平實導師。未來緣熟時將於正覺寺開講。不限制聽講資格。

註：本會例行年假，自 2004 年起，改爲每年農曆新年前七天開始停息弘法事務及共修課程，農曆正月 8 日回復所有共修及弘法事務。新春期間（每日 9.00~17.00）開放台北講堂，方便會員禮佛祈福及會外人士請書。大溪區的正覺祖師堂，開放參訪時間，詳見〈正覺電子報〉或成佛之道網站。本表得因時節因緣需要而隨時修改之，不另作通知。

佛教正覺同修會　贈閱書籍 目錄　　2021/8/30

1.**無相念佛**　平實導師著　回郵 36 元
2.**念佛三昧修學次第**　平實導師述著　回郵 52 元
3.**正法眼藏—護法集**　平實導師述著　回郵 76 元
4.**真假開悟簡易辨正法＆佛子之省思**　平實導師著　回郵 26 元
5.**生命實相之辨正**　平實導師著　回郵 31 元
6.**如何契入念佛法門**（附：印順法師否定極樂世界）平實導師著　回郵 26 元
7.**平實書箋**—答元覽居士書　平實導師著　回郵 52 元
8.**三乘唯識**—如來藏系經律彙編　平實導師編　回郵 80 元
（精裝本　長 27 ㎝　寬 21 ㎝　高 7.5 ㎝　重 2.8 公斤）
9.**三時繫念全集**—修正本　回郵掛號 52 元（長 26.5 ㎝×寬 19 ㎝）
10.**明心與初地**　平實導師述　回郵 31 元
11.**邪見與佛法**　平實導師述著　回郵 36 元
12.**甘露法雨**　平實導師述　回郵 36 元
13.**我與無我**　平實導師述　回郵 36 元
14.**學佛之心態**—修正錯誤之學佛心態始能與正法相應 孫正德老師著 回郵52元
附錄：平實導師著《**略說八、九識並存…等之過失**》
15.**大乘無我觀**—《悟前與悟後》別說　平實導師述著　回郵 36 元
16.**佛教之危機**—中國台灣地區現代佛教之真相（附錄：公案拈提六則）
平實導師著　回郵 52 元
17.**燈 影**—燈下黑（覆「求教後學」來函等）平實導師著　回郵 76 元
18.**護法與毀法**—覆上平居士與徐恒志居士網站毀法二文
張正圜老師著　回郵 76 元
19.**淨土聖道**—兼評選擇本願念佛　正德老師著　由正覺同修會購贈 回郵 52 元
20.**辨唯識性相**—對「紫蓮心海《辯唯識性相》書中否定阿賴耶識」之回應
正覺同修會 台南共修處法義組 著　回郵 52 元
21.**假如來藏**—對法蓮法師《如來藏與阿賴耶識》書中否定阿賴耶識之回應
正覺同修會 台南共修處法義組 著　回郵 76 元
22.**入不二門**—公案拈提集錦 第一輯（於平實導師公案拈提諸書中選錄約二十則，
合輯爲一冊流通之）平實導師著　回郵 52 元
23.**真假邪說**—西藏密宗索達吉喇嘛《破除邪說論》真是邪說
釋正安法師著　上、下冊回郵各 52 元
24.**真假開悟**—真如、如來藏、阿賴耶識間之關係　平實導師述著　回郵 76 元
25.**真假禪和**—辨正釋傳聖之謗法謬說　孫正德老師著　回郵 76 元
26.**眼見佛性**—駁慧廣法師眼見佛性的含義文中謬說
游正光老師著　回郵 52 元

27.**普門自在**—公案拈提集錦 第二輯（於平實導師公案拈提諸書中選錄約二十則，合輯為一冊流通之）平實導師著 回郵 52 元

28.**印順法師的悲哀**—以現代禪的質疑為線索 恒毓博士著 回郵 52 元

29.**識蘊真義**—現觀識蘊內涵、取證初果、親斷三縛結之具體行門。
—依《成唯識論》及《唯識述記》正義，略顯安慧《大乘廣五蘊論》之邪謬
平實導師著 回郵 76 元

30.**正覺電子報** 各期紙版本 免附回郵 每次最多函索三期或三本。
（已無存書之較早各期，不另增印贈閱）

31.**現代人應有的宗教觀** 蔡正禮老師 著 回郵 31 元

32.**遠惑趣道**—正覺電子報般若信箱問答錄 第一輯 回郵 52 元

33.**遠惑趣道**—正覺電子報般若信箱問答錄 第二輯 回郵 52 元

34.**確保您的權益**—器官捐贈應注意自我保護 游正光老師 著 回郵 31 元

35.**正覺教團電視弘法三乘菩提 DVD 光碟（一）**
由正覺教團多位親教師共同講述錄製 DVD 8 片，MP3 一片，共 9 片。有二大講題：一為「三乘菩提之意涵」，二為「學佛的正知見」。內容精闢，深入淺出，精彩絕倫，幫助大眾快速建立三乘法道的正知見，免被外道邪見所誤導。有志修學三乘佛法之學人不可不看。（製作工本費 100 元，回郵 52 元）

36.**正覺教團電視弘法 DVD 專輯（二）**
總有二大講題：一為「三乘菩提之念佛法門」，一為「學佛正知見（第二篇）」，由正覺教團多位親教師輪番講述，內容詳細闡述如何修學念佛法門、實證念佛三昧，以及學佛應具有的正確知見，可以幫助發願往生西方極樂淨土之學人，得以把握往生，更可令學人快速建立三乘法道的正知見，免於被外道邪見所誤導。有志修學三乘佛法之學人不可不看。（一套 17 片，工本費 160 元。回郵 76 元）

37.**喇嘛性世界**—揭開假藏傳佛教譚崔瑜伽的面紗 張善思 等人合著
由正覺同修會購贈 回郵 52 元

38.**假藏傳佛教的神話**—性、謊言、喇嘛教 張正玄教授編著
由正覺同修會購贈 回郵 52 元

39.**隨 緣**—理隨緣與事隨緣 平實導師述 回郵 52 元。

40.**學佛的覺醒** 正枝居士 著 回郵 52 元

41.**導師之真實義** 蔡正禮老師 著 回郵 31 元

42.**淺談達賴喇嘛之雙身法**—兼論解讀「密續」之達文西密碼
吳明芷居士 著 回郵 31 元

43.**魔界轉世** 張正玄居士 著 回郵 31 元

44.**一貫道與開悟** 蔡正禮老師 著 回郵 31 元

45.**博愛**—愛盡天下女人 正覺教育基金會 編印 回郵 36 元

46.**意識虛妄經教彙編**—實證解脫道的關鍵經文 正覺同修會編印 回郵 36 元

47.**邪箭囈語**—破斥藏密外道多識仁波切《破魔金剛箭雨論》之邪說
陸正元老師著　上、下冊回郵各 52 元

48.**真假沙門**—依 佛聖教闡釋佛教僧寶之定義
蔡正禮老師著　俟正覺電子報連載後結集出版

49.**真假禪宗**—藉評論釋性廣《印順導師對變質禪法之批判
及對禪宗之肯定》以顯示真假禪宗
附論一：凡夫知見 無助於佛法之信解行證
附論二：世間與出世間一切法皆從如來藏實際而生而顯
余正偉老師著　俟正覺電子報連載後結集出版　回郵未定

★ 上列贈書之郵資，係台灣本島地區郵資，大陸、港、澳地區及外國地區，請另計酌增（大陸、港、澳、國外地區之郵票不許通用）。尚未出版之書，請勿先寄來郵資，以免增加作業煩擾。

★ 本目錄若有變動，唯於後印之書籍及「成佛之道」網站上修正公佈之，不另行個別通知。

函索書籍請寄：佛教正覺同修會　103 台北市承德路 3 段 277 號 9 樓
台灣地區函索書籍者請附寄郵票，無時間購買郵票者可以等值現金抵用，但不接受郵政劃撥、支票、匯票。大陸地區得以人民幣計算，國外地區請以美元計算（請勿寄來當地郵票，在台灣地區不能使用）。欲以掛號寄遞者，請另附掛號郵資。

親自索閱：正覺同修會各共修處。　★請於共修時間前往取書，餘時無人在道場，請勿前往索取；共修時間與地點，詳見書末正覺同修會共修現況表（以近期之共修現況表為準）。

註：正智出版社發售之局版書，請向各大書局購閱。若書局之書架上已經售出而無陳列者，請向書局櫃台指定洽購；若書局不便代購者，請於正覺同修會共修時間前往各共修處請購，正智出版社已派人於共修時間送書前往各共修處流通。 郵政劃撥購書及 大陸地區 購書，請詳別頁正智出版社發售書籍目錄最後頁之說明。

成佛之道 網站：http://www.a202.idv.tw　正覺同修會已出版之結緣書籍，多已登載於 成佛之道 網站，若住外國、或住處遙遠，不便取得正覺同修會贈閱書籍者，可以從本網站閱讀及下載。

＊＊假藏傳佛教修雙身法，非佛教＊＊

正智出版社 籌募弘法基金發售書籍目錄 2023/11/17

1.**宗門正眼**—公案拈提 第一輯 重拈 平實導師著 500 元

因重寫內容大幅度增加故，字體必須改小，並增爲 576 頁 主文 546 頁。比初版更精彩、更有內容。初版《禪門摩尼寶聚》之讀者，可寄回本公司免費調換新版書。免附回郵，亦無截止期限。（2007 年起，每冊附贈本公司精製公案拈提〈超意境〉CD 一片。市售價格 280 元，多購多贈。）

2.**禪淨圓融** 平實導師著 200 元（第一版舊書可換新版書。）

3.**真實如來藏** 平實導師著 400 元

4.**禪—悟前與悟後** 平實導師著 上、下冊，每冊 250 元

5.**宗門法眼**—公案拈提 第二輯 平實導師著 500 元
（2007 年起，每冊附贈本公司精製公案拈提〈超意境〉CD 一片）

6.**楞伽經詳解** 平實導師著 全套共 10 輯 每輯 250 元

7.**宗門道眼**—公案拈提 第三輯 平實導師著 500 元
（2007 年起，每冊附贈本公司精製公案拈提〈超意境〉CD 一片）

8.**宗門血脈**—公案拈提 第四輯 平實導師著 500 元
（2007 年起，每冊附贈本公司精製公案拈提〈超意境〉CD 一片）

9.**宗通與說通**—成佛之道 平實導師著 主文 381 頁 全書 400 頁售價 300 元

10.**宗門正道**—公案拈提 第五輯 平實導師著 500 元
（2007 年起，每冊附贈本公司精製公案拈提〈超意境〉CD 一片）

11.**狂密與真密** 一～四輯 平實導師著 西藏密宗是人間最邪淫的宗教，本質不是佛教，只是披著佛教外衣的印度教性力派流毒的喇嘛教。此書中將西藏密宗密傳之男女雙身合修樂空雙運所有祕密與修法，毫無保留完全公開，並將全部喇嘛們所不知道的部分也一併公開。內容比大辣出版社喧騰一時的《西藏慾經》更詳細。並且函蓋藏密的所有祕密及其錯誤的中觀見、如來藏見……等，藏密的所有法義都在書中詳述、分析、辨正。每輯主文三百餘頁 每輯全書約 400 頁 售價每輯 300 元

12.**宗門正義**—公案拈提 第六輯 平實導師著 500 元
（2007 年起，每冊附贈本公司精製公案拈提〈超意境〉CD 一片）

13.**心經密意**—心經與解脫道、佛菩提道、祖師公案之關係與密意 平實導師述 300 元

14.**宗門密意**—公案拈提 第七輯 平實導師著 500 元
（2007 年起，每冊附贈本公司精製公案拈提〈超意境〉CD 一片）

15.**淨土聖道**—兼評「選擇本願念佛」 正德老師著 200 元

16.**起信論講記** 平實導師述著 共六輯 每輯三百餘頁 售價各 250 元

17.**優婆塞戒經講記** 平實導師述著 共八輯 每輯三百餘頁 售價各 250 元

18.**真假活佛**—略論附佛外道盧勝彥之邪說（對前岳靈犀網站主張「盧勝彥是證悟者」之修正） 正犀居士（岳靈犀）著 流通價 140 元

19.**阿含正義**—唯識學探源 平實導師著 共七輯 每輯 300 元

20.**超意境** CD 以平實導師公案拈提書中超越意境之頌詞，加上曲風優美

的旋律，錄成令人嚮往的超意境歌曲，其中包括正覺發願文及平實導師親自譜成的黃梅調歌曲一首。詞曲雋永，殊堪翫味，可供學禪者吟詠，有助於見道。內附設計精美的彩色小冊，解說每一首詞的背景本事。每片 280 元。【每購買公案拈提書籍一冊，即贈送一片。】

21.**菩薩底憂鬱** CD 將菩薩情懷及禪宗公案寫成新詞，並製作成超越意境的優美歌曲。 1.主題曲〈菩薩底憂鬱〉，描述地後菩薩能離三界生死而迴向繼續生在人間，但因尚未斷盡習氣種子而有極深沈之憂鬱，非三賢位菩薩及二乘聖者所知，此憂鬱在七地滿心位方才斷盡；本曲之詞中所說義理極深，昔來所未曾見；此曲係以優美的情歌風格寫詞及作曲，聞者得以激發嚮往諸地菩薩境界之大心，詞、曲都非常優美，難得一見；其中勝妙義理之解說，已印在附贈之彩色小冊中。 2.以各輯公案拈提中直示禪門入處之頌文，作成各種不同曲風之超意境歌曲，值得玩味、參究；聆聽公案拈提之優美歌曲時，請同時閱讀內附之印刷精美說明小冊，可以領會超越三界的證悟境界；未悟者可以因此引發求悟之意向及疑情，眞發菩提心而邁向求悟之途，乃至因此眞實悟入般若，成眞菩薩。 3.正覺總持咒新曲，總持佛法大意；總持咒之義理，已加以解說並印在隨附之小冊中。本 CD 共有十首歌曲，長達 63 分鐘。每盒各附贈二張購書優惠券。每片 320 元。

22.**禪意無限** CD 平實導師以公案拈提書中偈頌寫成不同風格曲子，與他人所寫不同風格曲子共同錄製出版，幫助參禪人進入禪門超越意識之境界。盒中附贈彩色印製的精美解說小冊，以供聆聽時閱讀，令參禪人得以發起參禪之疑情，即有機會證悟本來面目而發起實相智慧，實證大乘菩提般若，能如實證知般若經中的眞實意。本 CD 共有十首歌曲，長達 69 分鐘，每盒各附贈二張購書優惠券。每片 320 元。

23.**我的菩提路**第一輯　釋悟圓、釋善藏等人合著　售價 300 元

24.**我的菩提路**第二輯　郭正益等人合著　售價 300 元

（初版首刷至第四刷，都可以寄來免費更換爲第二版，免附郵費）

25.**我的菩提路**第三輯　王美伶等人合著　售價 300 元

26.**我的菩提路**第四輯　陳晏平等人合著　售價 300 元

27.**我的菩提路**第五輯　林慈慧等人合著　售價 300 元

28.**我的菩提路**第六輯　劉惠莉等人合著　售價 300 元

29.**我的菩提路**第七輯　余正偉等人合著　售價 300 元

30.**鈍鳥與靈龜**—考證後代凡夫對大慧宗杲禪師的無根誹謗。

平實導師著　共 458 頁　售價 350 元

31.**維摩詰經講記**　平實導師述　共六輯　每輯三百餘頁　售價各 250 元

32.**真假外道**—破劉東亮、杜大威、釋證嚴常見外道見　正光老師著　200 元

33.**勝鬘經講記**—兼論印順《勝鬘經講記》對於《勝鬘經》之誤解。

平實導師述　共六輯　每輯三百餘頁　售價250 元

34.**楞嚴經講記**—平實導師述 共**15**輯，每輯三百餘頁 售價300元
35.**明心與眼見佛性**—駁慧廣〈蕭氏「眼見佛性」與「明心」之非〉文中謬說
正光老師著 共448頁 售價300元
36.**見性與看話頭** 黃正倖老師 著，本書是禪宗參禪的方法論。
內文375頁，全書416頁，售價300元。
37.**達賴真面目**—玩盡天下女人 白正偉老師 等著 中英對照彩色精裝大本 800元
38.**喇嘛性世界**—揭開假藏傳佛教譚崔瑜伽的面紗 張善思 等人著 200元
39.**假藏傳佛教的神話**—性、謊言、喇嘛教 正玄教授編著 200元
40.**金剛經宗通** 平實導師述 共九輯 每輯售價250元。
41.**末代達賴**—性交教主的悲歌 張善思、呂艾倫、辛燕編著 售價250元
42.**霧峰無霧**—給哥哥的信 辨正釋印順對佛法的無量誤解
游宗明 老師著 售價250元
43.**霧峰無霧**—第二輯—救護佛子向正道 細說釋印順對佛法的各類誤解
游宗明 老師著 售價250元
44.**第七意識與第八意識？**—穿越時空「超意識」
平實導師述 每冊300元
45.**黯淡的達賴**—失去光彩的諾貝爾和平獎
正覺教育基金會編著 每冊250元
46.**童女迦葉考**—論呂凱文〈佛教輪迴思想的論述分析〉之謬。
平實導師 著 定價180元
47.**人間佛教**—實證者必定不悖三乘菩提
平實導師 述，定價400元
48.**實相經宗通** 平實導師述 共八輯 每輯250元
49.**真心告訴您(一)**—達賴喇嘛在幹什麼？
正覺教育基金會編著 售價250元
50.**中觀金鑑**—詳述應成派中觀的起源與其破法本質
孫正德老師著 分為上、中、下三冊，每冊250元
51.**藏傳佛教要義**—《狂密與真密》之簡體字版 平實導師 著 上、下冊
僅在大陸流通 每冊300元
52.**法華經講義**—平實導師述 共二十五輯 每輯三百餘頁 售價300元
53.**西藏「活佛轉世」制度**—附佛、造神、世俗法
許正豐、張正玄老師合著 定價150元
54.**廣論三部曲**—郭正益老師著 定價150元
55.**真心告訴您(二)**—達賴喇嘛是佛教僧侶嗎？
—補祝達賴喇嘛八十大壽
正覺教育基金會編著 售價300元
56.**次法**—實證佛法前應有的條件
張善思居士著 分為上、下二冊，每冊250元
57.**涅槃**—解說四種涅槃之實證及內涵 平實導師著 上、下冊 各350元

58.**佛藏經講義**—平實導師述　共二十一輯 每輯三百餘頁 售價 300 元。
59.**成唯識論**—大唐 玄奘菩薩所著鉅論。重新正確斷句，並以不同字體及標點符號顯示質疑文，令得易讀。全書 288 頁，精裝大本 400 元。
60.**大法鼓經講義**—平實導師述　共六輯 每輯三百餘頁 售價 300 元
61.**成唯識論釋**—詳解大唐玄奘菩薩所著《成唯識論》，平實導師著述。共十輯，每輯內文四百餘頁，12 級字編排，於每講完一輯的分量以後即予出版，2023 年五月底出版第一輯，以後每七到十個月出版一輯，每輯 400 元。
62.**不退轉法輪經講義**—平實導師講述 2024 年 1 月 30 日開始出版　共十輯每二個月出版一輯，每輯 300 元
63.**解深密經講義**—平實導師述 約四輯　將於重講後整理出版
64.**菩薩瓔珞本業經講義**—平實導師述 約○輯　將於《解深密經講義》出版後整理出版。
65.**假鋒虛焰金剛乘**—揭示顯密正理，兼破索達吉師徒《般若鋒兮金剛焰》釋正安法師著 簡體字版 即將出版 售價未定
66.**廣論之平議**—宗喀巴《菩提道次第廣論》之平議　正雄居士著
約二或三輯　俟正覺電子報連載後結集出版　書價未定
67.**八識規矩頌**詳解　○○居士 註解　出版日期另訂　書價未定。
68.**中觀正義**—註解平實導師《中論正義頌》。
○○法師（居士）著　出版日期未定　書價未定
69.**中論正義**—釋龍樹菩薩《中論》頌正理。
孫正德老師著　出版日期未定　書價未定
70.**中國佛教史**—依中國佛教正法史實而論。 ○○老師 著　書價未定。
71.**印度佛教史**—法義與考證。依法義史實評論印順《印度佛教思想史、佛教史地考論》之謬說　正偉老師著　出版日期未定　書價未定
72.**阿含經講記**—將選錄四阿含中數部重要經典全經講解之，講後整理出版。
平實導師述　約二輯　每輯 300 元　出版日期未定
73.**實積經講記** 平實導師述　每輯三百餘頁 優惠價 300 元 出版日期未定
74.**修習止觀坐禪法要講記**　平實導師述　每輯三百餘頁
將於正覺寺建成後重講、以講記逐輯出版　出版日期未定
75.**無門關**—《無門關》公案拈提　平實導師著　出版日期未定
76.**中觀再論**—兼述印順《中觀今論》謬誤之平議。正光老師著 出版日期未定
77.**輪迴與超度**—佛教超度法會之真義。
○○法師（居士）著　出版日期未定　書價未定
78.**《釋摩訶衍論》平議**—對偽稱龍樹所造《釋摩訶衍論》之平議
○○法師（居士）著　出版日期未定　書價未定
79.**正覺發願文**註解—以真實大願為因 得證菩提
正德老師著　出版日期未定　書價未定
80.**正覺總持咒**—佛法之總持　正圜老師著　出版日期未定　書價未定

81.**三自性**—依四食、五蘊、十二因緣、十八界法，說三性三無性。
作者未定　出版日期未定
82.**道品**—從三自性說大小乘三十七道品　作者未定　出版日期未定
83.**大乘緣起觀**—依四聖諦七真如現觀十二緣起　作者未定　出版日期未定
84.**三德**—論解脫德、法身德、般若德。　作者未定　出版日期未定
85.**真假如來藏**—對印順《如來藏之研究》謬說之平議　作者未定　出版日期未定
86.**大乘道次第**　作者未定　出版日期未定　書價未定
87.**四緣**—依如來藏故有四緣。　作者未定　出版日期未定
88.**空之探究**—印順《空之探究》謬誤之平議　作者未定　出版日期未定
89.**十法義**—論阿含經中十法之正義　作者未定　出版日期未定
90.**外道見**—論述外道六十二見　作者未定　出版日期未定

正智出版社有限公司 書籍介紹

禪淨圓融：言淨土諸祖所未曾言，示諸宗祖師所未曾示；禪淨圓融，另闢成佛捷徑，兼顧自力他力，闡釋淨土門之速行易行道，亦同時揭櫫聖教門之速行易行道；令廣大淨土行者得免緩行難證之苦，亦令聖道門行者得以藉著淨土速行道而加快成佛之時劫。乃前無古人之超勝見地，非一般弘揚禪淨法門典籍也，先讀為快。平實導師著 200元。

宗門正眼—公案拈提第一輯：繼承克勤圜悟大師碧巖錄宗旨之禪門鉅作。先則舉示當代大法師之邪說，消弭當代禪門大師鄉愿之心態，摧破當今禪門「世俗禪」之妄談；次則旁通教法，表顯宗門正理；繼以道之次第，消弭古今狂禪；後藉言語及文字機鋒，直示宗門入處。悲智雙運，禪味十足，數百年來難得一睹之禪門鉅著也。平實導師著 500元（原初版書《禪門摩尼寶聚》，改版後補充為五百餘頁新書，總計多達二十四萬字，內容更精彩，並改名為《宗門正眼》，讀者原購初版《禪門摩尼寶聚》皆可寄回本公司免費換新，免附回郵，亦無截止期限）（2007年起，凡購買公案拈提第一輯至第七輯，每購一輯皆贈送本公司精製公案拈提〈超意境〉CD一片，市售價格280元，多購多贈）。

禪—悟前與悟後：本書能建立學人悟道之信心與正確知見，圓滿具足而有次第地詳述禪悟之功夫與禪悟之內容，指陳參禪中細微淆訛之處，能使學人明自眞心、見自本性。若未能悟入，亦能以正確知見辨別古今中外一切大師究係眞悟？或屬錯悟？便有能力揀擇，捨名師而選明師，後時必有悟道之緣。一旦悟道，遲者七次人天往返，便出三界，速者一生取辦。學人欲求開悟者，不可不讀。　平實導師著。上、下冊共500元，單冊250元。

真實如來藏：如來藏眞實存在，乃宇宙萬有之本體，並非印順法師、達賴喇嘛等人所說之「唯有名相、無此心體」。如來藏是涅槃之本際，是一切有智之人竭盡心智、不斷探索而不能得之生命實相；是古今中外許多大師自以爲悟而當面錯過之生命實相。如來藏即是阿賴耶識，乃是一切有情本自具足、不生不滅之眞實心。當代中外大師於此書出版之前所未能言者，作者於本書中盡情流露、詳細闡釋。眞悟者讀之，必能增益悟境、智慧增上；錯悟者讀之，必能檢討自己之錯誤，免犯大妄語業；未悟者讀之，能知參禪之理路，亦能以之檢查一切名師是否眞悟。此書是一切哲學家、宗教家、學佛者及欲昇華心智之人必讀之鉅著。　平實導師著　售價400元。

宗門法眼—公案拈提第二輯：列舉實例，闡釋土城廣欽老和尚之悟處；並直示這位不識字的老和尚妙智橫生之根由，繼而剖析禪宗歷代大德之開悟公案，解析當代密宗高僧卡盧仁波切之錯悟證據，並例舉當代顯宗高僧、大居士之錯悟證據（凡健在者，爲免影響其名聞利養，皆隱其名）。藉辨正當代名師之邪見，向廣大佛子指陳禪悟之正道，彰顯宗門法眼。悲勇兼出，強捋虎鬚；慈智雙運，巧探驪龍；摩尼寶珠在手，直示宗門入處，禪味十足；若非大悟徹底，不能爲之。禪門精奇人物，允宜人手一冊，供作參究及悟後印證之圭臬。本書於2008年4月改版，增寫爲大約500頁篇幅，以利學人研讀參究時更易悟入宗門正法，以前所購初版首刷及初版二刷舊書，皆可免費換取新書。平實導師著　500元（2007年起，凡購買公案拈提第一輯至第七輯，每購一輯皆贈送本公司精製公案拈提〈超意境〉CD一片，市售價格280元，多購多贈）。

宗門道眼—公案拈提第三輯：繼宗門法眼之後，再以金剛之作略、慈悲之胸懷、犀利之筆觸，舉示寒山、拾得、布袋三大士之悟處，消弭當代錯悟者對於寒山大士……等之誤會及誹謗。　亦舉出民初以來與虛雲和尚齊名之蜀郡鹽亭袁煥仙夫子——南懷瑾老師之師，其「悟處」何在？並蒐羅許多眞悟祖師之證悟公案，顯示禪宗歷代祖師之睿智，指陳部分祖師、奧修及當代顯密大師之謬悟，作爲殷鑑，幫助禪子建立及修正參禪之方向及知見。假使讀者閱此書已，一時尚未能悟，亦可一面加功用行，一面以此宗門道眼辨別眞假善知識，避開錯誤之印證及歧路，可免大妄語業之長劫慘痛果報。欲修禪宗之禪者，務請細讀。平實導師著　售價500元（2007年起，凡購買公案拈提第一輯至第七輯，每購一輯皆贈送本公司精製公案拈提〈超意境〉CD一片，市售價格280元，多購多贈）。

楞伽經詳解：本經是禪宗見道者印證所悟眞僞之根本經典，亦是禪宗見道者悟後起修之依據經典；故達摩祖師於印證二祖慧可大師之後，將此經典連同佛缽祖衣一併交付二祖，令其依此經典佛示金言、進入修道位，修學一切種智。由此可知此經對於眞悟之人修學佛道，是非常重要之一部經典。此經能破外道邪說，亦破佛門中錯悟名師之謬說，亦破禪宗部分祖師之狂禪：不讀經典、一向主張「一悟即成究竟佛」之謬執。並開示愚夫所行禪、觀察義禪、攀緣如禪、如來禪等差別，令行者對於三乘禪法差異有所分辨；亦糾正禪宗祖師古來對於如來禪之誤解，嗣後可免以訛傳訛之弊。此經亦是法相唯識宗之根本經典，禪者悟後欲修一切種智而入初地者，必須詳讀。平實導師著，全套共十輯，已全部出版完畢，每輯主文約320頁，每冊約352頁，定價250元。

宗門血脈—公案拈提第四輯：末法怪象—許多修行人自以爲悟，每將無念靈知認作眞實；崇尚二乘法諸師及其徒眾，則將外於如來藏之緣起性空—無因論之無常空、斷滅空、一切法空—錯認爲 佛所說之般若空性。這兩種現象已於當今海峽兩岸及美加地區顯密大師之中普遍存在；人人自以爲悟，心高氣壯，便敢寫書解釋祖師證悟之公案，大多出於意識思惟所得，言不及義，錯誤百出，因此誤導廣大佛子同陷大妄語之地獄業中而不能自知。彼等書中所說之悟處，其實處處違背第一義經典之聖言量。彼等諸人不論是否身披袈裟，都非佛法宗門血脈，或雖有禪宗法脈之傳承，亦只徒具形式；猶如螟蛉，非眞血脈，未悟得根本眞實故。禪子欲知佛、祖之眞血脈者，請讀此書，便知分曉。平實導師著，主文452頁，全書464頁，定價500元（2007年起，凡購買公案拈提第一輯至第七輯，每購一輯皆贈送本公司精製公案拈提〈超意境〉CD一片，市售價格280元，多購多贈）。

宗通與說通：古今中外，錯誤之人如麻似粟，每以常見外道所說之靈知心，認作眞心；或妄想虛空之勝性能量爲眞如，或錯認物質四大元素藉冥性（靈知心本體）能成就吾人色身及知覺，或認初禪至四禪中之了知心爲不生不滅之涅槃心。此等皆非通宗者之見地。復有錯悟之人一向主張「宗門與教門不相干」，此即尚未通達宗門之人也。其實宗門與教門互通不二，宗門所證者乃是眞如與佛性，教門所說者乃說宗門證悟之眞如佛性，故教門與宗門不二。本書作者以宗教二門互通之見地，細說「宗通與說通」，從初見道至悟後起修之道、細說分明；並將諸宗諸派在整體佛教中之地位與次第，加以明確之教判，學人讀之即可了知佛法之梗概也。欲擇明師學法之前，允宜先讀。平實導師著，主文共381頁，全書392頁，只售成本價300元。

宗門正道—公案拈提第五輯：修學大乘佛法有二果須證—解脫果及大菩提果。二乘人不證大菩提果，唯證解脫果；此果之智慧，名爲聲聞菩提、緣覺菩提。大乘佛子所證二果之菩提果爲佛菩提，故名大菩提果，其慧名爲一切種智—函蓋二乘解脫果。然此大乘二果修證，須經由禪宗之宗門證悟方能相應。而宗門證悟極難，自古已然；其所以難者，咎在古今佛教界普遍存在三種邪見：1.以修定認作佛法，2.以無因論之緣起性空—否定涅槃本際如來藏以後之一切法空作爲佛法，3.以常見外道邪見（離語言妄念之靈知性）作爲佛法。如是邪見，或因自身正見未立所致，或因邪師之邪教導所致，或因無始劫來虛妄熏習所致。若不破除此三種邪見，永劫不悟宗門眞義、不入大乘正道，唯能外門廣修菩薩行。平實導師於此書中，有極爲詳細之說明，有志佛子欲摧邪見、入於內門修菩薩行者，當閱此書。主文共496頁，全書512頁。售價500元（2007年起，凡購買公案拈提第一輯至第七輯，每購一輯皆贈送本公司精製公案拈提〈超意境〉CD一片，市售價格280元，多購多贈）。

狂密與真密：密教之修學，皆由有相之觀行法門而入，其最終目標仍不離顯教經典所說第一義諦之修證；若離顯教第一義經典、或違背顯教第一義經典，即非佛教。西藏密教之觀行法，如灌頂、觀想、遷識法、寶瓶氣、大聖歡喜雙身修法、喜金剛、無上瑜伽、大樂光明、樂空雙運等，皆是印度教兩性生生不息思想之轉化，自始至終皆以如何能運用交合淫樂之法達到全身受樂爲其中心思想，純屬欲界五欲的貪愛，不能令人超出欲界輪迴，更不能令人斷除我見；何況大乘之明心與見性，更無論矣！故密宗之法絕非佛法也。而其明光大手印、大圓滿法教，又皆同以常見外道所說離語言妄念之無念靈知心錯認爲佛地之眞如，不能直指不生不滅之眞如。西藏密宗所有法王與徒衆，都尚未開頂門眼，不能辨別眞僞，以依人不依法、依密續不依經典故，不肯將其上師喇嘛所說對照第一義經典，純依密續之藏密祖師所說爲準，因此而誇大其證德與證量，動輒謂彼祖師上師爲究竟佛、爲地上菩薩；如今台海兩岸亦有自謂其師證量高於 釋迦文佛者，然觀其師所述，猶未見道，仍在觀行即佛階段，尚未到禪宗相似即佛、分證即佛階位，竟敢標榜爲究竟佛及地上法王，誑惑初機學人。凡此怪象皆是狂密，不同於眞密之修行者。近年狂密盛行，密宗行者被誤導者極衆，動輒自謂已證佛地眞如，自視爲究竟佛，陷於大妄語業中而不知自省，反謗顯宗眞修實證者之證量粗淺；或如義雲高與釋性圓…等人，於報紙上公然誹謗眞實證道者爲「騙子、無道人、人妖、癩蛤蟆…」等，造下誹謗大乘勝義僧之大惡業；或以外道法中有爲有作之甘露、魔術……等法，誑騙初機學人，狂言彼外道法爲眞佛法。如是怪象，在西藏密宗及附藏密之外道中，不一而足，舉之不盡，學人宜應愼思明辨，以免上當後又犯毀破菩薩戒之重罪。密宗學人若欲遠離邪知邪見者，請閱此書，即能了知密宗之邪謬，從此遠離邪見與邪修，轉入眞正之佛道。平實導師著 共四輯 每輯約400頁（主文約340頁）每輯售價300元。

宗門正義—公案拈提第六輯：佛教有六大危機，乃是藏密化、世俗化、膚淺化、學術化、宗門密意失傳、悟後進修諸地之次第混淆；其中尤以宗門密意之失傳，爲當代佛教最大之危機。由宗門密意失傳故，易令　世尊本懷普被錯解，易令　世尊正法被轉易爲外道法，以及加以淺化、世俗化，是故宗門密意之廣泛弘傳與具緣佛弟子，極爲重要。然而欲令宗門密意之廣泛弘傳予具緣之佛弟子者，必須同時配合錯誤知見之解析、普令佛弟子知之，然後輔以公案解析之直示入處，方能令具緣之佛弟子悟入。而此二者，皆須以公案拈提之方式爲之，方易成其功、竟其業，是故平實導師續作宗門正義一書，以利學人。　全書500餘頁，售價500元（2007年起，凡購買公案拈提第一輯至第七輯，每購一輯皆贈送本公司精製公案拈提〈超意境〉CD一片，市售價格280元，多購多贈）。

心經密意—心經與解脫道、佛菩提道、祖師公案之關係與密意。二乘菩提所證之解脫道，實依第八識心之斷除煩惱障現行而立解脫之名；大乘菩提所證之佛菩提道，實依親證第八識如來藏之涅槃性、清淨自性、及其中道性而立般若之名；禪宗祖師公案所證之眞心，即是此第八識如來藏；是故三乘佛法所修所證之三乘菩提，皆依此如來藏心而立名也。此第八識心，即是《心經》所說之心也。證得此如來藏已，即能漸入大乘佛菩提道，亦可因證知此心而了知二乘無學所不能知之無餘涅槃本際，是故《心經》之密意，與三乘佛菩提之關係極爲密切、不可分割，三乘佛法皆依此心而立名故。今者平實導師以其所證解脫道之無生智及佛菩提之般若種智，將《心經》與解脫道、佛菩提道、祖師公案之關係與密意，以演講之方式，用淺顯之語句和盤托出，發前人所未言，呈三乘菩提之眞義，令人藉此《心經密意》一舉而窺三乘菩提之堂奧，迥異諸方言不及義之說；欲求眞實佛智者、不可不讀！主文317頁，連同跋文及序文…等共384頁，售價300元。

宗門密意—公案拈提第七輯：佛教之世俗化，將導致學人以信仰作爲學佛，則將以感應及世間法之庇祐，作爲學佛之主要目標，不能了知學佛之主要目標爲親證三乘菩提。大乘菩提則以般若實相智慧爲主要修習目標，以二乘菩提解脫道爲附帶修習之標的；是故學習大乘法者，應以禪宗之證悟爲要務，能親入大乘菩提之實相般若智慧中故，般若實相智慧非二乘聖人所能知故。此書則以台灣世俗化佛教之三大法師，說法似是而非之實例，配合眞悟祖師之公案解析，提示證悟般若之關節，令學人易得悟入。平實導師著，全書五百餘頁，售價500元（2007年起，凡購買公案拈提第一輯至第七輯，每購一輯皆贈送本公司精製公案拈提〈超意境〉CD一片，市售價格280元，多購多贈）。

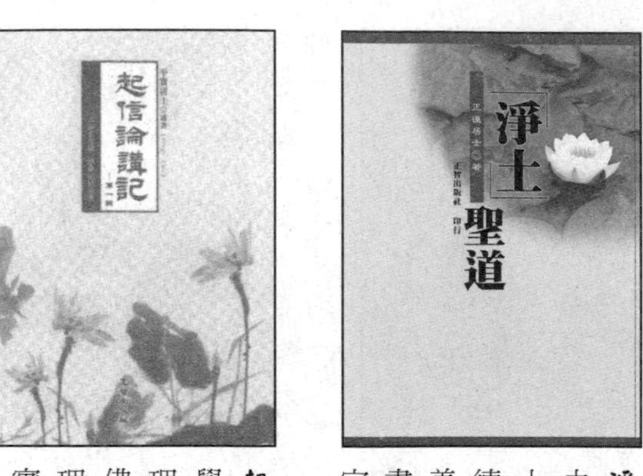

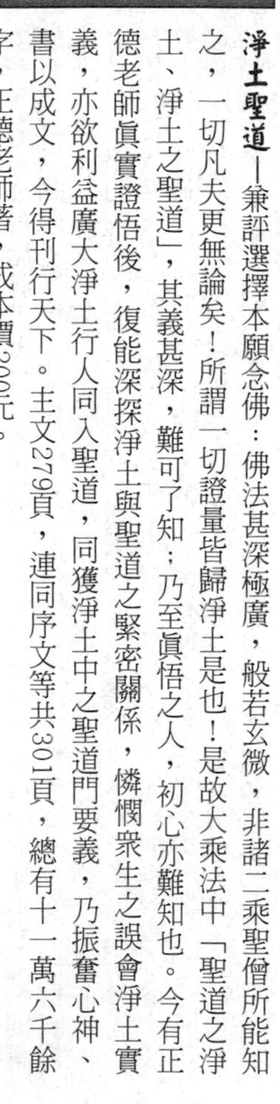

淨土聖道—兼評選擇本願念佛：佛法甚深極廣，般若玄微，非諸二乘聖僧所能知之，一切凡夫更無論矣！所謂一切證量皆歸淨土是也！是故大乘法中「聖道之淨土、淨土之聖道」，其義甚深，難可了知；乃至眞悟之人，初心亦難知也。今有正德老師眞實證悟後，復能深探淨土與聖道之緊密關係，憐憫衆生之誤會淨土實義，亦欲利益廣大淨土行人同入聖道，同獲淨土中之聖道門要義，乃振奮心神、書以成文，今得刊行天下。主文279頁，連同序文等共301頁，總有十一萬六千餘字，正德老師著，成本價200元。

起信論講記：詳解大乘起信論心生滅門與心眞如門之眞實意旨，消除以往大師與學人對起信論所說心生滅門之誤解，由是而得了知眞心如來藏之非常非斷中道正理；亦因此一講解，令此論以往隱晦而被誤解之眞實義，得以如實顯示，令大乘佛菩提道之正理得以顯揚光大；初機學者亦可藉此正論所顯示之法義，對大乘法理生起正信，從此得以眞發菩提心，眞入大乘法中修學，世世常修菩薩正行。平實導師演述，共六輯，都已出版，每輯三百餘頁，售價各250元。

優婆塞戒經講記：本經詳述在家菩薩修學大乘佛法，應如何受持菩薩戒？對人間善行應如何看待？對三寶應如何護持？應如何正確地修集此世後世證法之福德？應如何修集後世「行菩薩道之資糧」？並詳述第一義諦之正義：五蘊非我非異我、自作自受、異作異受、不作不受……等深妙法義，乃是修學大乘佛法、行菩薩行之在家菩薩所應當了知者。出家菩薩今世或未來世登地已，捨報之後多數將如華嚴經中諸大菩薩，以在家菩薩身而修行菩薩行，故亦應以此經所述正理而修之，配合《楞伽經、解深密經、楞嚴經、華嚴經》等道次第正理，方得漸次成就佛道；故此經是一切大乘行者皆應證知之正法。平實導師講述，每輯三百餘頁，售價各250元；共八輯，已全部出版。

真假活佛—略論附佛外道盧勝彥之邪說：人人身中都有眞活佛，永生不滅而有大神用，但衆生都不了知，所以常被身外的西藏密宗假活佛籠罩欺瞞。本來就眞實存在的眞活佛，才是眞正的密宗無上密！諾那活佛因此而說禪宗是大密宗，但藏密的所有活佛都不知道、也不曾實證自身中的眞活佛。本書詳實宣示眞活佛的道理，舉證盧勝彥的「佛法」不是眞佛法，也顯示盧勝彥是假活佛，直接的闡釋第一義佛法見道的眞實正理。眞佛宗的所有上師與學人們，都應該詳細閱讀，包括盧勝彥個人在內。正犀居士著，優惠價140元。

阿含正義—唯識學探源：廣說四大部《阿含經》諸經中隱說之眞正義理，一一舉示佛陀本懷，令阿含時期初轉法輪根本經典之眞義，如實顯現於佛子眼前。並提示末法大師對於阿含眞義誤解之實例，一一比對之，證實唯識增上慧學確於原始佛法之阿含諸經中已隱覆密意而略說之，證實 世尊確於原始佛法中已曾密意而說第八識如來藏之總相；亦證實 世尊在四阿含中已說此藏識是名色十八界之因、之本—證明如來藏是能生萬法之根本心。佛子可據此修正以往受諸大師（譬如西藏密宗應成派中觀師：印順、昭慧、性廣、大願、達賴、宗喀巴、寂天、月稱、……等人）誤導之邪見，建立正見，轉入正道乃至親證初果而無困難；書中並詳說三果所證的心解脫，以及四果慧解脫的親證，都是如實可行的具體知見與行門。全書共七輯，已出版完畢。平實導師著，每輯三百餘頁，售價300元。

超意境CD：以平實導師公案拈提書中超越意境之頌詞，加上曲風優美的旋律，錄成令人嚮往的超意境歌曲，其中包括正覺發願文及平實導師親自譜成的黃梅調歌曲一首。詞曲雋永，殊堪翫味，可供學禪者吟詠，有助於見道。內附設計精美的彩色小冊，解說每一首詞的背景本事。每片280元。【每購買公案拈提書籍一冊，即贈送一片。】

我的菩提路第一輯：凡夫及二乘聖人不能實證的佛菩提證悟，末法時代的今天仍然有人能得實證，由正覺同修會釋悟圓、釋善藏法師等二十餘位實證如來藏者所寫的見道報告，已爲當代學人見證宗門正法之絲縷不絕，證明大乘義學的法脈仍然存在，爲末法時代求悟般若之學人照耀出光明的坦途。由二十餘位大乘見道者所繕，敘述各種不同的學法、見道因緣與過程，參禪求悟者必讀。全書三百餘頁，售價300元。

我的菩提路第二輯：由郭正益老師等人合著，書中詳述彼等諸人歷經各處道場學法，一一修學而加以檢擇之不同過程以後，因閱讀正覺同修會、正智出版社書籍而發起抉擇分，轉入正覺同修會中修學；乃至學法及見道之過程，都一一詳述之。**本書已改版印製重新流通**，讀者原購的初版書，不論是第一刷或第二、三、四刷，都可以寄回換新，免附郵費。

我的菩提路第三輯：由王美伶老師等人合著。自從正覺同修會成立以來，每年夏初、冬初都舉辦精進禪三共修，藉以助益會中同修們得以證悟明心發起般若實相智慧；凡已實證而被平實導師印證者，皆書具見道報告用以證明佛法之真實可證而非玄學，證明佛法並非純屬思想、理論而無實質，是故每年都能有人證明正覺同修會的「實證佛教」主張並非虛語。特別是眼見佛性一法，自古以來中國禪宗祖師實證者極寡，較之明心開悟的證境更難令人信受；至2017年初，正覺同修會中的證悟明心者已近五百人，然而其中眼見佛性者至今唯十餘人爾，可謂難能可貴，是故明心後欲冀眼見佛性者實屬不易。黃正倖老師是懸絕七年無人見性後的第一人，她於2009年的見性報告刊於本書的第二輯中，爲大眾證明佛性確實可以眼見；其後七年之中求見性者都屬解悟佛性而無人眼見，幸而又經七年後的2016冬初，以及2017夏初的禪三，復有三人眼見佛性，希冀鼓舞四眾佛子求見佛性之大心，今則具載一則於書末，顯示求見佛性之事實經歷，供養現代佛教界欲得見性之四眾弟子。全書四百頁，售價300元，已於2017年6月30日發行。

我的菩提路第四輯：由陳晏平等人著。中國禪宗祖師往往有所謂「見性」之言，所言多屬看見如來藏具有能令人發起成佛之自性，並非《大般涅槃經》中 如來所說之眼見佛性。眼見佛性者，於親見佛性之時，即能於山河大地眼見自己佛性，亦能於他人身上眼見自己佛性及對方之佛性，如是境界無法爲尚未實證者解釋；勉強說之，縱使眞實明心證悟之人聞之，亦只能以自身明心之境界想像之，但不論如何想像多屬非量，能有正確之比量者亦是稀有，故說眼見佛性極爲困難。眼見佛性之人若所見極分明時，在所見佛性之境界下所眼見之山河大地、自己五蘊身心皆是虛幻，自有異於明心者之解脫功德受用，此後永不思證二乘涅槃，必定邁向成佛之道而進入第十住位中，已超第一阿僧祇劫三分有一，可謂之爲超劫精進也。今又有明心之後眼見佛性之人出於人間，將其明心及後來見性之報告，連同其餘證悟明心者之精彩報告一同收錄於此書中，供養眞求佛法實證之四衆佛子。全書380頁，售價300元，已於2018年6月30日發行。

我的菩提路第五輯：林慈慧老師等人著，本輯中所舉學人從相似正法中來到正覺同修會的過程，各人都有不同，發生的因緣亦是各有差別，然而都會指向同一個目標——證實生命實相的源底，確證自己生從何來、死往何去的事實，所以最後都證明佛法眞實而可親證，絕非玄學；本書將彼等諸人的始修及末後證悟之實例，羅列出來以供學人參考。本期亦有一位會裡的老師，是從1995年即開始追隨 平實導師修學，1997年明心後持續進修不斷，直到2017年眼見佛性之實例，足可證明《大般涅槃經》中世尊開示眼見佛性之法正眞無訛，第十住位的實證在末法時代的今天仍有可能，如今一併具載於書中以供學人參考，並供養現代佛教界欲得見性之四衆弟子。全書四百頁，售價300元，已於2019年12月31日發行。

我的菩提路第六輯：劉惠莉老師等人著，本輯中舉示劉老師明心多年以後的眼見佛性實錄，供末法時代學人了知明心之異於見性本質，足可證明《大般涅槃經》中世尊開示眼見佛性之法正眞無訛。亦列舉多篇學人從各道場來到正覺學法之不同過程，以及如何發覺邪見之異於正法的所在，最後終能在正覺禪三中悟入的實況，以證明佛教正法仍在末法時代的人間繼續弘揚的事實，鼓舞一切眞實學法的菩薩大衆思之：我等諸人亦可有因緣證悟，絕非空想白思。約四百頁，售價300元，已於2020年6月30日發行。

我的菩提路第七輯：余正偉老師等人著，本輯中舉示余老師明心二十餘年以後的眼見佛性實錄，供末法時代學人了知明心異於見性之本質，並且舉示其見性後與平實導師互相討論眼見佛性之諸多疑訛處；除了證明《大般涅槃經》中世尊開示眼見佛性之法正眞無訛以外，亦得一解明心後尚未見性者之所未知處，甚爲精彩。此外亦列舉多篇學人從各不同宗教進入正覺學法之不同過程，以及發覺諸方道場邪見之內容與過程，最終得於正覺精進禪三中悟入的實況，足供末法精進學人借鑑，以彼鑑己而生信心，得以投入了義正法中修學及實證。凡此，皆足以證明不唯明心所證之第七住位般若智慧及解脫功德仍可實證，乃至第十住位的實證與當場發起如幻觀之實證，於末法時代的今天皆仍有可能。本書約四百頁，售價300元。

鈍鳥與靈龜：鈍鳥及靈龜二物，被宗門證悟者說爲二種人：前者是精修禪定而無智慧者，也是以定爲禪的愚癡禪人；後者是或有禪定、或無禪定的宗門證悟者，凡已證悟者皆是靈龜。但後者被人虛造事實，用以嘲笑大慧宗杲禪師，說他雖是靈龜，卻不免被天童禪師預記「患背」痛苦而亡：「鈍鳥離巢易，靈龜脫殼難。」藉以貶低大慧宗杲的證量。同時將天童禪師實證如來藏的證量，曲解爲意識境界的離念靈知。自從大慧禪師入滅以後，錯悟凡夫對他的不實毀謗就一直存在著，不曾止息，並且捏造的假事實也隨著年月的增加而越來越多，終至編成「鈍鳥與靈龜」的假公案、假故事。本書是考證大慧與天童之間的不朽情誼，顯現這件假公案的虛妄不實；更見大慧宗杲面對惡勢力時的正直不阿，亦顯示大慧對天童禪師的至情深義，將使後人對大慧宗杲的誣謗至此而止，不再有人誤犯毀謗賢聖的惡業。書中亦舉證宗門的所悟確以第八識如來藏爲標的，詳讀之後必可改正以前被錯悟大師誤導的參禪知見，日後必定有助於實證禪宗的開悟境界，得階大乘眞見道位中，即是實證般若之賢聖。全書459頁，售價350元。

維摩詰經講記：本經係 世尊在世時，由等覺菩薩維摩詰居士藉疾病而演說之大乘菩提無上妙義，所說函蓋甚廣，然極簡略，是故今時諸方大師與學人讀之悉皆錯解，何況能知其中隱含之深妙正義，是故普遍無法爲人解說；若強爲人說，則成依文解義而有諸多過失。今由平實導師公開宣講之後，詳實解釋其中密意，令維摩詰菩薩所說大乘不可思議解脫之深妙正法得以正確宣流於人間，利益當代學人及與諸方大師。書中詳實演述大乘佛法深妙不共二乘之智慧境界，顯示諸法之中絕待之實相境界，建立大乘菩薩妙道於永遠不敗不壞之地，以此成就護法偉功，欲冀永利娑婆人天。已經宣講圓滿整理成書流通，以利諸方大師及諸學人。全書共六輯，每輯三百餘頁，售價各250元。

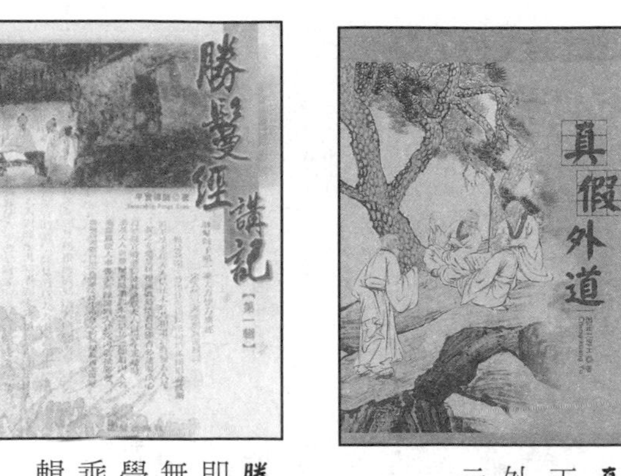

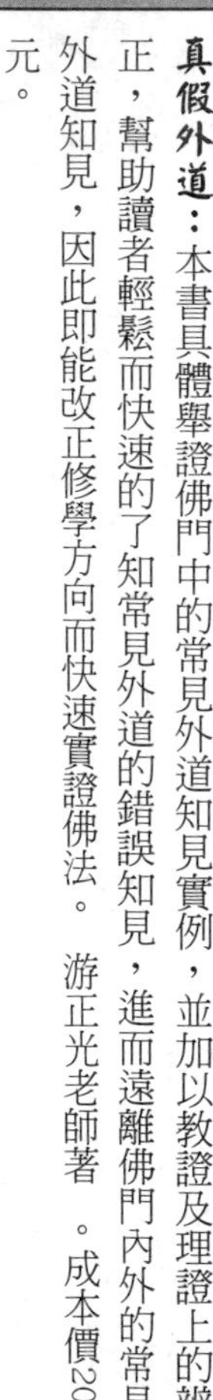

真假外道：本書具體舉證佛門中的常見外道知見實例，並加以教證及理證上的辨正，幫助讀者輕鬆而快速的了知常見外道的錯誤知見，進而遠離佛門內外的常見外道知見，因此即能改正修學方向而快速實證佛法。游正光老師著 。成本價200元。

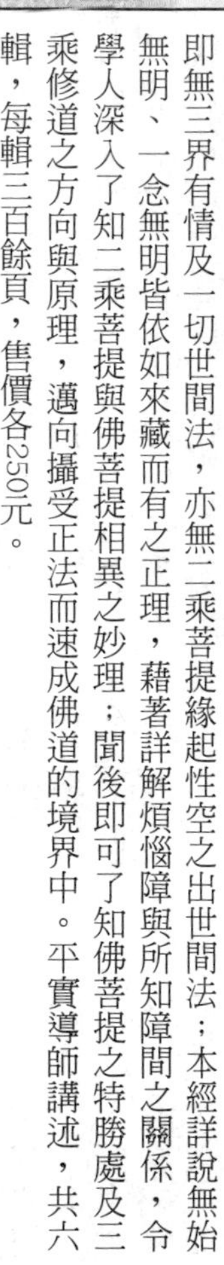

勝鬘經講記：如來藏爲三乘菩提之所依，若離如來藏心體及其含藏之一切種子，即無三界有情及一切世間法，亦無二乘菩提緣起性空之出世間法；本經詳說無始無明、一念無明皆依如來藏而有之正理，藉著詳解煩惱障與所知障間之關係，令學人深入了知二乘菩提與佛菩提相異之妙理；聞後即可了知佛菩提之特勝處及三乘修道之方向與原理，邁向攝受正法而速成佛道的境界中。平實導師講述，共六輯，每輯三百餘頁，售價各250元。

楞嚴經講記：楞嚴經係大乘祕密教之重要經典，亦是佛教中普受重視之經典；經中宣說明心與見性之內涵極爲詳細，將一切法都會歸如來藏及佛性─妙眞如性；亦闡釋五陰區宇及五陰盡的境界，作諸地菩薩自我檢驗證量之依據，旁及佛菩提道修學過程中之種種魔境，以及外道誤會涅槃之狀況，亦兼述明三界世間之起源，具足宣示大乘菩提之奧祕。然因言句深澀難解，法義亦復深妙寬廣，學人讀之普難通達，是故讀者大多誤會，不能如實理解佛所說之明心與見性內涵，亦因是故多有悟錯之人引爲開悟之證言，成就大妄語罪。今由平實導師詳細講解之後，整理成文，以易讀易懂之語體文刊行天下，以利學人。全書十五輯，全部出版完畢。每輯三百餘頁，售價每輯300元。

明心與眼見佛性：本書細述明心與眼見佛性之異同，同時顯示了中國禪宗破初參明心與重關眼見佛性二關之間的關聯；書中又藉法義辨正而旁述其他許多勝妙法義，讀後必能遠離佛門長久以來積非成是的錯誤知見，令讀者在佛法的實證上有極大助益。也藉慧廣法師的謬論來教導佛門學人回歸正知正見，遠離古今禪門錯悟者所墮的意識境界，非唯有助於斷我見，也對未來的開悟明心實證第八識如來藏有所助益，是故學禪者都應細讀之。游正光老師著　共448頁　售價300元。

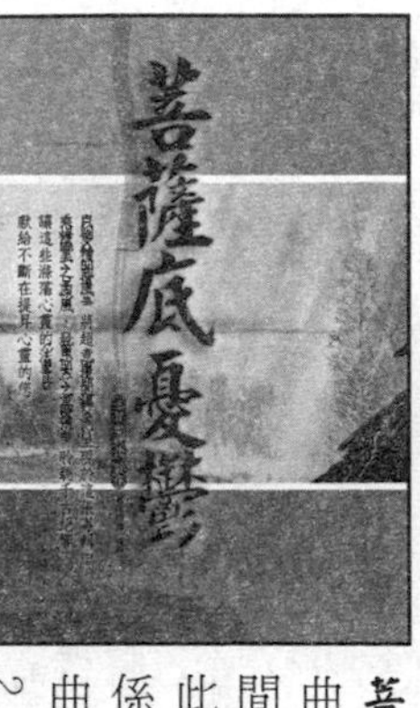

菩薩底憂鬱CD：將菩薩情懷及禪宗公案寫成新詞，並製作成超越意境的優美歌曲。1.主題曲〈菩薩底憂鬱〉，描述地後菩薩能離三界生死而迴向繼續生在人間，但因尚未斷盡習氣種子而有極深沈之憂鬱，非三賢位菩薩及二乘聖者所知，此憂鬱在七地滿心位方才斷盡；本曲之詞中所說義理極深，昔來所未曾見；此曲係以優美的情歌風格寫詞及作曲，聞者得以激發嚮往諸地菩薩境界之大心，詞、曲都非常優美，難得一見；其中勝妙義理之解說，已印在附贈之彩色小冊中。

2.以各輯公案拈提中直示禪門入處之頌文，作成各種不同曲風之超意境歌曲，值得玩味、參究；聆聽公案拈提之優美歌曲時，請同時閱讀內附之印刷精美說明小冊，可以領會超越三界的證悟境界；未悟者可以因此引發求悟之意向及疑情，眞發菩提心而邁向求悟之途，乃至因此眞實悟入般若，成眞菩薩。

3.正覺總持咒新曲，總持佛法大意；總持咒之義理，已加以解說並印在隨附之小冊中。本CD共有十首歌曲，長達63分鐘，附贈二張購書優惠券。每片320元。

金剛經宗通：三界唯心，萬法唯識，是成佛之修證內容，是諸地菩薩之所修；般若則是成佛之道（實證三界唯心、萬法唯識）的入門，若未證悟實相般若，即無成佛之可能，必將永在外門廣行菩薩六度，永在凡夫位中。然而實相般若的發起，全賴實證萬法的實相；若欲證知萬法的眞相，則必須探究萬法之所從來，則須實證自心如來—金剛心如來藏，然後現觀這個金剛心的金剛性、眞實性、如如性、清淨性、涅槃性、能生萬法的自性性、本住性，名爲證眞如；進而現觀三界六道唯是此金剛心所成，人間萬法須藉八識心王和合運作方能現起。如是實證《華嚴經》的「三界唯心、萬法唯識」以後，由此等現觀而發起實相般若智慧，繼續進修第十住位的如幻觀、第十行位的陽焰觀、第十迴向位的如夢觀，再生起增上意樂而勇發十無盡願，方能滿足三賢位的實證，轉入初地；自知成佛之道而無偏倚，從此按部就班、次第進修乃至成佛。第八識自心如來是般若智慧之所依，般若智慧的修證則要從實證金剛心自心如來開始；《金剛經》則是解說自心如來之經典，是一切三賢位菩薩所應進修之實相般若經典。這一套書，是將平實導師宣講的《金剛經宗通》內容，整理成文字而流通之；書中所說義理，迥異古今諸家依文解義之說，指出大乘見道方向與理路，有益於禪宗學人求開悟見道，及轉入內門廣修六度萬行。已於2013年9月出版完畢，總共9輯，每輯約三百餘頁，售價各250元。

禪意無限CD：平實導師以公案拈提書中偈頌寫成不同風格曲子，與他人所寫不同風格曲子共同錄製出版，幫助參禪人進入禪門超越意識之境界。盒中附贈彩色印製的精美解說小冊，以供聆聽時閱讀，令參禪人得以發起參禪之疑情，即有機會證悟本來面目，實證大乘菩提般若。本CD共有十首歌曲，長達69分鐘，每盒各附贈二張購書優惠券。每片320元。

霧峰無霧—給哥哥的信　本書作者藉兄弟之間信件往來論義，略述佛法大義；並以多篇短文辨義，舉出釋印順對佛法的無量誤解證據，並一一給予簡單而清晰的辨正，令人一讀即知。久讀、多讀之後即能認清楚釋印順的六識論見解，與眞實佛法之牴觸是多麼嚴重；於是在久讀、多讀之後，於不知不覺之間提升了對佛法的極深入理解，正知正見就在不知不覺間建立起來了。當三乘佛法的正知見建立起來之後，對於三乘菩提的見道條件便將隨之具足，於是聲聞解脫道的見道也就水到渠成；接著大乘見道的因緣也將次第成熟，未來自然也會有親見大乘菩提之道的因緣，悟入大乘實相般若也將自然成功，自能通達般若系列諸經而成實義菩薩。作者居住於南投縣霧峰鄉，自喻見道之後不復再見霧峰之霧，故鄉原野美景一一明見，於是立此書名爲《霧峰無霧》；讀者若欲撥霧見月，可以此書爲緣。游宗明　老師著　已於2015年出版　售價250元。

霧峰無霧—第二輯—救護佛子向正道　本書作者藉釋印順著作中之各種錯謬法義提出辨正，以詳實的文義一一提出理論上及實證上之解析，列舉釋印順對佛法的無量誤解證據，藉此教導佛門大師與學人釐清佛法義理，遠離岐途轉入正道，然後知所進修，久之便能見道明心而入大乘勝義僧數。被釋印順誤導的大師與學人極多，很難救轉，是故作者大發悲心深入解說其錯謬之所在，佐以各種義理辨正而令讀者在不知不覺之間轉歸正道。如是久讀之後欲得斷身見、證初果，即不爲難事；乃至久之亦得大乘見道而得證眞如，脫離空有二邊而住中道，實相般若智慧生起，於佛法不再茫然，漸漸亦知悟後進修之道。屆此之時，對於大乘般若等深妙法之迷雲暗霧亦將一掃而空，生命及宇宙萬物之故鄉原野美景一一明見，是故本書仍名《霧峰無霧》，爲第二輯；讀者若欲撥雲見日、離霧見月，可以此書爲緣。游宗明　老師著　已於2019年出版　售價250元。

假藏傳佛教的神話—性、謊言、喇嘛教：本書編著者是由一首名爲「阿姊鼓」的歌曲爲緣起，展開了序幕，揭開假藏傳佛教—喇嘛教—的神秘面紗。其重點是蒐集、摘錄網路上質疑「喇嘛教」的帖子，以揭穿「假藏傳佛教的神話」爲主題，串聯成書，並附加彩色插圖以及說明，讓讀者們瞭解西藏密宗及相關人事如何被操作爲「神話」的過程，以及神話背後的眞相。作者：張正玄教授。售價200元。

達賴真面目—玩盡天下女人：假使您不想戴綠帽子，請記得詳細閱讀此書；假使您不想讓好朋友戴綠帽子，請您將此書介紹給您的好朋友。假使您想保護家中的女性，也想要保護好朋友的女眷，請記得將此書送給家中的女性和好友的女眷都來閱讀。本書爲印刷精美的大本彩色中英對照精裝本，爲您揭開達賴喇嘛的眞面目，內容精彩不容錯過，爲利益社會大眾，特別以優惠價格嘉惠所有讀者。編著者：白志偉等。大開版雪銅紙彩色精裝本。售價800元。

童女迦葉考—論呂凱文〈佛教輪迴思想的論述分析〉之謬：童女迦葉是佛世率領五百大比丘遊行於人間的歷史事實，是以童貞行而依止菩薩戒弘化於人間的大菩薩，不依別解脫戒（聲聞戒）來弘化於人間。這是大乘佛教與聲聞佛教同時存在於佛世的歷史明證，證明大乘佛教不是從聲聞法中分裂出來的部派佛教的產物，卻是聲聞佛教分裂出來的部派佛教聲聞凡夫僧所不樂見的史實；於是古今聲聞法中的凡夫都欲加以扭曲而作詭說，更是末法時代高聲大呼「大乘非佛說」的六識論聲聞凡夫極力想要扭曲的佛教史實之一，於是想方設法扭曲迦葉菩薩爲聲聞僧，以及扭曲迦葉童女爲比丘僧等荒謬不實之論著便陸續出現，古時聲聞僧寫作的《分別功德論》是最具體之事例，現代之代表作則是呂凱文先生的〈佛教輪迴思想的論述分析〉論文。鑑於如是假藉學術考證以籠罩大眾之不實謬論，未來仍將繼續造作及流竄於佛教界，繼續扼殺大乘佛教學人法身慧命，必須舉證辨正之，遂成此書。平實導師 著，每冊180元。

末代達賴—性交教主的悲歌：簡介從藏傳僞佛教（喇嘛教）的修行核心—性力派男女雙修，探討達賴喇嘛及藏傳僞佛教的修行內涵。書中引用外國知名學者著作、世界各地新聞報導，包含：歷代達賴喇嘛的祕史、達賴六世修雙身法的事蹟，以及《時輪續》中的性交灌頂儀式……等；達賴喇嘛書中開示的雙修法、達賴喇嘛的黑暗政治手段；達賴喇嘛所領導的寺院爆發喇嘛性侵兒童；新聞報導《西藏生死書》作者索甲仁波切性侵女信徒、澳洲喇嘛秋達公開道歉、美國最大假藏傳佛教組織領導人邱陽創巴仁波切的性氾濫，等等事件背後眞相的揭露。作者：張善思、呂艾倫、辛燕。售價250元。

黯淡的達賴—失去光彩的諾貝爾和平獎：本書舉出很多證據與論述，詳述達賴喇嘛不為世人所知的一面，顯示達賴喇嘛並不是真正的和平使者，而是假借諾貝爾和平獎的光環來欺騙世人；透過本書的說明與舉證，讀者可以更清楚的瞭解，達賴喇嘛是結合暴力、黑暗、淫欲於喇嘛教裡的集團首領，其政治行為與宗教主張，早已讓諾貝爾和平獎的光環染污了。本書由財團法人正覺教育基金會寫作、編輯，由正覺出版社印行，每冊250元。

第七意識與第八意識？—穿越時空「超意識」：「三界唯心，萬法唯識」是佛教中應該實證的聖教，也是《華嚴經》中明載而可以實證的法界實相。唯心者，三界一切境界、一切諸法唯是一心所成就，即是每一個有情的第八識如來藏，不是意識心。唯識者，即是人類各各都具足的八識心王——眼識、耳鼻舌身意識、意根、阿賴耶識，第八阿賴耶識又名如來藏，人類五陰相應的萬法，莫不由八識心王共同運作而成就，故說萬法唯識。依聖教量及現量、比量，都可以證明意識是二法因緣生，是由第八識藉意根與法塵二法為因緣而出生，又是夜夜斷滅不存之生滅心，即無可能反過來出生第七識意根、第八識如來藏，當知不可能從生滅性的意識心中，細分出恆審思量的第七識意根，更無可能細分出恆而不審的第八識如來藏。本書是將演講內容整理成文字，細說如是內容，並已在《正覺電子報》連載完畢，今彙集成書以廣流通，欲幫助佛門有緣人斷除意識我見，跳脫於識陰之外而取證聲聞初果；嗣後修學禪宗時即得不墮外道神我之中，得以求證第八識金剛心而發起般若實智。平實導師 述，每冊300元。

中觀金鑑—詳述應成派中觀的起源與其破法本質：學佛人往往迷於中觀學派之不同學說，被應成派與自續派所迷惑；修學般若中觀二十年後自以為實證般若中觀了，卻仍不曾入門，甫聞實證般若中觀者之所說，則茫無所知，迷惑不解；隨後信心盡失，不知如何實證佛法：凡此，皆因惑於這二派中觀學說所致。自續派中觀所說同於常見，以意識境界立為第八識如來藏之境界，應成派所說則同於斷見，但又同立意識為常住法，故亦具足斷常二見。今者孫正德老師有鑑於此，乃將起源於密宗的應成派中觀學說，追本溯源，詳考其來源之外，亦一一舉證其立論內容，詳加辨正，令密宗雙身法祖師以識陰境界而造之應成派中觀學說本質，詳細呈現於學人眼前，令其維護雙身法之目的無所遁形。若欲遠離密宗此二大派中觀謬說，欲於三乘菩提有所進道者，允宜具足閱讀並細加思惟，反覆讀之以後將可捨棄邪道返歸正道，則於般若之實證即有可能，證後自能現觀如來藏之中道境界而成就中觀。本書分上、中、下三冊，每冊250元，全部出版完畢。

人間佛教—實證者必定不悖三乘菩提：「大乘非佛說」的講法似乎流傳已久，卻只是日本人企圖擺脫中國正統佛教的影響，而在明治維新時期才開始提出來的說法；台灣佛教、大陸佛教的淺學無智之人，由於未曾實證佛法而迷信日本人錯誤的學術考證，錯認為這些別有用心的日本佛學考證的講法為天竺佛教的眞實歷史；甚至還有更激進的反對佛教者提出「釋迦牟尼佛並非眞實存在，只是後人捏造的假歷史人物」，竟然也有少數佛教徒願意跟著「學術」的假光環而信受不疑，亦導致部分台灣佛教界人士，造作了反對中國大乘佛教而推崇南洋小乘佛教的行為，使台灣佛教的信仰者難以檢擇，亦導致一般大陸人士開始轉入基督教的盲目迷信中。在這些佛教及外教人士之中，也就有一分人根據此邪說而大聲主張「大乘非佛說」的謬論，這些人以「人間佛教」的名義來抵制中國正統佛教，公然宣稱中國的大乘佛教是由聲聞部派佛教的凡夫僧所創造出來的。這樣的說法流傳於台灣及大陸佛教界凡夫僧之中已久，卻非眞正的佛教歷史中曾經發生過的事，只是繼承六識論的聲聞法中凡夫僧，以及別有居心的日本佛教界，依自己的意識境界立場，純憑臆想而編造出來的妄想說法，卻已經影響許多無智之凡夫僧俗信受不移。本書則是從佛教的經藏法義實質及實證的現量內涵本質立論，證明大乘佛法本是佛說，是從《阿含正義》尚未說過的不同面向來討論「人間佛教」的議題，證明「大乘眞佛說」。閱讀本書可以斷除六識論邪見，迴入三乘菩提正道發起實證的因緣；也能斷除禪宗學人學禪時普遍存在之錯誤知見，對於建立參禪時的正知見有很深的著墨。平實導師 述，內文488頁，全書528頁，定價400元。

喇嘛性世界—揭開假藏傳佛教譚崔瑜伽的面紗：這個世界中的喇嘛，號稱來自世外桃源的香格里拉，穿著或紅或黃的喇嘛長袍，散布於我們的身邊傳教灌頂，吸引了無數的人嚮往學習；這些喇嘛虔誠地爲大衆祈福，手中拿著寶杵（金剛）與寶鈴（蓮花），口中唸著咒語：「唵．嘛呢．叭咪．吽……」，咒語的意思是說：「我至誠歸命金剛杵上的寶珠伸向蓮花寶穴之中」！「喇嘛性世界」是什麼樣的「世界」呢？本書將爲您呈現喇嘛世界的面貌。當您發現眞相以後，您將會唸：「噢！喇嘛．性．世界，譚崔性交嘛！」作者：張善思、呂艾倫。售價200元。

見性與看話頭：黃正倖老師的《見性與看話頭》於《正覺電子報》連載完畢，今結集出版。書中詳說禪宗看話頭的詳細方法，並細說看話頭與眼見佛性的關係，以及眼見佛性者求見佛性前必須具備的條件。本書是禪宗實修者追求明心開悟時參禪的方法書，也是求見佛性者作功夫時必讀的方法書，內容兼顧眼見佛性的理論與實修之方法，是依實修之體驗配合理論而詳述，條理分明而且極爲詳實、周全、深入。本書內文375頁，全書416頁，售價300元。

實相經宗通：學佛之目的在於實證一切法界背後之實相，禪宗稱之爲本來面目或本地風光，佛菩提道中稱之爲實相法界；此實相法界即是金剛藏，又名佛法之祕密藏，即是能生有情五陰、十八界及宇宙萬有（山河大地、諸天、三惡道世間）的第八識如來藏，又名阿賴耶識心，即是禪宗祖師所說的眞如心，此心即是三界萬有背後的實相。證得此第八識心時，自能瞭解般若諸經中隱說的種種密意，即得發起實相般若——實相智慧。每見學佛人修學佛法二十年後仍對實相般若茫然無知，亦不知如何入門，茫無所趣；更因不知三乘菩提的互異互同，是故越是久學者對佛法越覺茫然，都肇因於尚未瞭解佛法的全貌，亦未瞭解佛法的修證內容即是第八識心所致。本書對於修學佛法者所應實證的實相境界提出明確解析，並提示趣入佛菩提道的入手處，有心親證實相般若的佛法實修者，宜詳讀之，於佛菩提道之實證即有下手處。平實導師述著，共八輯，已於2016年出版完畢，每輯成本價250元。

真心告訴您(一)—達賴喇嘛在幹什麼?這是一本報導篇章的選集，更是「破邪顯正」的暮鼓晨鐘。「破邪」是戳破假象，說明達賴喇嘛及其所率領的密宗四大派法王、喇嘛們，弘傳的佛法是仿冒的佛法；他們是假藏傳佛教，是坦特羅(譚崔性交)外道法和藏地崇奉鬼神的苯教混合成的「喇嘛教」，推廣的是以所謂「無上瑜伽」的男女雙身法冒充佛法的假佛教，詐財騙色誤導眾生，常常造成信徒家庭破碎、家中兒少失怙的嚴重後果。「顯正」是揭櫫眞相，指出眞正的藏傳佛教只有一個，就是覺囊巴，傳的是 釋迦牟尼佛演繹的第八識如來藏妙法，稱爲他空見大中觀。正覺教育基金會即以此古今輝映的如來藏正法正知見，在眞心新聞網中逐次報導出來，將箇中原委「眞心告訴您」，如今結集成書，與想要知道密宗眞相的您分享。售價250元。

法華經講義：此書爲平實導師始從2009/7/21演述至2014/1/14之講經錄音整理所成。世尊一代時教，總分五時三教，即是華嚴時、聲聞緣覺教、般若教、種智唯識教、法華時；依此五時三教區分爲藏、通、別、圓四教。本經是最後一時的圓教經典，圓滿收攝一切法教於本經中，是故最後的圓教聖訓中，特地指出無有三乘菩提，其實唯有一佛乘；皆因眾生愚迷故，方便區分爲三乘菩提以助眾生證道。世尊於此經中特地說明如來示現於人間的唯一大事因緣，便是爲有緣眾生「開、示、悟、入」諸佛的所知所見——第八識如來藏妙眞如心，並於諸品中隱說「妙法蓮花」如來藏心的密意。然因此經所說甚深難解，眞義隱晦，古來難得有人能窺堂奧；平實導師以知如是密意故，特爲末法佛門四眾演述《妙法蓮華經》中各品蘊含之密意，使古來未曾被古德註解出來的「此經」密意，如實顯示於當代學人眼前。乃至〈藥王菩薩本事品〉、〈妙音菩薩品〉、〈觀世音菩薩普門品〉、〈普賢菩薩勸發品〉中的微細密意，亦皆一併詳述之，可謂開前人所未曾言之密意，示前人所未見之妙法。最後乃至以〈法華大義〉而總其成，全經妙旨貫通始終，而依佛旨圓攝於一心如來藏妙心，厥爲曠古未有之大說也。平實導師述，共有25輯，已於2019/05/31出版完畢。每輯300元。

西藏「活佛轉世」制度—附佛、造神、世俗法：歷來關於喇嘛教活佛轉世的研究，多針對歷史及文化兩部分，於其所以成立的理論基礎，較少系統化的探討。尤其是此制度是否依據「佛法」而施設？是否合乎佛法眞實義？現有的文獻大多含糊其詞，或人云亦云，不曾有明確的闡釋與如實的見解。因此本文先從活佛轉世的由來，探索此制度的起源、背景與功能，並進而從活佛的尋訪與認證之過程，發掘活佛轉世的特徵，以確認「活佛轉世」在佛法中應具足何種果德。定價150元。

真心告訴您（二）—達賴喇嘛是佛教僧侶嗎？補祝達賴喇嘛八十大壽：這是一本針對當今達賴喇嘛所領導的喇嘛教，冒用佛教名相、於師徒間或師兄姊間，實修男女邪淫，而從佛法三乘菩提的現量與聖教量，揭發其謊言與邪術，證明達賴及其喇嘛教是仿冒佛教的外道，是「假藏傳佛教」。藏密四大派教義雖有「八識論」與「六識論」的表面差異，然其實修之內容，皆共許「無上瑜伽」四部灌頂爲究竟「成佛」之法門，也就是共以男女雙修之邪淫法爲「即身成佛」之密要，雖美其名曰「欲貪爲道」之「金剛乘」，並誇稱其成就超越於（應身佛）釋迦牟尼佛所傳之顯教般若乘之上；然詳考其理論，則或以意識離念時之粗細心爲第八識如來藏，或以中脈裡的明點爲第八識如來藏，或如宗喀巴與達賴堅決主張第六意識爲常恆不變之眞心者，分別墮於外道之常見與斷見中；全然違背 佛說能生五蘊之如來藏的實質。售價300元。

涅槃—解說四種涅槃之實證及內涵：眞正學佛之人，首要即是見道，由見道故方有涅槃之實證，證涅槃者方能出生死，但涅槃有四種：二乘聖者的有餘涅槃、無餘涅槃，以及大乘聖者的本來自性清淨涅槃、佛地的無住處涅槃。大乘聖者實證本來自性清淨涅槃，入地前再取證二乘涅槃，然後起惑潤生捨離二乘涅槃，繼續進修而在七地心前斷盡三界愛之習氣種子，依七地無生法忍之具足而證得念念入滅盡定；八地後進斷異熟生死，直至妙覺地下生人間成佛，具足四種涅槃，方是眞正成佛。此理古來少人言，以致誤會涅槃正理者比比皆是，今於此書中廣說四種涅槃、如何實證之理、實證前應有之條件，實屬本世紀佛教界極重要之著作，令人對涅槃有正確無訛之認識，然後可以依之實行而得實證。本書共有上下二冊，每冊各四百餘頁，對涅槃詳加解說，每冊各350元。

佛藏經講義：本經說明爲何佛菩提難以實證之原因，都因往昔無數阿僧祇劫前的邪見，引生此世求證時之業障而難以實證。即以諸法實相詳細解說，繼之以念佛品、念法品、念僧品，說明諸佛與法之實質；然後以淨戒品之說明，期待佛弟子四眾堅持清淨戒而轉化心性，並以往古品的實例說明歷代學佛人在實證上的業障由來，教導四眾務必滅除邪見轉入正見中，不再造作謗法及謗賢聖之大惡業，以免未來世尋求實證之時被業障所障；然後以了戒品的說明和囑累品的付囑，期望末法時代的佛門四眾弟子皆能清淨知見而得以實證。平實導師於此經中有極深入的解說，總共21輯，已於2022/11/30出版完畢，每輯三百餘頁，售價300元。

大法鼓經講義：本經解說佛法的總成：法、非法。由開解法、非法二義，說明了義佛法與世間戲論法的差異，指出佛法實證之標的即是法——第八識如來藏；並顯示實證後的智慧，如實擊大法鼓、演深妙法，演說如來祕密教法，非二乘定性及諸凡夫所能得聞，唯有具足菩薩性者方能得聞。正聞之後即得依於 世尊大願而拔除邪見，入於正法而得實證；深解不了義經之方便說，亦能實解了義經所說之眞實義，得以證法——如來藏，而得發起根本無分別智，乃至進修而發起後得無分別智；並堅持布施及受持清淨戒而轉化心性，得以現觀眞我眞法如來藏之各種層面。此爲第一義諦聖教，並授記末法最後餘八十年時，一切世間樂見離車童子以七地證量而示現爲凡夫身，將繼續護持此經所說正法。平實導師於此經中有極深入的解說，總共六輯，已於2023/11/30出版完畢，每輯三百餘頁，售價每輯300元。

成唯識論釋：本論係大唐玄奘菩薩揉合當時天竺十大論師的說法加以辨正而著成，攝盡佛門證悟菩薩及部派佛教聲聞凡夫論師對佛法的論述，並函蓋當時天竺諸大外道對生命實相的錯誤論述加以辨正，是由玄奘大師依據無生法忍證量加以評論確定而成爲此論。平實導師弘法初期即已依於證量略講過一次，歷時大約四年，當時正覺同修會規模尚小，聞法成員亦多尚未證悟，是故並未整理成書；如今正覺同修會中的證悟同修已超過六百人，鑑於此論在護持正法、實證佛法及悟後進修上的重要性，已於2022年初重講，並已經預先註釋完畢編輯成書，名爲《成唯識論釋》，總共十輯，每輯目次41頁、序文7頁、每輯內文多達四百餘頁，並將原本13級字縮小爲12級字編排，以增加其內容；於增上班宣講時的內容將會更詳細於書中所說，涉及佛法密意的詳細內容只於增上班中宣講，於書中皆依佛誡隱覆密意而說，然已足夠所有學人藉此一窺佛法堂奧而進入正道、免入岐途。重新判教後編成的〈目次〉已經詳盡判定論中諸段句義，用供學人參考；是故讀者閱完此論之釋，即可深解成佛之道的正確內涵。本書總共十輯，預定每一輯內容講述完畢時即予出版，第一輯於2023年五月底出版，然後每七至十個月出版下一輯，每輯定價400元。

不退轉法輪經講義：世尊弘法有五時三教之別，分爲藏、通、別、圓四教之理，本經是大乘般若期前的通教經典，所說之大乘般若正理與所證解脫果，通於二乘解脫道，佛法智慧則通大乘般若，皆屬大乘般若與解脫甚深之理，故其所證解脫果位通於二乘法教；而其中所說第八識無分別法之正理，即是世尊降生人間的唯一大事因緣。如是第八識能仁而且寂靜，恆順衆生於生死之中從無乖違，識體中所藏之本來無漏性的有爲法以及眞如涅槃境界，皆能助益學人最後成就佛道；此謂釋迦意爲能仁，牟尼意爲寂靜，此第八識即名釋迦牟尼，釋迦牟尼即是能仁寂靜的第八識眞如；若有人聽聞如是第八識常住、如來不滅之正理，信受奉行之人皆有大乘實證之因緣，永得不退於成佛之道，是故聽聞釋迦牟尼名號而解其義者，皆得不退轉於無上正等正覺，未來世中必有實證之因緣。如是深妙經典，已由平實導師詳述圓滿並整理成書，於2024/01/30開始，每二個月發行一輯，總共十輯，每輯300元。

解深密經講義：本經是所有尋求大乘見道及悟後欲入地者所應詳讀串習的三經之一，即是《楞伽經》、《解深密經》、《楞嚴經》三經中的一經，亦可作為見道真假的自我印證依據。此經是　世尊晚年第三轉法輪時，宣說地上菩薩所應熏修之無生法忍唯識正義經典；經中總說真見道位所見的智慧總相，兼及相見道位所應熏修的七真如等法；亦開示入地應修之十地真如等義理，乃是大乘一切種智增上慧學，以阿陀那識—如來藏—阿賴耶識為成佛之道的主體。禪宗之證悟者，若欲修證初地無生法忍乃至八地無生法忍者，必須修學《楞伽經、解深密經、楞嚴經》所說之八識心王一切種智。此三經所說正法，方是真正成佛之道；印順法師否定第八識如來藏之後所說萬法緣起性空之法，墮於六識論中而著作的《成佛之道》，乃宗本於密宗宗喀巴六識論邪思而寫成的邪見，是以誤會後之二乘解脫道取代大乘真正成佛之道，承襲自古天竺部派佛教聲聞凡夫論師的邪見，尚且不符二乘解脫道正理，亦已墮於斷滅見及常見中，所說全屬臆想所得的外道見，不符本經、諸經中佛所說的正義。平實導師曾於本會郭故理事長往生時，於喪宅中從**首七**開始宣講此經，於每一七起各宣講三小時，至**十七**而快速略講圓滿，作為郭老之往生後的佛事功德，迴向郭老早證八地、速返娑婆住持正法。茲為今時後世學人故，已經開始重講《解深密經》，以淺顯之語句講畢後，將會整理成文並梓行流通，用供證悟者進道；亦令諸方未悟者，據此經中佛語正義修正邪見，依之速能入道。平實導師述著，全書輯數未定，每輯三百餘頁，預定於《不退轉法輪經講義》發行圓滿之後逐輯陸續出版。

菩薩瓔珞本業經講義：本經是律部經典，依之修行可免誤犯大妄語業。成佛之道總共有五十二階位，前十階位為十信位，是對佛法僧三寶修學正確的信心，如實理解三寶的實質都是依第八識如來藏而成就的；然後轉入四十二個位階修學，才是正式修學佛道，即是十住、十行、十迴向、十地、等覺、妙覺，分別名為習種性、性種性、道種性、聖種性、等覺性、妙覺性，所應修習完成的是銅寶瓔珞、銀寶瓔珞、金寶瓔珞、琉璃寶瓔珞、摩尼寶瓔珞、水精瓔珞，依於如是所應修學的內容及階位而實修，方是真正的成佛之道。此經中亦對大乘菩提的見道提出了判位，名為「第六般若波羅蜜正觀現在前」，說明正觀現時應該如何方能成為真見道菩薩，否則皆必退轉。平實導師述著，全書輯數未定，每輯三百餘頁，預定於《解深密經講義》出版發行圓滿之後逐輯陸續出版。

修習止觀坐禪法要講記：修學四禪八定之人，往往錯會禪定之修學知見，欲以無止盡之坐禪而證禪定境界，卻不知修除性障之行門才是修證四禪八定不可或缺之要素，故智者大師云「性障初禪」；性障不除，初禪永不現前，云何修證二禪等？又：行者學定，若唯知數息，而不解六妙門之方便善巧者，欲求一心入定，未到地定極難可得，智者大師名之爲「事障未來」：障礙未到地定之修證。又禪定之修證，不可違背二乘菩提及第一義法，否則縱使具足四禪八定，亦不能實證涅槃而出三界。此諸知見，智者大師於《修習止觀坐禪法要》中皆有闡釋。作者平實導師以其第一義之見地及禪定之實證證量，曾加以詳細解析。將俟正覺寺竣工啓用後重講，不限制聽講者資格；講後將以語體文整理出版。欲修習世間定及增上定之學者，宜細讀之。平實導師述著。

阿含經講記—小乘解脫道之修證：小乘解脫道之修證：數百年來，南傳佛法所說證果之不實，所說解脫道之虛妄，所弘解脫道法義之世俗化，皆已少人知之；阿含解脫道從南洋傳入台灣與大陸之後，所說法義虛謬之事，亦復少人知之；今時台灣全島印順系統之法師居士，多不知南傳佛法數百年來所說解脫道之義理已然偏斜、已然世俗化、已非眞正之二乘解脫正道，猶極力推崇與弘揚。彼等南傳佛法近代所謂之證果者皆非眞實證果者，譬如阿迦曼、葛印卡、帕奧禪師、一行禪師……等人，悉皆未斷我見故。近年更有台灣南部大願法師，高抬南傳佛法之二乘修證行門爲「捷徑究竟解脫之道」者，然而南傳佛法縱使眞修實證，得成阿羅漢，至高唯是二乘菩提解脫之道，絕非究竟解脫，無餘涅槃中之實際尙未得證故，法界之實相尙未了知故，習氣種子待除故，一切種智未實證故，焉得謂爲「究竟解脫」？即使南傳佛法近代眞有實證之阿羅漢，尙且不及三賢位中之七住明心菩薩本來自性清淨涅槃智慧境界，則不能知此賢位菩薩所證之無餘涅槃實際，仍非大乘佛法中之見道者，何況彼等普未實證聲聞果乃至未斷我見之人？謬充證果已屬逾越，更何況是誤會二乘菩提之後，以未斷我見之凡夫知見所說之二乘菩提解脫偏斜法道，焉可高抬爲「究竟解脫」？而且自稱「捷徑之道」？又妄言解脫之道即是成佛之道，完全否定般若實智、否定三乘菩提所依之如來藏心體，此理大大不通也！平實導師爲令修學二乘菩提欲證解脫果者，普得迴入二乘菩提正見、正道中，是故選錄四阿含諸經中，對於二乘解脫道法義有具足圓滿說明之經典，預定未來十年內將會加以詳細講解，令學佛人得以了知二乘解脫道之修證理路與行門，庶免被人誤導之後，未證言證，梵行未立，干犯道禁自稱阿羅漢或成佛，成大妄語，欲升反墮。本書首重斷除我見，以助行者斷除我見而實證初果爲著眼之目標，若能根據此書內容，配合平實導師所著《識蘊眞義》《阿含正義》內涵而作實地觀行，實證初果非爲難事，行者可以藉此三書自行確認聲聞初果爲實際可得現觀成就之事。此書中除依二乘經典所說加以宣示外，亦依斷除我見等之證量，及大乘法中道種智之證量，對於意識心之體性加以細述，令諸二乘學人必定得斷我見、常見，免除三縛結之繫縛。次則宣示斷除我執之理，欲令升進而得薄貪瞋痴，乃至斷五下分結…等。平實導師將擇期講述，然後整理成書。共二冊，每冊三百餘頁。每輯300元。

喇嘛教修外道雙身法，墮識陰境界，非佛教

弘揚如來藏他空見的覺囊派才是真正藏傳佛教

國家圖書館出版品預行編目資料

楞伽經詳解／平實導師著. 初版
台北市：正智，1999-　〔民 88-　〕
冊；　公分
ISBN 957-98597-7-9（第一輯：平裝）
ISBN 957-97840-2-7（第二輯：平裝）
ISBN 957-97840-4-3（第三輯：平裝）
ISBN 957-97840-6-X（第四輯：平裝）
ISBN 957-97840-8-6（第五輯：平裝）
ISBN 957-30019-0-X（第六輯：平裝）
ISBN 957-30019-3-4（第七輯：平裝）
ISBN 957-30019-7-7（第八輯：平裝）
ISBN 957-28743-0-1（第九輯：平裝）
ISBN 957-28743-4-9（第十輯：平裝）
1. 經集部
221.75　　　　88004768

楞伽經詳解

——第二輯

作　　者：平實導師
校　　對：孫淑貞　蘇振慶　許紫燕　廖曉梅
出 版 者：正智出版社有限公司
電話：○二 28327495　28316727（白天）
傳真：○二 28344822
111 台北郵政 73-151 號信箱
郵政劃撥帳號：一九○六八二四一
正覺講堂：總機○二 25957295（夜間）
總 經 銷：聯合發行股份有限公司
231 新北市新店區寶橋路 235 巷 6 弄 6 號 4 樓
電話：○二 29178022（代表號）
傳真：○二 29156275
初　　版：公元一九九九年十一月　二千冊
初版八刷：公元二○二三年十一月　二千冊
定　　價：二五○元